中国开发性金融“走出去”战略研究

STRATEGIC RESEARCH ON THE "GOING GLOBAL" OF CHINA'S DEVELOPMENT FINANCE

倪经纬 / 著

中国经济出版社
CHINA ECONOMIC PUBLISHING HOUSE
北 京

图书在版编目（CIP）数据

中国开发性金融“走出去”战略研究 / 倪经纬著.
—北京：中国经济出版社，2018.12
ISBN 978-7-5136-5230-8

Ⅰ.①中… Ⅱ.①倪… Ⅲ.①金融事业—经济发展战略—研究—中国 Ⅳ.①F832

中国版本图书馆 CIP 数据核字（2018）第 121030 号

责任编辑 姜 静
责任印制 马小宾
封面设计 华子图文

出版发行 中国经济出版社
印 刷 者 北京艾普海德印刷有限公司
经 销 者 各地新华书店
开 本 710mm×1000mm 1/16
印 张 20
字 数 337 千字
版 次 2018 年 12 月第 1 版
印 次 2018 年 12 月第 1 次
定 价 68.00 元
广告经营许可证 京西工商广字第 8179 号

中国经济出版社 **网址** www.economyph.com **社址** 北京市西城区百万庄北街 3 号 **邮编** 100037
本版图书如存在印装质量问题，请与本社发行中心联系调换（联系电话：010-68330607）

序 言

“一带一路”建设是中国提出的全球化发展合作倡议，对促进世界经济社会可持续发展具有重要意义，也是有力提升发展中国家发展水平，加快实现《联合国2030年可持续发展议程》提出的“到2030年消除极端贫困、让所有人的生活达到基本标准”目标的积极推动力之一。十九大报告提出，建设现代化经济体系，要推动形成全面开放新格局，随着中国经济要素参与全球国际贸易分工格局的日益深化，中国金融业也将成为国际金融体系建设的重要组成部分。同时，中国开发性金融作为一支重要的金融力量，在促进“一带一路”建设中发挥了重要作用，需要对其过去十多年来的“走出去”实践经验进行理论总结，提出相应的思考建议，以指导未来实践发展。

从基本发展思路来讲，中国开发性金融“走出去”发展经历了早期投棋布子、市场化运作和全球化布局的阶段性进程，在国际上对开发性金融理念和方法做了深度应用探索，在中委联合融资、中俄能源合作、中巴石油合作等方面取得了显著成绩，为中国金融要素参与全球经济社会发展合作提供了宝贵经验，也为理性分析“一带一路”建设的内在规律特征提供了参考。与此同时，中国城乡一体化发展和全球化全面开放进入到新时代，主要矛盾已经转变为人民日益增长的美好生活需要和不平衡不充分的发展之间的矛盾。基于此，我们的确需要从宏观层面将城镇化与国际化作为一个互为联系的统一框架，深入分析其彼此之间的内在关系。正如本书作者所提出的，中国开发性金融“走出去”的利益驱动机制关键在于风险可控条件下实现商业利益、国家利益与合作国利益三者均衡的最大化。这是基于开发性金融“走出去”实践案例经验总结后提出的理论分析框架，有助于对“一带一路”项目进行全面客观的分析评价。本书在这一框架下，从金融地理国际布局、战略合作博弈互换、双向协同激励互补三个角度分别进一步对有关实践经验进行了理论分析探索，提出了有价值的观点。

从未来发展趋势看，中国开发性金融“走出去”发展探索仍处于初期阶段，这是与中国新时代全面对外开放的步伐相一致的。随着“一带一路”倡议及有关机制的日益完善，中国与世界各国，尤其是“一带一路”沿线国家之间将建立起更为深厚的发展合作友谊，中国开发性金融可以发挥积极引导和创新推动作用，采用“利他主义”方式加强合作，始终将合作国利益放在优先地位予以考虑，与商业金融之间建立良性合作关系，通过不断提升跨区域风险管理能力，更好地服务和促进广大发展中国家的可持续发展，有力推动“一带一路”建设不断取得新的丰硕成果。

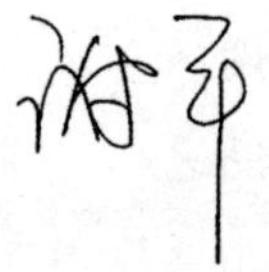

2018年3月于北京

目 录

第二章　开发性金融“走出去”的理论综述与国际比较

第三章　开发性金融“走出去”的利益驱动机制理论框架

第五章　开发性金融“走出去”的战略利益互换机制

第六章　开发性金融“走出去”的双向协同激励机制

图目录

表目录

绪 论

一、选题背景

中国作为一个世界大国，在国际经济、政治、社会和文化舞台上扮演着日益重要的角色，作为全球第二大经济体和第一大贸易出口国，中国对海外直接投资的总量和速度都在直线上升，已经成为推动全球经济增长和发展中国家转型发展的重要新引擎之一。可以预见，伴随中国经济要素参与全球国际经济贸易分工格局的日益深化，中国金融业也必将成为参与国际金融体系建设的一支重要力量。其中，中国开发性金融“后来居上”，通过近十年的艰苦努力取得了一定成绩，但也存在一些问题。当前文献主要是关于金融市场与金融机构的国际化研究，且多数在21世纪初完成，侧重于实证和业务方面，缺少系统的理论分析，尤其是对开发性金融“走出去”研究不够。为此，有必要深入分析中国开发性金融“走出去”可持续发展的利益驱动机制，提出有关战略规划和政策建议。

二、逻辑架构与研究方法

本书以开发性金融“走出去”为主要研究对象，重点分析其内在的利益驱动机制问题，试图通过定性与定量相结合方式探究适合中国国情的开发性金融“走出去”运作模式，启迪后来者对中国金融要素国际化配置的理性研究。总体研究思路是：通过比较商业性金融与开发性金融的差异，基于实践基础提出，在理论上如何实现中国开发性金融“走出去”过程中商业利益、国家利益、合作国利益三方的合理统一，如何建立着眼于全局的大风险观以促进开发性金融“走出去”的可持续发展。这种大风险观就是：只有在确保中国取得长期可持续发展的条件下，才有开发性金融“走出去”的内生性利益驱动和真正安全。后发优势国家金融国际化的内生动力取决于融入全球化过程中如何激发和满足自身发展的需求，以及采取的发展模式。为此，需要在“走出去”战略实施过程中加强金融服务实体经济发展的完整性、到位性和有效性。

（一）逻辑框架

本书根据经济与非经济（地理和政治）两大理论前提，从商业利益、国家利益、合作国利益三个角度出发，建立中国开发性金融“走出去”整体利益最大化的评估分析模型，并重点研究其包含的三个子问题：①探究金融地理布局因素对商业利益的影响模式；②分析国家利益如何通过战略利益互换取得平衡；③思考风险约束下如何建立协同激励机制以使合作国利益得到保障和发展。这三个问题都涉及开发性金融“走出去”过程中，在不同侧面对商业利益、国家利益、合作国利益的影响，而且都是关键性问题，构成开发性金融“走出去”可持续发展利益驱动机制的内涵。

本书共分为八章，具体内容安排如下：

第一章为中国金融“走出去”概况分析和本书的研究思路。通过分析中国金融“走出去”现状、存在的主要问题并理清一些概念，重点说明开发性金融“走出去”过程中如何构建内在利益驱动机制是实现可持续发展的核心问题，同时通过对开发性金融及其“走出去”概念的界定明确研究对象，在此基础上提出研究脉络。

第二章为开发性金融“走出去”的理论综述与国际比较。通过国内外文献综述加以梳理逻辑认识，结合对开发性金融、经济全球化、国际投资、国际贸易、国际金融、金融地理等理论的观点阐述，借鉴其中关于中国开发性金融“走出去”的重要观点进行分析，从历史和现实的角度分别对国外商业金融机构和开发性金融机构的“走出去”进行横向比较。

第三章为开发性金融“走出去”的利益驱动机制理论框架。通过城镇化与国际化、经济地理与政治因素两大宏观前提条件，提出开发性金融“走出去”的利益驱动机制模型，以主成分分析法提出了模型新组合变量及五个命题，在此基础上建立开发性金融“走出去”的评价指标体系，并结合中委联合融资机制进行了案例分析。

第四章为开发性金融“走出去”的国际地理布局机制。将经济地理引入开发性金融“走出去”布局，提出金融地理三层次理念，分析密度、距离、市场分割对开发性金融在全球的市场化资源配置中的引导作用，指出如何通过正向规划构建符合中国发展利益的“中心—外围”合作格局，并对亚洲周边互联互通建设进行了分析。

第五章为开发性金融“走出去”的战略利益互换机制。通过分析指出国家利益具有双重引导作用，将博弈论讨价还价模型引入研究，提出了开发性金融支持合作国战略利益项目的动态博弈机制，分析了政府组织优势在其中所发挥的作用，并对中俄能源合作情况进行了分析。

第六章为开发性金融“走出去”的双向协同激励机制。通过将协同激励和网络外部性引入对合作国利益的分析，提出建立双向协同激励机制的核心是要优先考虑合作国的利益和发展，加强协同运作和低成本信息交流，发挥网络正外部性效应，并对中巴石油合作、中非发展基金运作进行了分析。

第七章为开发性金融“走出去”的战略规划与政策建议。从政府层面立法和高层协调、国家战略金融与商业金融的融合、提供全球化金融外交战略服务、深化国际化发展总体战略布局、构建新型开放式金融合作网络等方面提出了开发性金融“走出去”的战略规划构想及相关政策建议。

第八章为总结。对本书的主要观点、创新点和不足之处进行了总结。

（二）研究方法

本书主要采用主成分分析法搭建了总体的理论模型框架，对影响中国开发性金融“走出去”的内生变量进行了分析，确定各个自变量的重要程度。这一方法的好处在于能够对各项自变量进行重新分类和整合，发掘内在的新自变量解释效果。在第四章主要运用金融地理方法对中国开发性金融在国际地理布局上采用的“中心—外围”模式进行了分析。在第五章主要运用讨价还价博弈论方法对战略利益互换的二阶段博弈过程及均衡结果进行了分析。

在第六章主要运用激励约束的博弈分析方法对合作国协同激励的内在动力进行了研究。

三、主要观点及结论

本书主要观点是：中国开发性金融“走出去”的利益驱动机制关键在于风险可控条件下实现商业利益、国家利益与合作国利益三者均衡的最大化。在宏观前提研究中，可以将城镇化与国际化作为一个互为联系的统一框架来分析其彼此之间的内在关系。主要结论有以下四点：

（一）开发性金融“走出去”需要建立利益驱动评估机制

我们可以通过风险可控下的商业利益与国家利益捆绑、与经济地理相关的合作国利益、考虑中国因素与经济距离下的产业协同、海外金融业务协同、合作国协同利益这五个自变量对一个国际项目加以分析并判断其价值。由此，可以验证五个命题：国家利益引致商业利益和合作国利益；商业利益必然与国家利益相捆绑；国家利益与合作国利益存在博弈；合作国利益与经济地理（暗含商业利益）有密切关系；协同因素从中国产业部门、金融机构到合作国都存在且有效。

（二）要依托金融地理三层次理念框架进行国际地理布局

比较优势理论并不能解释开发性金融“走出去”的跨越性发展，但可以用密度、距离、市场分割三因素对开发性金融“走出去”在全球地理布局中的影响进行分析，这是中国企业海外投资追求商业利益的基础。通过正向规划，利用中国经济相对高密度的优势，缩短与发展中国家的经济距离，推动中国市场开放以减少发达国家对发展中国家市场的分割，构建符合中国发展利益的“中心—外围”合作格局，这是中国开发性金融在全球性国际地理布局和资源配置的关键。

（三）要通过合作博弈和政府组织优势实现战略利益互换

国家利益作为开发性金融“走出去”的核心服务目标，可以引致商业利益与合作国利益。中国开发性金融通过在国际金融市场中寻找发达国家资金供给难以达到的中长期战略利益项目，经过两阶段讨价还价博弈，增加了中国与合作国之间的总体合作剩余，扩大了谈判成功的共同区间，使得双方的合作框架得以形成，实现以中国国家利益为基础的等价互换，并作为一个影响双方的因子参与利益分配。同时，政府组织优势在战略利益互换中具有促进信息对称性和减少国际信贷配给的特殊作用。

（四）要发挥协同激励效应和网络外部性支持合作国发展

只有使合作国更为主动配合，变“我要做”为“要我做”，才能实现互利共赢。建立双向协同激励机制的核心就是要优先考虑合作国迫切关心的发展目标，必要时甚至可以适当采用“利他主义”方式加强合作，将此类项目纳入与中国企业及金融机构自身发展目标相融合的合作战略之中。双方有必要加强在金融、产业、市场、信用、地理、社会等方面协同运作，通过廉价磋商（Cheap Talk）机制，降低信息交流成本，加快形成博弈共识。中国开发性金融全球合作网络通过纵向与横向产品差异化具有正外部性，可以通过“锚式商铺”方式加以内部化。

四、创新与不足

通过对开发性金融“走出去”的理论分析和案例解剖，本书形成以下四个创新亮点：一是搭建了开发性金融“走出去”利益驱动机制理论模型，为中国开发性金融机构对国际项目进行分析预判与后评价提供了一个可行的实践评估框架；二是将经济地理的理论框架引入金融地理分析，用密度、距离、市场分割三因素对开发性金融“走出去”在全球地理布局中的影响进行了分析，并对如何构建符合中国与合作国共同发展利益的“中心—外围”合作格局进行了考察；三是将博弈论讨价还价模型用于分析战略利益互换，说明了开发性金融在增加两国总体合作剩余和推动建立合作框架之中的重要作用，并对政府组织优势进行了系统分析；四是将协同激励和网络外部性引入对合作国利益的分析，指出廉价磋商机制在谈判之前对激励合作国给出真实意思表示具有积极作用，基于纵向与横向差异化分析了中国开发性金融全球合作网络所能带来的正外部性价值。

由于能力有限和数据可得性及可公开性的制约，本书仍然存在一些尚未解决的重要问题和不足。主要有三个方面：一是对于开发性金融“走出去”

理论框架体系没有构建完整的数理模型，边界约束条件和求解情况尚不清晰，缺乏足够的实证数据分析；二是对于金融地理价值量的理论模型分析仍然停留于定性分析框架，没有进一步的数理推导分析，金融地理三层次理念的逻辑严密性还有待于通过实证研究进行验证；三是尚未进行国家利益引致商业利益与合作国利益的定量分析，仍缺乏衡量合作国协同激励效果的分析工具，需要进一步通过数据积累和模型构建加以分析。

第一章
中国金融“走出去”概况分析和本书的研究思路

伴随中国经济要素参与全球国际经济贸易分工格局的日益深化，中国金融业将成为参与国际金融体系建设的一支重要力量，金融要素“走出去”和金融机构国际化已经成为中国“十二五”“十三五”规划既定发展战略中的关键环节之一。为此，我们有必要在系统总结和梳理中国金融“走出去”发展历程和现状的基础上，研究当前面临的瓶颈问题和制度障碍，分析提出支持金融（尤其是开发性金融）“走出去”可持续发展的利益驱动机制和有关政策建议。

第一节 中国金融“走出去”的发展历程、现状和趋势

中国金融“走出去”发展历程最早可以追溯到1912年2月经孙中山先生批准设立的中国银行。1949年，中国银行成为国家指定的外汇外贸专业银行，通过促进中国国际贸易和外商直接投资为国家经济建设和发展做出了巨大的贡献。作为最早在海外拓展金融业务的中国金融机构，中国银行无疑在“走出去”方面具有良好的先发优势，积累了丰富的商业银行国际化运营经验。自1929年中国银行在伦敦设立中国金融业第一家海外分行以来，截止到2016年末已经覆盖50个国家和地区，包含19个“一带一路”沿线国家。改革开放以后，尤其是进入到20世纪90年代，中国金融机构在海外逐步拓展业务，工、农、建、交等大型银行也相继设立了海外分支机构。

一、发展历程

纵观历史进程，中国金融“走出去”大致可以分为三个阶段：第一阶段为初步尝试阶段（1929—2003 年），只有少数大型国有商业银行在消费金融、国际贸易、外汇交易等领域尝试开拓业务，开拓方式以在海外设立分支机构为主；第二阶段为逐步展开阶段（2004—2008 年），中国加入 WTO 之后，逐步扩大金融改革开放，部分大型国有商业银行和少数有实力的股份制商业银行开始以并购方式实现海外业务的有效扩张，循序渐进地建立区域性国际网络；第三阶段为全面推动阶段（2009 年至今），各大国有商业银行和部分主要股份制商业银行在加强设立海外分支机构的同时，进一步强调以金融业务为推动力的“走出去”，不局限于现有机构布局，谋求以融资服务带动海外分支机构设立。这三大阶段的划分，不单纯以银行业等的海外分支机构设立数量为标准，更多从海外金融业务总量和金融并购交易活动数量等具有实质性业务促进因素的角度出发加以区分。同时，在 2008 年全球金融危机爆发后，中国金融“走出去”进入加速阶段，这既是在特定历史环境下出现的一次潜在重大战略机遇，也是中国金融业在全球影响力出现重大转折性变化的时期。

表 1-1　近年来中国金融机构主要海外并购案例

序号	时间	收购方	被收购方	持股比例（%）	收购金额
1	2000 年 4 月	工商银行	香港友联银行	53.24	—
2	2001 年 10 月	中国银行（香港）	南洋商业银行	100	重组合并
3	2001 年 10 月	中国银行（香港）	集友银行	70.49	重组合并
4	2002 年 2 月	建设银行	香港建新银行	100	—
5	2003 年 12 月	工商银行（亚洲）	华比富通银行	100	21.5 亿港元
6	2004 年 12 月	工商银行（亚洲）	华商银行	100	7.49 亿港元
7	2006 年 8 月	建设银行	美国银行（亚洲）	100	97.1 亿港元
8	2006 年 12 月	工商银行	印尼哈利姆银行	90.00	—
9	2006 年 12 月	中国银行	新加坡飞机租赁公司	100	9.65 亿美元（约合 75 亿元人民币）

续表

序号	时间	收购方	被收购方	持股比例（%）	收购金额
10	2007年8月	工商银行	澳门诚兴银行	79.93	46.83亿澳门元（约合41.47亿元人民币）
11	2007年8月	国家开发银行	英国巴克莱银行	3.10	15亿英镑（约合225.7亿元人民币）
12	2007年9月	工商银行（亚洲）	香港IEC投资公司	40.00	0.18亿美元
13	2007年10月	工商银行	南非标准银行	20.00	366.7亿南非兰特（约合54.6亿美元）
14	2007年10月	民生银行	美国联合银行	4.90（后续将增持到20%）	9573万美元
15	2007年11月	中国平安保险	荷兰/比利时富通集团	4.20	27亿美元
16	2008年5月	招商银行	香港永隆银行	53.12	193亿港元
17	2008年7月	中国银行	瑞士和瑞达基金	30（后续将增持到70%）	900万瑞士法郎（约合6000万元人民币）
18	2009年6月	工商银行	加拿大东亚银行	70	8025万加元（约合7300万美元）
19	2009年8月	建设银行（亚洲）	美国国际信贷（香港）有限公司	100	7000万美元（约合5.43亿港元）
20	2010年4月	工商银行	泰国ACL银行	97.24	177.1亿泰铢（约合5.5亿美元）
21	2010年9月	中投公司	美国摩根士丹利商业银行控股公司	10	68亿美元
22	2011年1月	工商银行	美国东亚银行	80	1.4亿美元
23	2011年8月	工商银行	阿根廷标准银行	80	6亿美元
24	2013年7月	中信证券	法国里昂证券	100	11.52亿美元
25	2013年9月	海通证券	香港恒信金融集团	100	7.15亿美元
26	2013年10月	建设银行	巴西Banco Industrial E Comercial S. A银行	72.00	16亿巴西雷亚尔（约7.23亿美元）
27	2014年1月	复星国际	葡萄牙储蓄总行保险公司	80.00	10亿欧元

数据来源：Thomson，互联网公开资料，以公开宣布时间为准。

表 1-2　中国主要国有商业银行海外业务情况比较

银行	年份	海外机构数量（家）（含子机构）	覆盖国家及地区数（个）	海外资产规模（亿元人民币）	海外资产占比（%）	海外税前利润（亿元人民币）	海外税前利润占比（%）
中国银行①	2004	603	27	11943	22.28	146	41.45
	2009	973[a]	31	17568	19.26	250	22.50
	2011	586	35	27737	22.39	359	17.30
	2013	620	40	38461	24.38	412	19.38
工商银行	2004	100	12	606	1.07	19	64.91
	2009	162	20	3857	3.27	69	4.13
	2011	239	33	7859	5.10	86	3.18
	2013	329	40	12752[b]	6.70	136	4.02
建设银行	2004	10	8	353	0.90	3	0.59
	2009	60	11	2344	2.44	21	1.51
	2011	71	13	4431[c]	3.61	3[d]	0.14
	2013	82[e]	15	7318	3.66	38.95	1.39
交通银行	2004	5	5	1029	9.01	1	1.29
	2009	9	9	2025	6.12	19	4.97
	2011	14	12	3378	7.33	25	3.82
	2013	14	12	5198	8.72	38.46	4.81
国家开发银行	2004	1	—	801	5.70	—	—
	2009	2	78	6650	17.93	39.88	5.08
	2011	3	116	12416	22.47	263	21.36
	2013	4	—	17815	22.27	—	—

注：a. 营业性机构 684 家，非营业性机构 289 家。b. 为抵销调整后的总资产。c. 海外商业银行类经营性机构（除建银国际和海外代表处）的总资产。d. 由于资本市场波动，建设银行下属全资子公司建银国际在上市交易类股权投资方面的估值出现亏损，单纯海外商业银行类经营性机构的税前利润仍在 21 亿元左右。e. 境外银行业分支机构 13 家，附属公司境外分支机构 69 家。鉴于国家开发银行作为开发性金融机构的特殊性及其年报数据的可得性，其海外资产规模和海外税前利润分别用海外业务的本外币贷款余额和对外交易收入（即从集团外获取的交易收入，包括对外交易利息净收入以及对外交易手续费及佣金净收入）替代；在海外分支机构设立方面，国家开发银行采取了不同于以设立机构为业务开展前提的商业模式，所以数据方面与其他商业银行有所不同。

数据来源：各金融机构相关年度年报。

---

① 2013 年，中国银行首次向全球发布《中国银行跨境人民币业务白皮书（2013 年）》和“中国银行跨境人民币指数”（BOC Cross-border RMB Index，CRI），成为首家独立编制和发布人民币国际化相关白皮书和指数的中资金融机构。

二、发展现状

中国在全面履行加入世界贸易组织承诺的同时，通过商业银行改制上市、扩大直接融资市场和建立分业监管架构等金融改革开放措施，有力地促进了整个银行业服务水平和竞争力的显著提高。根据银监会 2011 年年报、2012 年年报、2016 年年报显示，近十多年来中资银行国际化发展取得了显著成效，主要表现在三个方面：一是积极推进境外机构布局建设，构建与中国经济全球化相匹配的全球服务网络。截至 2012 年底，政策性银行及国家开发银行设立 7 家海外机构，参股 2 家境外机构；5 家大型商业银行设立 120 家（分行级）海外机构，收购（或）参股 10 多家境外机构；8 家中小商业银行设立 16 家（分行级）海外机构，2 家中小商业银行收购（或）参股 5 家境外机构；全部 16 家中资银行业金融机构在海外共设立 1050 家分支机构，覆盖亚洲、欧洲、美洲、非洲和大洋洲 49 个国家和地区。到 2016 年末，共有 22 家中资银行在海外 63 个国家和地区设立 1353 家分支机构，其中一级分支机构 229 家；非银行金融机构“走出去”破题，1 家金融租赁公司获批在境外设立专业子公司。二是通过海外公开上市，增加资本补充渠道，加快国际接轨步伐。截至 2012 年底，5 家大型商业银行、3 家股份制商业银行、1 家农村商业银行在中国香港公开上市。三是加强业务联动，建立总行、境内外分支机构、海外代理行相互联动、相互支撑的立体交叉服务网络，拓展服务覆盖范围。

中资银行正通过自设机构、投资并购和依托合作伙伴等方式，在全球拓宽业务领域，提升跨境金融服务能力。根据德勤中国的统计，2002—2011 年，中资银行总计完成了 38 项海外并购，总金额为 201.6 亿美元。除了在营业机构和资产方面进行海外扩张，中资银行的资本结构也逐步国际化。除 16 家中资银行完成国内资本市场公开上市外，过去十年中，包括中国银行、工商银行等 10 家银行成功在中国香港募集资金 4339 亿港元，占所有银行上市募集资金总量的 57.4%。此外，自 2007 年至 2011 年 12 月中旬，中资银行共发行债券 1954 亿美元，其中 22.6%是在中国香港、新加坡、美国、澳大利亚等境外市场发行的。

三、发展趋势

当代社会金融发展日益深化，中国作为发展中国家的重要代表，已经成为国际经济金融舞台上的重要成员，在强调金融服务实体经济的新时期，中国金融业“走出去”任重而道远，但前景一片光明。2012年5月24日，国务院办公厅转发了发展改革委、商务部、外交部、科技部、工业和信息化部、财政部、中国人民银行、海关总署八部委《关于加快培育国际合作和竞争新优势的指导意见》（国办发〔2012〕32号），明确指出要稳步推进金融国际化，主要包括适度加快金融市场开放、扩大人民币对外使用和稳步推进金融机构国际化三大方面的内容。在商业可持续、风险可控的前提下，支持符合条件的金融机构通过设立境外分支机构、并购等多种渠道，到境外开展业务，为中国企业国际化经营提供金融服务支撑；支持国内大银行在提升对内金融服务水平的基础上，稳妥有序地实施国际化战略，提升全球金融运作能力和国际化经营水平；适时引导保险、证券等金融机构到境外开展国际业务。由此可见，政府首次明确提出稳步推进金融国际化，激励中国金融业“走出去”，稳步实现跨国化经营，是根据中国当前经济金融发展新阶段、国际金融危机大变局和全球化浪潮新趋势，高瞻远瞩、审时度势，从而做出的重大决策，是中国城镇化、工业化和国际化发展总体战略最重要的组成部分之一。

展望未来，根据中央对金融服务实体经济发展的战略要求，中国金融在“走出去”过程中要在以下几个方面努力发挥作用：

（一）深化双边及多边的经济合作

加强同发展中国家在各领域的经贸团结合作，深化传统友谊，维护共同利益，积极开展双边及多边合作；深化同周边国家的睦邻友好和务实合作，以维护地区和平稳定为宗旨，促进共同发展繁荣；积极扩大同发达国家的交流合作，增进相互信任，提高合作水平与层级。

（二）参与国际经济金融体系建设

主动推进国际经济体系结构调整，利用各类国际区域和次区域合作机制，促进国际经济秩序朝着更加公正合理的方向发展；积极参与二十国集团、金砖国家等全球经济治理机制合作，推动建立均衡、普惠、共赢的多边贸易体制，反对各种形式的保护主义；不断深化国际金融体系改革，通过多边金融合作组织参与国际规则和标准的修订制定，促进国际货币体系合理化。

（三）与合作国共享开发建设成果

加强与主要新兴经济体的宏观经济政策协调，力争在国际经济、金融组织中发挥更大作用；加强南南合作，优化对外援助结构，创新对外援助方式，增加对发展中国家民生福利性项目、社会公共设施、自主发展能力建设等领域的经济和技术援助；加快协助推动实施自由贸易区战略，进一步加强与主要贸易伙伴（尤其是战略新伙伴）的经济联系，深化同新兴市场国家和发展中国家的务实合作。

（四）以支持企业“走出去”为己任

按照市场导向和企业自主决策原则，引导各类所有制企业有序开展境外投资合作；深化国际能源资源开发和深加工互利合作；支持在境外开展技术研发投资合作；支持制造业优势企业有效对外投资，创建国际化营销网络和知名品牌；扩大农业国际合作，发展海外工程承包和劳务合作，积极开展有利于改善当地民生的项目合作。

（五）加强宏观战略研究与项目评审

提高综合统筹能力，完善跨部门协调机制，加强实施“走出去”战略的宏观指导和服务；加快完善对外投资法律法规制度，积极商签投资保护、避免双重征税等多双边协定；健全境外投资促进体系，提高企业对外投资便利化程度，维护中国海外资产权益；做好海外投资环境研究，结合金融要素强化对投资项目的科学评估；防范“走出去”企业和境外合作项目的各类风险，履行社会责任，造福当地人民。

第二节　中国金融“走出去”的几个问题

2008 年全球金融危机后，中国金融业加快了“走出去”步伐，在面临全球化风险挑战的同时，也孕育了重大的战略机遇。2012 年 1 月，第四次全国金融工作会议强调新时期做好金融工作的五个原则是：①坚持金融服务实体经济的本质要求；②坚持市场配置金融资源的改革导向；③坚持创新与监管相协调的发展理念；④坚持积极防范化解金融风险的永恒主题；⑤坚持自主渐进安全共赢的开放方针。

2017 年 7 月，第五次全国金融工作会议提出，要紧紧围绕服务实体经济、防控金融风险、深化金融改革三项任务，创新和完善金融调控，健全现代金融企业制度，完善金融市场体系，推进构建现代金融监管框架，加快转变金融发展方式，健全金融法治，保障国家金融安全，促进经济和金融良性循环、健康发展。具体要把握好以下重要原则：第一，回归本源，服从服务于经济社会发展，金融要把对实体经济服务作为出发点和落脚点；第二，优化结构，完善市场、金融机构、金融产品体系，要坚持质量优先，引导金融业发展同经济社会发展相协调，促进融资便利化，降低实体经济成本，提高资源配置效率，保障风险可控；第三，强化监管，提高防范化解风险能力，要以强化金融监管为重点；第四，强调市场导向，发挥市场在金融资源配置中的决定性作用。

此次会议提出：要扩大金融对外开放；深化人民币汇率形成机制改革，稳步推进人民币国际化，稳步实现资本项目可兑换；积极稳妥地推动金融业对外开放，合理安排开放顺序，加快建立并完善有利于保护金融消费者权益、增强金融有序竞争、防范金融风险的机制；推进“一带一路”建设金融创新，做好相关制度设计。这为金融“走出去”指明了发展方向，也对金融市场和金融机构提出了更高要求。为此，我们有必要对一些关键性问题有一个清晰的认识，否则无法深入研究金融“走出去”所面临的挑战和机遇。

一、如何看待国家“走出去”战略的变化

当前的国家“走出去”战略与之前的国家“走出去”战略，既有区别，又有联系。国家“走出去”战略已经成为一项体现综合国力发展的重要手段。相比 21 世纪初，中国政府当前提出的“走出去”战略已经从单纯的企业行为逐步向全产业链升级改造转变，从相对简单的工程承包向综合性投资运营转变，从产业梯队海外尝试扩展向金融资本深度参与支持转变，这是两个不同阶段“走出去”战略之间的主要区别。但是，没有前期十多年中国企业在实践中的卧薪尝胆和勇于探索，没有这十几年来积累的经验和教训，就不会有当前政府和金融机构的战略性决策基础，未来主攻的方向和需要形成的相应推动机制也就无从谈起。

二、如何看待国家“走出去”与金融“走出去”

中国“十二五”规划明确提出金融“走出去”战略，这是在21世纪初确定的国家“走出去”战略方向基础上的全面推动和深化，两者紧密相连，但又有较大的区别。当前，国内外形势已经发生很大变化，中国城镇化、工业化、信息化、国际化发展到了一个新的阶段，需要金融“走出去”从单纯的开展国际金融业务上升为国家整体战略，成为“走出去”战略的重要组成部分之一。这是中国“十二五”期间逐步实现“引进来”与“走出去”战略均衡发展的重要手段和途径。为此，我们有必要建立一套能够支撑中国金融“走出去”长期可持续发展的利益驱动机制，形成合理有效的评价体系。

三、如何看待金融“走出去”与金融国际化

相比之前的中国金融国际化，当前的中国金融“走出去”更具有战略意义。随着2008年金融危机的影响不断深化，金融市场环境和全球化发展程度都有了根本性的改变，全球金融治理机制与结构体系正在朝着一个新的方向发展，中国金融资源也正在逐步加速向外输出，形成新的配置格局。因此，这是在以往十多年金融国际化初步尝试基础上的一种高级化发展，是内涵更为丰富的金融国际化进程，不仅是金融机构的国际化，而且是金融业务的国际化，更重要的是需要寻找可行的商业化、市场化运作模式，研究长期可持续发展的利益驱动问题。

四、如何看待金融体系中的开发性金融“走出去”

中国金融体系中有一种较为独特的金融资源要素，即开发性金融（它的概念定义将在下一节作准确说明）。相比商业性金融要素，开发性金融的“走出去”要相对晚一些，大约从2006年才开始大规模“投棋布子”，在2008年之后进入快速发展阶段。其源头可追溯到2003年开始尝试“走出去”战略的政策性金融机构——国家开发银行（以下简称“国开行”），它始终坚持以“增强国力、改善民生”为自身历史使命。其中，尤其是与发展中国家的金融合作，推动和加快了国开行的国际化进程，促进了其与世界各国以及金融机构更深层次的业务联系。特别是国际金融危机爆发以来，国开行推广上海合

作组织银行联合体多边金融合作机制的经验，发起设立中国—东盟银行联合体、金砖国家银行合作机制、中葡基金以及中希船舶、中德船舶等专项资金，金融合作范围和领域不断扩大。截至2012年底，国开行已与111个国家的政府、金融机构和企业签署合作协议348项，涉及金额2450亿美元；通过综合授信、货币互换、联合贷款等方式，与全球98个区域、次区域金融机构以及合作国金融机构密切合作，业务遍及五大洲，覆盖116个国家和地区①。作为中国最大的开发性金融机构和最大的对外投融资合作银行，国开行2013年的国际业务贷款余额已达2922亿美元，超过了世界银行、亚行、泛美开发银行等国际开发性金融机构，不良贷款率低于0.5%，资产质量一直处于优良水平。

截至2016年底，国开行国际业务贷款余额3285亿美元，其中表内贷款余额2779亿美元。按照人民银行统计口径，国开行外汇贷款余额占全国金融机构外汇贷款余额的30.1%，继续保持中国最大的对外投融资合作银行地位。在支持“一带一路”建设方面累计发放贷款超过1600亿美元，贷款余额超过1100亿美元。2017年5月，国开行配合首届“一带一路”国际合作高峰论坛召开，设立2500亿元等值人民币专项贷款，包括三个子专项，即“一带一路”基础设施专项贷款（1000亿元等值人民币）、“一带一路”国际产能合作专项贷款（1000亿元等值人民币）和“一带一路”金融合作专项贷款（500亿元人民币）。

应该说，开发性金融“走出去”的道路也属于中国金融“走出去”的一个重要组成部分，并将在历史上写下浓墨重彩的一笔。兼具政策性特点和市场化运作功能的国家开发银行，其开发性金融“走出去”战略具有显著不同于以往中国金融机构“走出去”模式的特点，尽管存在一定争议，但这正是本书重点研究的对象和内容。简言之，开发性金融“走出去”是中国金融体系中具有前瞻性、战略性、市场化、开放性的“走出去”模式，对中国金融“走出去”具有重要的参考价值，能够引导商业性金融、政策性金融等积极参与到中国金融要素的全球化统筹布局之中。

中共十八届三中全会通过的《中共中央关于全面深化改革若干重大问题

① 陈元．实施更加积极主动的对外开放战略［J］．求是，2013（8）：1.

的决定》（以下简称《决定》）对构建开放型经济新体制做出了部署，提出“建立开发性金融机构，加快同周边国家和区域基础设施互联互通建设，推进丝绸之路经济带、海上丝绸之路建设，形成全方位开放新格局”①。这是党的重要文件中第一次明确提到“开发性金融”这一概念，也是党中央、国务院对国家开发银行多年来以开发性金融服务国家战略的充分肯定。

五、开发性金融“走出去”的核心问题与难点所在

为了更好地理解开发性金融在中国企业“走出去”战略中的地位和作用，需要对两个前置性问题进行分析：

首先，为什么商业性金融“走出去”不能替代开发性金融服务企业“走出去”目标？对此，可以从以下五方面来理解：一是商业性金融有着天然的逐利本性，对短期收益率及回报周期比较看重，难以追求长远回报，且国内业务利润高，境外业务则风险大、筹资难，短期收益有限；二是国外项目资金需求量大，运作周期长，回报率不高，商业性金融无法全额承接；三是对合作国利益的重视程度仍然不够，双方利益难以平衡，“利他主义”合作更无法实现；四是从地理布局看，商业性金融基本不会选择高风险地区，主要讲求的还是算利益账；五是商业性金融存在相互竞争，难以形成有效的龙头带动引导作用，且面对处理政府与市场关系时缺乏足够经验。

其次，为什么外交手段与对外经援合作不能解决主要的国际合作问题？对此，可以从以下五方面来理解：一是国际合作要坚持商业基本原则，在国际商法环境下形成投融资合作契约，这样可以有效保护金融机构自身利益；二是真正有效的市场化运作并不能走政治化路线，如果完全依赖外交手段和对外经援作为信用支撑，会使自身对外界造成负面舆论影响，形成所谓“金元外交”弊端；三是无法承担落实国际合作项目需要的全部资金量及相关资金成本，援助行为只能在点上发挥作用，引导杠杆效果相对有限，难以满足开发性合作需求；四是从融资运作和市场机制看，外交手段会更多讲政治，无法弥补政策性亏损、行业风险和市场失灵，不能形成真正有效的大风险观

① 详见《中共中央关于全面深化改革若干重大问题的决定》第七章“构建开放型经济新体制”第二十六款“扩大内陆沿边开放”。

及风险防范机制；五是多边国际合作需要有代表性的市场化机构参与，否则纯外交方式无法落地生根，急需一个具有公信力的开发性金融机构参与推动双边或多边合作，为各方搭建开放式交流平台。

因此，中国开发性金融“走出去”的核心问题是存在的客观必然性及如何实现可持续发展，集中反映在以定价问题为代表的一系列因素上，其内涵极其丰富。到底什么样的价格能够包含尽可能多的决策信息是关键，包括市场动向、商业利益、金融地理信息、国家利益、风险因素、合作国利益等。其中，要着重解决资金成本问题，因为相对于人民币资产，海外资产的投融资活动存在较大的汇率风险。这并不是要确定一个具体的价格，也不是要为每一笔金融“走出去”业务提供一个可参考的定价模型，而是要重点探讨如何才能构建一个促进各方面利益综合平衡的评估框架，形成可调整的理论模型，进而有效推动开发性金融“走出去”的可持续发展。这是未来一段时期内中国开发性金融“走出去”必须面对和解决的难点问题。

第三节　本书的研究思路

当前文献主要是关于金融市场与金融机构的国际化研究，且多数在21世纪初完成，侧重于实证和业务方面，缺少系统的理论分析，尤其是对新时期中国参与国际金融体系建设背景下的金融“走出去”利益驱动机制缺乏较好的针对性研究。本书将以开发性金融作为主要研究对象，基于利益驱动机制的理论视角进行分析，进而系统研究开发性金融“走出去”战略的本质内涵和可持续发展基础，为中国金融“走出去”战略提供一定的理论参考。

一、选题意义

首先，金融“走出去”是中国作为大国崛起战略的重要组成内容。在经历了三十多年快速发展之后，中国面临诸多现实挑战，要继续保持良好发展势头，把握大国崛起战略机遇期，需要有金融资源配合，在全球范围内形成一种全新合作模式，促进中国更快更好地融入世界经济发展新格局。我们不能期待或者依靠发达国家从经济危机和金融危机中逐步复苏，进而带动中国实体经济的发展转型。正相反，金融作为一种核心正能量，可以在全球自由流动，尤其是以国家开发银行为代表的开发性金融，将通过与商业性金融、政策性金融的开放合作，配合推进国家战略和引导中国企业“走出去”步伐，逐步支撑起中国的大国崛起时代。

其次，金融要素国际化需要有一个符合实践需求的理论探讨框架。在理论上，现有的分析框架仍然基于传统的国际金融和国际贸易理论，即便是克鲁格曼的新贸易理论也仅局限于产业分工层面的规模递增和地理因素探讨，尚未深入到金融领域。但实践中，以中国为代表的新兴市场国家在金融要素国际化配置方面产生的影响已经日益增大，在推动实体经济范畴内的新经济秩序构建方面，开发性金融在实践中已经积累了一定的经验教训，亟待从金融理论层面寻找一个可供研究探讨的理论框架。

最后，在全球化发展浪潮中，要有中国金融参与下的竞争合作机制。在全球各国都在强调后危机时代要加强建立国际经济金融治理新机制的背景下，中国将面临更为复杂而又充满机遇的竞争合作格局，全球化发展浪潮也并不会因为2008年以来的全球金融危机和欧债危机而中断。中国金融作为一股新生的力量，已经逐步参与全球范围内的产业升级和梯度转移的竞争合作机制，这成为中国金融“走出去”的主要议题，必须要有一系列的利益驱动机制作为基础，这也是要实现开发性金融“走出去”可持续发展的内涵所在。

二、概念界定

陈元（2010）指出，“开发性金融”是指国家或国家联合体通过建立具有国家信用的金融机构，为特定需求者提供中长期融资，同时以建设市场和健全制度的方式，推动市场主体的发展和自身业务的发展，从而实现政府目标的一种金融形式。① 它是政策性金融的深化和发展，通过建设制度、建设市场、建设信用弥补市场失灵和制度缺损，实现政府的发展战略目标，从而解决很多过去政策性金融想解决而没有解决好的问题。

根据全国政协副主席陈元的论述，从概念上讲，开发性金融与商业性金融相对应，两者同为现代金融体系的重要组成部分。商业性金融在现有市场条件下运营，以追求利润为目标，不承担主动建设市场的职能；而开发性金

① 陈元．开发性金融合作：发展中国家共同发展之道［J］．中国经济，2010（1）．

融不以盈利为唯一目标，其着力点是在市场缺损、制度缺失的地方，通过制度建设、信用建设来营造市场、完善市场，并在建设市场制度的过程中取得自身可持续发展必需的利润。与开发性金融相关的是政策性金融，两者都为政府目标服务，它们的不同之处在于：政策性金融通常以优于商业性金融的条件向特定项目提供大额贷款，不追求自身业绩，其实质是财政拨款的延伸和补充；而开发性金融是政策性金融的深化和发展，不但可以从事传统的政策性金融业务，而且通过市场化经营，开发性金融具有“自生能力”，能实现可持续发展，可以说，开发性金融是传统的政策性金融的发展和超越。

金融“走出去”是指以金融机构和金融业务的国际化为手段，服务于国家“走出去”战略的金融要素国际化配置活动，既包括银行、证券、保险、基金、信托、租赁、期货等多种形式金融服务，也包括货币（即人民币国际化）、银行卡、跨境清算体系、国际金融组织、主权财富基金等方面的金融活动。需要说明的是，开发性金融“走出去”在理论范畴上属于金融“走出去”定义范围内的一部分，相比于其他金融要素的国际化配置有一定的特殊性和前瞻性，在运作模式上具有较好的参考价值。因此，本书中不再对金融“走出去”的概念作过多解释。

开发性金融“走出去”是指开发性金融机构以金融机构和金融业务的国际化为手段，弥补存在的市场失灵和制度缺损，服务于国家“走出去”战略的金融要素国际化配置活动。首先，开发性金融“走出去”的目标很明确，就是服务于国家“走出去”战略，一般性的国际金融活动不是重点研究对象，如商业化国际结算、国际证券投资等；其次，开发性金融“走出去”的手段包括金融机构和金融业务两方面的国际化，不单纯指金融机构海外分支设立或跨国并购等活动，在很多时候更主要体现为金融业务的国际化运作；最后，也是最重要的，开发性金融“走出去”在本质上是中国特色金融要素的国际化资源配置，通过市场建设、信用建设和制度建设弥补中国企业“走出去”过程中存在的市场失灵和制度缺损，实现金融与实体经济要素相配合，彼此互通、优化组合，形成互利共赢的格局。

三、研究思路

本书以开发性金融“走出去”为主要研究对象，重点分析其内在的利益驱动机制问题，试图通过定性与定量相结合方式探究适合中国国情的开发性金融“走出去”运作模式，启迪后来者对中国金融要素国际化配置的理性研究。

总体研究思路是基于实践基础提出在理论上如何实现中国开发性金融“走出去”过程中商业利益、国家利益、合作国利益三方之间的合理统一，如何建立着眼于全局的大风险观以促进开发性金融“走出去”的可持续发展（这种大风险观就是只有当确保中国取得长期可持续发展的条件下，才有开发性金融“走出去”的内生性利益和真正安全），从而证明，后发优势国家金融国际化的内生动力在于融入全球化过程中如何激发和满足自身发展的需求，通过实际案例分析解决主要问题，以及由此而所采取的发展模式。为此，需要我们进一步加强在“走出去”战略实施过程中金融服务实体经济发展的完整性、到位性和有效性。

| 第二章 |

开发性金融“走出去”的理论综述与国际比较

“走出去”战略作为一个实务性研究主题，内容涵盖很广，包括经济金融、投资贸易、企业管理、工程技术、法律政策等诸多方面，在理论界已经得到很多关注。但在开发性金融“走出去”领域，学术性研究还不多，有必要深入分析和梳理有关文献综述，进行理论内涵借鉴及国际历史比较，形成一定客观认识。

第一节　文献综述

在金融“走出去”领域，现有文献主要是关于银行国际化理论的系统梳理，并没有专门以金融“走出去”为主题的理论研究，可供直接参考的文献相对较少。因此，本书主要对国际和国内银行国际化理论做一简要说明。

一、总体概述

自20世纪80年代以来，针对发达国家对外投资实践的不断总结，形成了一系列颇具影响力的解释理论，如“比较优势论”“内部化理论”“国际生产折中理论”“引导效应理论”和“格鲁柏尔的三分类理论”。20世纪90年代后，伴随银行国际化的新趋势，又出现银行体系重整论、放松管制论、效率差异论等。中国学者在这方面也有一定贡献，汪建和吴英蕴（2000）提出规避风险论，认为银行国际化是为了规避国别风险，通过托宾和马科维茨建立的国际资本流动理论证明以国际化资产组合降低风险系数；吴士君（2002）提出政策寻租论，指出中国存在金融抑制，在市场准入和价格管制情况下使得银行业拥有超额“政策租金”，吸引外资银行进入中国。这些理论为开发性金融“走出去”提供了基础的理论思考，包括利用比较优势、发挥内部化效应、加强特定产权效果、分散单一市场风险、组合管理需求及税收政策影响等，但并不能从根本上对中国开发性金融“走出去”进行深入的理论解释。

二、逻辑认识

（一）开发性金融与商业性金融的主要区别

开发性金融与商业性金融的主要定义已经在上一章节中做了说明，下文主要从首要目标、运作方式和风控机制等方面说明两者之间的区别。

首先，首要目标不同。开发性金融的首要目标并不是盈利最大化，而是社会总体价值最大化，以保本微利为基本底线，着眼于开发性金融的战略目标能否实现，如扶贫、发展支柱产业、支持民营经济、促进国家战略实施、提升国际化合作水平等，在“走出去”方面则以服务外交战略、促进国际经贸合作、加强市场培育开拓等为主要的发展目标。商业性金融的首要目标是追求盈利最大化，从商业原则出发，立足于获得充分竞争之后的市场领先地位，不以社会公共价值利益目标为评价考核基准，在“走出去”方面则以获取市场份额、分散商业风险、开拓国际网络、提升股东价值等为主要的发展目标。

其次，运作方式不同。开发性金融的运作方式主要采取“政府热点、雪中送炭、规划先行、信用建设、融资推动、市场共建”的模式，围绕政府战略目标，增强市场机制建设能力，提升金融综合服务支撑能力等，对融资问题加以系统化解决，在“走出去”方面则以规划先行和重大项目为切入点，搭建市场化合作机制，提供中长期融资信用安排。商业性金融的运作方式主要采取“市场驱动、政府支持、利润为先、担保可控”的模式，围绕市场热点项目，加强定价与风控机制安排，提供综合性金融服务配套，但并不会主动推动建设市场的工作，在“走出去”方面则以“跟随”战略为主服务客户，逐步在全球开拓国际合作网络，以发达国家或地区作为切入点，并不会优先“投棋布子”于一些商业条件尚不成熟的地区，以提供中短期融资信用安排为主。

最后，风控机制不同。开发性金融的风控机制主要采取以市场建设为主的驱动机制，对风险因素进行综合判断，不仅限于商业风险评估，还包括全局性的市场发展与机制建设等，在“走出去”方面则尤其强调大风险观的历史唯物辩证思维，认为不发展才是最大的风险，更主要从经济贸易大循环角度考虑风险防范，将市场潜力内嵌于发展项目之中，以此解决根本性的不确定性风险。商业性金融的风控机制主要采取以抵质押品及现金流可测性为主的驱动机制，对风险因素进行单独判断，主要从项目本身的市场风险角度考虑，在“走出去”方面则主要排除一些存在一定国家政治风险的地区，优先考虑项目的商业价值及抵质押可靠性，并不会从大风险观角度评估整体风险水平。

（二）传统开发性金融“走出去”的主要特征

首先，以国际化作为“走出去”的初始状态。无论是世界银行这一类全球性开发性金融机构，还是亚洲开发银行、泛美开发银行、金砖国家新开发银行等区域性开发性金融机构，基于其发起国的多边合作背景并服务于特定的任务目标，设立之初就以国际化作为“走出去”的主要方式。相比于这些传统国际开发性金融机构，国家往往也会设立专注于“走出去”方面的开发性金融机构，如日本国际协力银行等。

其次，始终服务于本国及跨国综合平衡战略。在一国或国际开发性金融机构的“走出去”服务过程中，国家对其力争实现本国的经济国际化战略及促进跨国合作的综合经贸平衡目标赋予了特定的历史意义，这种使命感以政策性法律框架为立身基础，在商业运作原则下开展多元化合作，始终不会偏离政策性目标，强调服务国家战略的重要性，尤其是在一些缺乏商业金融吸引力的领域，开发性金融机构的资金撬动作用尤为必要和明显。

最后，坚持对政府与市场间作用的深入理解。以世界银行为代表的国际开发性金融机构，在推进国际合作过程中，比较注重对一个国家或地区的政府治理机制的改进，主张政府与市场之间应建立合理的资源配置关系，其中不可避免地会包含一定的意识形态思维，需要在中国开发性金融机构“走出去”过程中加以深入思考。实际上，从操作上看，政府与市场之间关系在“走出去”领域往往面临更为复杂的环境，不同国家或地区的法律文化差异及政策体制约束，对开发性金融机构提出了更高要求，尤其是在综合协同能力方面需要深入理解并加强。

（三）一国开发性金融“走出去”的理论动因

首先，开放型经济水平决定了国际化的内生需求。小国经济体的开放模型已经证明，只有不断提升经济开放度水平，才能获得全球贸易规则体系下的最大化价值。相比于传统的小国经济体开放模型，中国虽然是一个经济大国，但并非一个经济强国，因此，在国际经贸关系上仍然可参考一个小国经济体的开放水平。而从国家战略目标出发，一个在国际经贸关系上处于小国地位的国家有内生动力促使本国开发性金融机构“走出去”，以实现更高水平上的开放经济总量和质量，从而提升国际化发展的综合竞争能力。

其次，国际化合作领域依然存在较多的市场瓶颈。确立政府与市场之间的合作关系是破解市场瓶颈的主要途径，只有市场对资源配置发挥决定性作用，政府发挥合适的引导作用，才能促进经济发展的可持续性。从这一层面来说，国际合作仍然处于初级阶段，市场在资源配置上的局限性与瓶颈依然很多，尤其是发展中国家之间的合作，政府力量介入较多，使得市场资源难以得到有效配置。为此，从一国角度出发，有动力通过自身开发性金融机构在国际上与相应国家共同实现政府与市场之间新型合作关系的构建，提升市场资源的参与意愿。

最后，从合作博弈的角度考虑，需要有一个新平台。在当前经济全球化格局日益分化的形势下，发达经济体和新兴市场经济体对全球贸易规则与国际合作提出了不同诉求，国际经贸合作秩序与规则都要面临深刻变化，矛盾与冲突更为复杂化，急需一座以政策性目标与国家信用力量支撑的金融合作桥梁，与相关国际合作伙伴一起搭建政府与市场之间的合作关系。因此，从合作博弈角度考虑，一国开发性金融机构在“走出去”过程中可以且也有义务作为国际合作的新平台发挥作用，将总体合作剩余在市场运作原则下尽可能最大化。

三、国外研究

在银行境外市场进入理论方面，现有文献主要集中于探讨向发达国家扩张和向发展中国家扩张的区别。

瓦西德和马瑟认为，向发达国家扩张通常有负的市场收益，相反在新兴市场国家建立机构可以获得很高的收益（Waheed and Mathur，1995）。在进行国际化扩张时，在单一产业进行国际多元化的收益，要远高于投资多个产业（Meric，Gulser，1989；Grinold et al.，1989）。

高斯和戈德伯格指出，在美国的外资银行绩效与其母国金融体系的规模、母国对外投资规模以及母国对美国贸易规模存在正向关系，但与母国与美国之间的地理距离负相关（Grosse and Goldberg，1991）。

布雷利和坎普雷斯对世界上 1000 家银行的近 2000 家分行的设点决定因素进行了实证研究，发现银行分行选址与东道国和母国的 GDP、母国的贸易和 FDI 量存在正相关（Brealey and Kaplanis，1996）。

关于国际化经营效率与动机，多数研究认为，银行的规模是银行境外市场进入决策的重要决定因素（Grosse and Goldberg，1991；Ursacki and Vetinsky，1992；Williams，1996，1998；Berger et al.，1999；Di Antonio，Mariotti and Piscitello，2002），且东道国的规模或东道国金融系统的规模也与此有关（Di Antonio，Mariotti and Piscitello，2002）。相比东道国而言，跨国经营的银行一般规模较大，其总部往往设在相比东道国市场更为发达、更有效率的国家，若一个国家银行部门规模都比较大，利润比较高，则在该国经营的银行都能向外输出高级技术，并很可能向外扩张业务以获取更多的市场机会，减少国内市场竞争压力。

上述研究也指出，东道国市场的利润机会是决定外资银行股权模式的关键因素，即决定了外资银行参与国内银行市场的方式，如完全收购、收购某特定业务或资产、合资或结成战略联盟。但对于实施国际化经营战略的银行到底是去其他银行系统缺乏效率的国家，还是其他银行系统更为高效的国家这一问题，则没有定论，如 OECD 国家的跨国银行喜欢向银行系统缺乏效率的国家扩张，而米勒和帕克却发现一些银行更愿去发达国家以改善自身的生产和分销渠道，而不是输出自身的渠道（Miller and Parkhe，1998）。

此外，马西森和罗尔多斯考察了 15 个新兴市场国家外资银行进入决定因素，发现外资银行进入不仅受到其自身追求利润最大化目标的影响，更受到东道国当局政治经济战略目标的影响，如经济改革和政治自由化进程等（Mathieson and Roldos，2001）。

总体而言，笔者认为，上述研究对中国开发性金融“走出去”的理论研究是很有启发的，主要体现在新兴市场国家的高收益高风险特征、地理距离对金融规模的影响、东道国经济政治战略对金融的影响等方面；当然也有不足，主要是缺少对发展中国家金融“走出去”的理论分析。

四、国内研究

中国学者对银行国际化的系统研究侧重于分析外资银行进入东道国的效应及影响。

庄乾志（2001）在其专著《银行发展：市场化与国际化》中重点研究了银行国际化的历史、成因、环境、组织和国际化战略。

王金龙（2003）在其专著《金融国际化效应研究》中从宏观角度分析了金融国际化动因，分析其对全球经济的正面效应和负面效应，指出如何识别和化解各种风险因素以优化中国的金融国际化战略。

朱正罡（2004）在其专著《国有商业银行国际化经营战略》中通过案例比较提出了“双向对接”的国际化经营模式，即应遵循逐步推进的地域拓展策略、境内外机构联动策略和本外币业务一体化的策略，并指出风险管理是成败关键。

毛泽盛（2005）在其专著《跨国银行的进入、绩效及其管制》中侧重分析跨国银行进入发展中国家的效应，尤其是管制对市场进入的作用。

李杰、满新程（2009）在其专著《商业银行“走出去”研究》中重点探讨了银行“走出去”的二元动机。刺激—反应式动机是银行面对环境变化为保持竞争地位而做出境外扩张决策的动机，资源—内驱式动机是银行在自身实力增强基础上面对良好外部环境而主动进行境外市场开拓的动机。通过构建基于网络外部性的追随客户两阶段博弈模型，支持不同动机会导致不同的境外市场选择导向，进而形成银行国际化第三次浪潮的三大区位导向，即欧洲、拉美和亚洲，其中发达国家是母国，新兴市场国家是东道国，跨国并购是主要方式。作者还对银行“走出去”的进入模式、进入路径、跨国并购机制等进行系统分析，初步建立了一个针对银行“走出去”的统一研究范式。

总体而言，国内对商业银行“走出去”的理论分析还是有一定基础的，尤其是在金融国际化动因、风险防控管理、追随客户战略、跨国并购模式等方面形成了一定的研究积累，对中国开发性金融“走出去”有一定参考价值。

但对于金融地理、战略博弈、协同激励方面的分析尚未有系统阐述，而这正是中国开发性金融实践的关键环节。

第二节　理论内涵借鉴

开发性金融“走出去”作为一项实务性很强的研究内容，在理论界并没有专门的学术论著，而是隐含在众多不同类别的理论课题研究之中，需要加以梳理和概括，从中凝练出有价值的理论观点。具体而言，包括以下六个不同的理论基础：

一、开发性金融理论

开发性金融理论在国际学界并没有一个约定俗成的学术范畴，但在中国国内基于国家开发银行20多年来的开发性金融实践形成了一定的理论方法总结。下文就开发性金融理论的基本框架进行梳理。

（一）核心理念

开发性金融理论的核心理念是“政府热点、雪中送炭、规划先行、信用建设、融资推动、市场共建”，这是基于金融实践与中国社会制度特点所总结的方法论。

政府热点是指围绕服务国家战略与政府热点难点问题提供金融服务，解决投融资难题。

雪中送炭是指当政府、企业面临困难时提供金融服务，而不是做锦上添花的事情，发挥金融杠杆的服务实体经济作用。

规划先行是指对于政府的区域、行业、市场、社会发展规划进行前瞻性研究，参与企业发展战略规划，从源头上对经济社会发展的领域、行业、项目进行顶层设计与统筹规划，避免因重复建设而导致效率低下与价值损耗问题，从而有效防范金融风险。

信用建设是指针对经济社会发展的市场失灵或制度缺损，通过信用机制建设，形成相应的综合性制度安排，树立广泛有效的信用合作意识，为金融支持扫除风险障碍。

融资推动是指在制度建设基础之上，为符合信用建设要求的重点项目提供大额、中长期金融支持，有力推动实体经济发展。

市场共建是指对存在市场失灵或制度缺损领域的重点项目，从开发性金融孵化机制出发，加强对市场出口的联合推动建设，与各有关利益方共同谋划符合市场化运作规律的共建模式，引导和鼓励商业性金融积极参与和介入，从而实现有序引导社会资金长期投入的目标和功能。

（二）主要方法

通过“治理结构、法人、信用、现金流”四项机制建设对具体投融资项目形成有效的激励约束机制，从而使得原本由于存在市场失灵或制度缺损而无法或较难获得金融支持的项目能够获得资金。

1. 治理结构建设

治理结构建设是指通过对于企业公司治理结构的制度建设，消除由于治理结构缺失而对企业运营造成的负面影响，进而对投资项目潜在的市场风险、金融风险和管理风险从源头上进行防控，形成内生性的激励约束机制。

2. 法人建设

法人建设是指对于作为融资主体的企事业法人单位进行创设、构建、完善和制度安排，解决没有或缺乏合格借款人的市场主体问题，有效形成金融合作的主体平台，组建运行有效的管理团队。

3. 信用建设

信用建设是指从信用风险防范角度出发，基于弥补市场失灵或制度缺损的目标，为投融资项目寻找、搭建、开发或借用符合金融风险管理要求的信用担保品、信用抵质押物、信用互保机制、信用风险损失补偿措施等。

4. 现金流建设

现金流建设是指基于按规律办事原则，根据投融资项目自身合理的现金流运行周期，通过引入包括政府补贴资源、市场上下游资源、大额长期协议安排等机制，将开发性项目“前低后高”的现金流偿还机制改造为前后较为均衡的现金流偿还机制，对金融偿债风险形成有效防控。

（三）运行模式

开发性金融建立了“政府入口、开发性金融孵化、市场出口”的基本运行模式。这一模式以与政府建立广泛深入的合作为切入点，通过包括上述四项机制建设在内的开发性金融方法孵化，形成符合市场化运作的制度安排，通过各种形式的市场出口获得更多的商业性金融支持和参与。从信用发展角度看，就是先从政府信用入手，经过市场机制培育孵化，形成法人信用、商业信用等多种市场化信用形式。这是开发性金融的一个基本特征。

（四）创新之处

应该说，开发性金融理论的总体创新之处在于其始终围绕制度变革与金融市场缺口，从服务国家战略目标和市场发展需求出发，为政府与市场之间搭建了一座符合中国特色社会主义市场经济体系发展要求的沟通桥梁。主要涉及以下三方面创新：

1. 遵循经济社会发展的客观规律

对于较为发达的成熟经济体，往往在基础设施、基础产业和支柱产业等重大项目领域拥有较为健全的投融资工具，因此，给予的信贷融资期限较短。但在中国资本市场发展相对落后的情况下，对于大额、长期的“两基一支”项目不能照搬商业银行模式，而是必须按规律办事，给予与期限、成本等相匹配的投融资方式，不能盲目上马，造成资金期限错配风险。

2. 强调组合管理与综合解决机制

在以公益性项目为主体的大额、长期项目合作中，不单纯以单个项目作为融资对象，而是借鉴组合投资理论，采用打捆方式建立一种整合资源、削峰填谷、对冲风险、协调发展的融资机制，立足于解决系统性风险的“短板”缺陷，旨在用组合理念引导开发实践，用批发方式管理系统风险，提供综合解决的一体化方案。

3. 讲求整体大风险观下的发展观

不同于商业金融的发展理念，以服务国家利益大局为导向，在发挥市场对资源配置起决定性作用的情况下，利用政府组织优势，将零散的、孤立的、面上的、定性的风险防范措施，发展成为系统的、统筹的、针对性的、可定量操作的运作机制，更加合理调配社会资源，实现经济社会可持续发展。

当然，上述几点只是对中国开发性金融在国内实践的方法论的初步总结，并不能完全覆盖开发性金融“走出去”的全部理论。但其可以提供总体的框架思路和实践指导，成为中国开发性金融要素在全球发展的重要理论支撑。

二、经济全球化理论

全球化使得社会资源得到了充分的利用，但也对世界和谐发展造成了一定的负面挑战。总体而言，经济全球化作为全球化浪潮的一个重要内容，已经为中国融入全球经济发展道路创造了良好的内外部激励环境。

（一）主要观点

1996年联合国贸发会议“全球化与自由化”的讨论会将经济全球化定义如下：“全球化是世界各国在经济上跨国界联系和相互依存日益加强的过程，运输、通讯和信息技术的迅速进步有力地促进了这一过程。”

目前，最权威的定义是1997年由国际货币基金组织提出的：“经济全球化是指跨国商品与服务交易及国际资本流动规模和形式的增加，以及技术的广泛迅速传播使世界各国经济的相互依赖性增加”①。这一定义不仅描述了经济全球化的过程和表现形式，揭示了各国、各地区之间在这个过程中越来越紧密的相互关系，而且较全面地反映了经济全球化的现象和本质。

早在1848年，马克思和恩格斯在其合著的《共产党宣言》中就指出：“资产阶级，由于开拓了世界市场，使一切国家的生产和消费都成为世界性的了……过去那种地方的民族的自给自足和闭关自守的状态被各民族的各方面的互相往来与各方面的相互依赖所代替了……随着贸易自由的实现和世界市场的建立，随着工业生产以及与之相适应的生活条件的趋于一致，各国人民之间的民族隔绝和对立日益消失。”② 由此可见，马克思是把经济全球化与“世界历史”的发展过程相结合，指出正是资本主义所代表的当时先进生产力发展使得各国人民形成了普遍交往和彼此紧密的联系，这是辩证唯物主义历史观的具体体现。

恩格斯则在其著作《共产主义原理》中指出：“单是大工业建立了世界市场这一点，就把全球人民，尤其是各文明国家的人民，彼此紧密地联系起来，致使每一国家的人民都受着另一个国家的事变的影响。”③ 因此，资本主义大

① 1997年5月，国际货币基金组织发表的《世界经济展望》中提出此定义。
② 马克思，恩格斯．马克思恩格斯全集［M］．北京：人民出版社，1995：267.
③ 马克思，恩格斯．马克思恩格斯全集（第4卷）［M］．北京：人民出版社，1972：368.

工业是导致经济全球化的根本诱因，经济全球化的最根本内容和基础是以世界市场为纽带的世界性物质生产和消费的过程与结果。

著名的全球化问题专家、新马克思主义代表人物之一、埃及经济学家萨米尔·阿明在《世界规模的积累》《不平等的发展》① 等著作中论述了资本主义经济的对外扩张问题。他认为，资本对外扩张是由世界资本主义体系“中心”（宗主国）的结构特征导致的。第一个特征是它仅包含一种生产方式，即资本主义生产方式；第二个特征是资本积累过程基本上是在宗主国内地产生的，竞争使得内地的利润率下降，使资本不得不寻求距离“中心”越来越远的市场。

（二）主要借鉴

关于经济全球化的基本性质和特征，有以下五个观点可供借鉴：

第一，经济全球化是人类历史发展的客观趋势，是人类节约全球资源、保护全球环境与自身文明的一种进步趋势，是不可阻挡的历史潮流。

第二，经济全球化本身是中性的，它只是经济上的合作与竞争，不存在资本主义与社会主义性质之分、正确与错误之分、应该与不应该之分，至于在全球化过程中出现的不公平、不平等现象，则是各国生产力水平差距的现实体现，属于人类道德调节的范围，需要通过建立国际政治经济新秩序来加以解决。

第三，资本对利润的追逐是经济全球化的根本动机，节约资源、提高经济效率，从而保护环境是人们推动经济全球化的社会动机，而科技革命是经济全球化的自然动机，同时也为经济全球化提供物质手段（通信工具等）。

第四，经济全球化的方式是多种多样的（经济区域化仅仅是经济全球化过程中一种方式中的一个环节），经济全球化的进程是曲折、多变的，但其趋势是可以预测的，也是可知的。

第五，经济全球化与各国经济国际化、世界经济一体化紧密联系，世界经济的发展将经历一个由浅入深的渐进过程，即从国际化起步，发展到全球化，最后实现世界经济一体化。

---

① 萨米尔·阿明．世界规模的积累（*L'accumulation à l'échelle mondiale*）［M］．北京：社会科学文献出版社，2008；不平等的发展（*Le développement inégal*）［M］．北京：商务印书馆，1990.

三、国际投资理论

（一）主要观点

国际生产折衷理论又称“国际生产折衷模式”①，由英国瑞丁大学教授邓宁（John H. Dunning）于1977年在《贸易、经济活动的区位和跨国企业：折衷理论方法探索》中提出。1981年，他在《国际生产和跨国企业》一书中对折衷理论又进行进一步阐述，既肯定了绝对优势对国际直接投资的作用，也强调了诱发国际直接投资的相对优势。该理论是在吸收过去国际贸易和投资理论精髓的基础上提出来的，在一定程度上弥补了发展中国家对外直接投资理论的不足，成为西方国际直接投资理论的集大成者。

国际生产折衷理论的核心是所有权特定优势、内部化特定优势和区位特定优势。

首先，所有权特定优势包括两个方面，一是独占无形资产所产生的优势，二是企业规模经济所产生的优势。

其次，内部化特定优势是指跨国公司运用所有权特定优势，节约或消除交易成本的能力。内部化的根源在于外部市场失效。邓宁把市场失效分为结构性市场失效和交易性市场失效两类，其中结构性市场失效是指由于东道国贸易壁垒所引起的市场失效，交易性市场失效是指由于交易渠道不畅或有关信息不易获得而导致的市场失效。

最后，区位特定优势是东道国拥有的优势，企业只能适应和利用这项优势。它包括两个方面：一是东道国不可移动的要素禀赋所产生的优势，如自然资源丰富、地理位置方便等；二是由于东道国的政治经济制度、政策法规灵活等形成的有利条件和良好的基础设施等。

综上所述，企业只有同时兼备所有权优势、内部化优势和区位优势，才能从事有利的海外直接投资活动。

具体原因如下：首先，如果企业仅有所有权优势和内部化优势，而不具备区位优势，这就意味着缺乏有利的海外投资场所，企业只能将有关优势在国内加以利用，而后依靠产品出口来供应当地市场；其次，如果企业只有所有权优

① 阎建东．邓宁国际生产折衷理论述评［J］．南开经济研究，1994（1）．

势和区位优势，则说明企业拥有的所有权优势难以在内部利用，只能将其转让给外国企业；最后，如果企业具备了内部化优势和区位优势而无所有权优势，则意味着企业缺乏对外直接投资的基本前提，海外扩张将无法成功。

（二）主要借鉴

中国金融“走出去”可以理解为中国企业对外进行金融投资或提供融资的行为。基于邓宁国际生产折衷理论的三要点，我们可以得出类似的观点，即中国开发性金融“走出去”就是要积极有效地运用金融机构自身所拥有的独特所有权优势和新型国际经济金融秩序下的内部化优势，同时充分依托和利用与中国有良好合作关系的世界各国区位优势，逐步实现金融要素提供对外投融资服务的发展过程。

当然，这里的所有权优势、内部化优势、区位优势具有独特内涵。首先，金融机构必须拥有较好的中国特色发展经验模式、内部信息网络处理手段与跨国金融资产管理能力，有较好的规模化运作效应，从而形成所有权优势；其次，金融机构要有相应的金融工具创新模式与风险管理知识产权，能够有效应对潜在的金融风险，合理降低金融交易成本，逐步积累内部化优势；最后，在对全球金融资源配置的战略价值和市场价值有较好判断的前提下，金融机构要能充分利用东道国（合作国）的金融地理、经济地理及国家地缘政治等相关资源，建立符合双方，乃至多边利益共享格局的区位优势。

四、国际贸易理论

（一）主要观点

李嘉图的比较优势理论以古典学派的劳动价值论为基础，建立在以下六个假设之上：①生产要素只有劳动一种；②劳动在一国之内是完全同质的；③劳动在一国内可以自由流动，但在国际不能流动；④规模收益不变；⑤商品和劳动市场都是完全竞争的；⑥不考虑运输成本和其他交易费用。下面列出一个比较成本理论的经典案例（李嘉图模型）。

李嘉图认为，产品的比较优势来自不同产品之间劳动生产率的相对差别，一国相对劳动生产率较高的产品具有比较优势，相对劳动生产率较低的产品则具有比较劣势。即便一国在每一种商品的生产上都比其他国家绝对地缺乏生产率，它依然能够通过生产和出口那些“与外国相比生产率差距相对较小”的产品在国际分工中占有一席之地；而在每一种产品生产上都比其他国家绝对地具有高生产率的国家，也只能生产和出口“与外国相比生产率差距较大”的产品来获得分工和贸易利益。例如，委内瑞拉的石油产出质量不高，但与中国的生产率差距较小，因此可以向中国出口；同时中国的机械设备与委内瑞拉生产率差距较大，因此可以出口到委内瑞拉，这就是一种石油贸易条件下的互补性经济活动。

（二）主要借鉴

比较优势理论尽管不能解释中国开发性金融“走出去”的内在动力，但表明了贸易活动对于金融资源配置的重要引导作用。中国金融要素资源在国际贸易环节中的规模效应和劳动生产率还处于初级阶段，但相比美元在一些发展中国家还是拥有较高信用的，金融要素的配置效率也较高，因此具备相对的比较优势。

中国开发性金融以中国市场发展为原动力，利用新经济秩序条件下的国际贸易关系，发挥中国作为一个人口大国和发展中大国在储蓄资源丰富和资金成本相对较低等方面的综合优势，为海外大宗商品交易、基础设施建设、能源资源开发、制造业装备配套等引致的跨境投资和国际贸易活动提供金融支持，创造相对具有更高生产率的金融服务，可以将开发性金融及商业金融的资源要素在全球进行有效配置。尤其是对于发展中国家而言，中国金融体系具有较好的稳定性，币值基础牢靠，开发性金融要素具有相对较好的资金动员能力，在期限结构和风险控制等方面生产率较高，并且不附带任何政治性条件，是缓解发展中国家在建设过程中资金瓶颈约束的一种重要补充机制。

五、国际金融理论

（一）主要观点

汇率机制作为国际金融理论的重要主题，已经形成了不同学派的系统体系，其核心观点指出，国际资本流动是加快经济全球化与金融国际化的重要因素，一国汇率制度选择直接影响其国内外宏观经济决策，存在“蒙代尔—克鲁格曼不可能三角形”问题（又称“三元悖论”问题），即本国货币政策独立性、汇率稳定性、资本完全流动性不能同时实现，最多只能同时满足两个目标，而放弃另外一个目标。从人民币国际化的总体目标看，货币可自由兑换将是最终目标，且这一进程将与人民币利率市场化相配合，即货币政策与汇率政策存在一个内生性组合。

铸币税（Seignorage）① 也称为“货币税”，指发行货币的组织或国家，在发行货币并吸纳等值黄金等财富后，货币贬值，使持币方财富减少，发行方财富增加的经济现象。这个财富增加方，通常是指政府。财富增加的方法通常是增发货币，当然也有其他方法。在国家货币体系中，名义货币的使用给中央银行带来了铸币收益税，即基础货币创造过程中运作资产负债的利息差减去相应费用（包含货币发行费和中央银行履行其职责所必须开支的业务及管理费用），可被中央政府挪用作为收入来源。如凯恩斯（Keynes）所说，“在别无他法时，一个政府可以通过这种方式生存下去”（凯恩斯，1924）。在社会需求不足的紧缩时期，铸币税可以有效地弥补财政赤字，增加内需，也可以用作中央银行扩张货币的一种工具。与已有的财政与货币政策不同的是，铸币税既不仅仅是一种财政政策工具，也不完全是一种货币政策工具。在紧缩时期征收铸币税，其本身就是一种货币政策与财政政策的有效组合过程，在增加财政收入的同时，也无形之中增加了货币供给，为平抑市场利率和提供流动性提供相应技术支撑。但征收铸币税有两个前提：第一，这个国家是一个大国，绝对不能是小国；第二，该国货币必须是可自由兑换的。

（二）主要借鉴

金融“走出去”过程中涉及大量资本项目下的货币兑换，重点是要尽快扩大人民币的境外多元化使用需求，但又不至于引起境外热钱的大量涌入或恶意攻击，从而造成短期货币冲击和人民币快速被动升值或贬值，避免国内经济出现资产价格泡沫风险或货币大幅贬值风险，这是当前中国金融体系改革的难点所在。实际上，加快人民币资本项目可兑换与稳步推进利率市场化

---

① 在金属货币制度下，铸造货币的实际成本与货币表面价值之差归铸币者所有，该项收入称为“铸币税”。在纸币制度下，货币当局发行货币，取得全部收入。它的价值计算公式是：$S=(M_{t+1}-M_t)/P_t$。其中，S 为铸币税；M_{t+1} 为 $t+1$ 期的货币发行量；M_t 为 t 期的货币发行量；P_t 为 t 期的价格水平。

改革进程密切相关。因此，如果要保证货币政策独立性和资本逐步实现自由流动，中国当前有管理的浮动汇率制度面临的挑战将日益严峻，将不得不对外汇管制行为和手段做出战略性政策调整，从中长期看将形成真正的浮动汇率制度，为人民币在境外成为国际主流货币创造可持续发展条件。与此同时，伴随人民币国际化深入发展和逐步成为国际储备货币，铸币税作为发行货币的一项隐形收益将在规模、模式和手段上成为重要政策工具，尤其在双边货币互换领域、国际金融组织储备货币应急资金池、跨境投资与贸易一体化等方面将获得更多的实践检验机会。

国家开发银行是人民币国际化在货币资本输出方面最主要的推动者之一，但如何才能更好地实现人民币的境外资本循环流动机制是摆在中国开发性金融机构面前的关键问题之一。从国际金融理论的经典范式出发，人民币的国际化是一个渐进过程，其前提是保障货币政策独立性和汇率相对稳定的波动，因此，在资本自由流动方面是一个逐步放开的管制化历程。要在境外建立一个内生的人民币循环机制环境，如设立区域性的货币试验区，加快人民币资本项目项下的自由兑换进程，从而实现人民币在境外的资本化和储备化发展。

六、金融地理理论

（一）主要观点

金融地理学作为一门具有交叉学科特征的新兴研究领域，从经济地理学中逐渐演化成为一个分支，已经在国外演变成为一套相对比较成熟的理论体系，但在中国则仍然面临很多新情况、新问题，值得深入研究。该学科不仅关注自然地理环境的作用，而且强调社会、文化等人文因素的作用，讲求大环境，主张综合、全面、系统地考虑问题，即用系统的思想来分析问题，尤其关注金融要素全球地理布局、金融信息和交易技术、金融中心历史形成、金融要素集聚与扩散等方面的理论研究。其中，“中心—外围”理论是经济地理的核心基础，也构成了金融地理理论的内核，反映在新经济地理学体系中。

世界银行《2009 年世界发展报告：重塑世界经济地理》就是其中的重要典范，该报告从密度、距离、分割三个层面对全球经济地理发展趋势进行了理论与实证分析。

金融地理学家 Leyshon（1998）认为，可以把地理学的科学性在金融领域加以发扬，地理学所关注的“空间差异、空间过程和空间的相互作用”在金融领域有广泛的应用，不应再继续完全依托已建立的所谓科学方法进行实证调研和数据分析，而应该采用基于过程的方法论研究框架。

王修华、黄明（2009）指出，对于落后地区，市场不能直接达到趋同，因为受到信息不完全、市场分割等影响，金融资源的空间进入机制存在缺陷，因此，金融资源空间分布的区域趋同往往要借助于政府的宏观配置力量。

此外，在金融资源流动与金融中心的研究方面，David（1998）通过分析 14 个国家跨境资金流动的数据指出，总资本的流动取决于流入国或流出国的市场规模和交易成本，而信息和交易技术的地理分布是国际之间金融交易的主要决定因素；Clark（2003）讨论了全世界时空范围内金融的流动，利用从 BIS 和世界银行获得的官方数据绘制金融流动情况的地图，将重要市场的流动联结起来形成 24 小时交易圈（东京市场、纽约市场、伦敦市场），指出时间和空间、流动和贸易、跨越时空的金融机构的交叉和核算都是理解金融流动的重要因素。

（二）主要借鉴

金融地理理论的重要性在于说明金融要素如何实现全球布局、次区域金融中心如何形成、金融地理三层次理念如何发挥作用等问题。

中国在提升对外开放水平和加快融入全球化经济过程中，必然要逐步实现金融资源的全球布局，服务实体经济发展，加快资源供给基地建设，逐步推进中国制造业的产能国际化布局，服务当地国家的工业化和城镇化发展。这一过程会促使一些与中国发展关系密切的地区逐渐成为新兴的次区域金融中心，如哈萨克斯坦、南非、巴西等，在跨国范围内对周边地区实现金融资源的有效配置，形成“中心—外围”空间结构布局，加强洲际信息对称性沟通。

金融地理三层次理念可供借鉴的结论是：要改善一个地区的增长前景，关键要在很大程度上缩短该地区与高经济密度地区的经济距离，这是建立中国因素背景下新的金融地缘框架的重要理论基础。中国就是相对于其他发展中国家而言的高经济密度地区，起到重要的引导作用，可以通过金融资源配置来缩短与其他地区之间的经济距离，打破这一地区原有的市场分割，使其融入中国这一具有巨大增长潜力的市场。

国家开发银行作为开发性金融机构，在海外业务布局上基于全球资源地理分布、国内实体经济需求和合作国政治友好度等因素开展国际业务合作，以基础设施、能源矿产、农业、优势制造业等为重点，促进发展中国家和部分发达国家与中国企业之间建立良好的合作关系，缩短物理距离，帮助提升有关次区域金融中心的国际地位，将中国市场需求引至合作国。

第三节　国际历史比较

发达国家在海外直接投资方面已经有了较长的历史，相比而言，中国在加快海外直接投资方面仍然处于初级阶段。因此，在国际比较方面，我们有必要从历史和现实的角度出发，进行横向对比考察，对国外商业金融机构及国外开发性金融机构的“走出去”历程特征进行分析，总结出可供借鉴的经验和吸取的教训。

一、投资大国“走出去”历史

投资大国对外直接投资区域分布基本经历了从发展中国家到发达国家的转变。在发展中国家，投资大国的早期投资以资源行业为主，后转为制造业和服务业；在发达国家，投资则长期以制造业和服务业为主。中国产业海外发展和规划协会的《中国对外投资》① 数据显示，由于工业化及产业结构调整，投资大国早期对外直接投资主要集中在资源行业，后逐渐转移至制造业和服务业，在持股公司所占的比重也越来越大。1914 年，美国对外直接投资存量 40. 4%分布在矿业石油业，18. 2%分布在制造业，14. 7%分布在公共基础设施，13. 5%分布在农业，6. 5%分布在销售业。当年，美国对发展中国家和发达国家的直接投资存量占比分别为 52%、48%；其中，48. 7%投向拉丁美洲，23. 5%投向加拿大，21. 8%投向欧洲，5. 7%投向亚洲、非洲和大洋洲。而到了 2011 年，美国对发展中国家和发达国家的直接投资存量占比分别为

① 中国产业海外发展和规划协会（China Overseas DevelopmentAssociation，CODA）. 发达国家是怎样对外投资的［Z］. 中国对外投资（该协会内部刊物），2013（6）：15.

30.5%和69.5%。日本的对外直接投资经历了从以发达国家为主到以发展中国家为主，再回到以发达国家为主的历程。20世纪80年代中后期，受1985年9月“广场协议”影响，日本对外直接投资发生了重大转折：日元对美元汇率在不到三年中升值了近一倍，对外直接投资以年均54.2%增速增长，大量资本涌向海外，1986年首超200亿美元，1987年超过300亿美元，1988年突破400亿美元，1989年达到675.4亿美元，连创历史新高①；从单纯投资于海外生产基地转变为投资海外产品生产基地、海外技术研发基地、海外产品市场基地和海外产品销售基地，同时加大了海外不动产投资，购买了大量土地、房屋、宾馆、高档办公大楼，包括大规模并购美国的企业和银行。德国则长期以发达国家为主要投资对象，投资比重逐渐提升，如1989年在其对外投资高速增长时期对发达国家的投资占到了94%；1994年德国对外直接投资累计额为2110亿美元，其中欧洲1335亿美元（占63.3%）、美洲621亿美元（占29.4%）、亚洲105亿美元（占5.0%）、非洲23亿美元（占1.1%），其他地区26亿美元（占1.2%）②。

二、国外商业金融机构“走出去”

（一）着眼长远、立足本国

发达国家的商业金融机构在实施“走出去”战略过程中，往往会采取相对谨慎和着眼长远的发展战略，始终坚持立足本国发展需求、优先服务本国企业客户的原则，然后再逐步扩展到当地客户。以花旗银行为例，其在“走出去”国际化初期大致经历了以下几个阶段：

1. 起步阶段（1914—1929年）

通过贸易融资和配合本国大型企业跨国经营实现快速发展，重点是帮助国外政府和企业在美国以债券承销等方式获得美元融资③，在拉美地区通过建

① 木每．中日对外直接投资比较分析［J］．日本学刊，2006（2）：97-105.

② 陈继勇，刘跃斌．德国对外投资的发展阶段［J］．国际经济合作，1997（12）：41.

③ 1921—1929年，花旗银行下属花旗公司作为主承销商或分销商为26个国家的借款者发行150多只外国债券，总额达38亿美元，占这一期间整个纽约市场上全部外国债券发行量的37%，其自身购买了30%。详见哈罗德·文·B．克里夫兰德，托马斯·F．候尔塔斯，等．花旗银行1812—1970［M］．北京：中国金融出版社，2005：212.

立第一个海外分行及拉美分行网络，设立特别的“学院培训计划”，培养国际化经营的接班人①，以“全球化、全能化”为目标打造金融百货公司，成为一个国际化大型银行集团②。

2. 发展与挫折阶段（1930—1961年）

面对1933年经济大萧条的不利影响，仍然坚持保留和发展已有的国际业务合作网络，通过承接“二战”时期战时银行业的特殊任务服务美国财政部，在短短4年里使得财政部存款占到其国内存款总额的22%③，“以内补外”方式使其渡过难关，在规模和盈利两个目标上保持互不偏废，因为规模是生存发展的前提，盈利是持续发展的基础。参与欧洲美元市场和开发大额可转让存单（CD）等创新工具使其得以适应金融脱媒趋势，转由货币市场渠道和创新金融工具进行筹资，并通过非中央集权式的分散化管理将海外分行高管层纳入一个联合团队，为实现二次扩张做好准备。1955年末，花旗银行海外分行的数量是61家，而1930年时有83家，1940年时有63家，“二战”后在欧洲只有3家分行，在远东地区一共在5个国家拥有12家分行网络（相比战前关闭了在中国的5家分行）。

3. 全球化经营新时代（1962年至今）

以批发式公司银行业务的“首选银行”为目标，通过积极发展成为专业化的产业服务银行④，以本土化运作理念为基础扩大了国际化经营规模，以外

① “1916级”的霍华德·C. 施帕德（Howard C. Sheperd）在第二次世界大战之后成为花旗银行的总裁和主席。

② 花旗银行通过自设分支机构和收购国际银行公司（又名万国宝通银行）建立了覆盖拉美、东亚和欧洲的分支机构网络。到1930年，花旗银行拥有海外分行98家，覆盖23个国家，其中2/3集中于拉美地区，海外资产超过银行总资产的20%。

③ 数据来自1941年6月至1945年6月各期花旗银行对美联储的报告。通过美国财政部名义下“战争贷款账户”的信贷活动，使得财政部在花旗银行的存款从1941年6月的600万美元上升到1945年6月的9.17亿美元。

④ 根据哈佛商学院在20世纪60年代中期的一项研究表明，在美国所有海外直接投资中，有3/4、共187家企业集中在制造行业，这些跨国制造业企业的销售量占全美制造业总销售量的1/3，而在这187家跨国公司中，有165家是花旗银行客户，占比达88.24%，且在花旗银行开立的账户都是其自身的最大账户，平均存款超过300万美元，占花旗银行全部活期存款总额的10%。参见哈罗德·文·B. 克里夫兰德，托马斯·F. 候尔塔斯，等. 花旗银行1812—1970［M］. 北京：中国金融出版社，2005：412.

汇交易和国际资金调配大力拓展欧洲美元贷款①，到20世纪70年代中期，海外机构资产达到银行资产总额的一半以上。同时开辟多元化经营领域，逐步建立消费信贷功能，重新构建全新业务管理组织架构，成为全球化金融服务公司。总之，花旗银行获得国际化发展成功的三个基本因素是非中央集权式的授权管理体制、风险控制和高层管理者的领导素质。

（二）政府引导、贸易引领

作为一个投资大国，必须始终坚持由政府在全局层面进行政策引导，合理利用外汇储备持续增加和大额积累的战略优势，以贸易合作引领海外投资，走“商品贸易+产业投资+金融投资”的综合发展模式。这里，我们重点考察日本“综合商社”模式下的商业金融“走出去”。需要特别指出的是，在日本，综合商社本身就是以金融资本为纽带推动国家及企业国际化发展的。1985年“广场协议”后，日元大幅度升值，日本企业要绕过贸易壁垒到欧美老牌的发达国家和地区投资，必须要建立具有竞争力的跨国公司作为投资主体。当时日本具有九大综合商社型跨国公司：三井物产、三菱商事、丸红、伊藤忠商事、住友商事、日商岩井、东棉、兼松商江和日棉实业，它们构成了日本向发达国家投资的主体。这些综合商社型跨国公司集交易、金融、信息、协调和开发功能于一体，在工业企业、商社和金融业之间相互联合和协调，具有较高综合竞争力，在海外投资中往往以小股东方式先行介入，再逐步渗透到产业上下游。可以看到，日本历届政府都对综合商社给予了大力支持，这些综合商社的大股东都以金融机构为主。例如，三井物产作为日本的“产业组织者”②，明确其自身定位就是为国家获取全球资源，以贸易为中介，既知道供应方条件，也清晰了解需求方的需

① 1960—1967年，花旗银行一共建立了85家海外分行，其中54家在拉丁美洲和加勒比地区，14家在远东地区，15家在欧洲地区，2家在中东地区；到1967年底，花旗银行在42个国家直接拥有148家海外分行，在21个国家拥有93家子公司或重要关联公司的分支机构。

② 在日本，财团由三个部分构成：综合商社、金融机构和制造企业。三井物产成立于1876年，在日本国内拥有34个机构，在全球67个国家和地区拥有151个事务所和海外办事机构，合并关联决算公司410家，员工45148人，拥有子公司1100多家，当地法人91个。截至2013年3月，三井物产总资产1098亿美元，股东权益338亿美元，收入522亿美元，净收入32.75亿美元，对外投资和借贷102亿美元。财团所属的成员企业有丰田、东芝、索尼等全球行业翘楚，财团投资、参股的关联企业则延伸到通用、西门子、爱立信等全球顶级阵营。

要，以金融资本、商业资本和产业资本结合的高效形式实现对产业链上下游分工的整体掌控，通过强大的贸易能力和物流网络建设能力，使上下游资源流动起来，把握战略制高点。三井物产排名前10位的股东都是世界级金融机构，其中包括三井住友银行、三井信托、三井生命保险等。同时，鉴于日本小企业在技术、资金、信息等方面都处于劣势，无力角逐发达国家市场，政府鼓励综合商社组织大企业与中小企业联合，提供技术、资金和信息等条件，以此带动中小企业向发展中国家投资建厂。20世纪80年代以来，日本大企业海外直接投资项目数占总数的60%，中小企业则保持在40%左右。① 可见，将金融资源作为产业投资和商业贸易的纽带，是日本商业金融机构实现“走出去”的制胜之道。

（三）机构设立、跨国并购

从金融业的国际布局看，传统来讲有新设机构和跨国并购两种方式，根据不同发展阶段，往往采取不同策略。在发展起步阶段可以“新设为主、并购为辅”，待进入相对成熟阶段则可以考虑“并购为主、新设为辅”，从而实现快速有效的业务扩展。我们以汇丰银行为例进行观察和分析。汇丰控股1990年成立于英国伦敦，是全球规模最大的银行及金融服务机构之一，在欧洲、亚太、美洲、中东和非洲拥有多家规模巨大的子公司，在全球87个国家和地区设有8000多个分支机构。② 汇丰控股的主体是汇丰银行，于1864年在中国香港地区成立，但仅是以中国香港为基础的一个区域性银行，直到20世纪80年代以后通过抓住金融自由化、欧洲经济一体化和英国银行陷入危机的有利时机，将总部迁至伦敦，奠定进军欧美市场的基础，通过一系列大规模、高频率的收购活动，迅速崛起为全球性大银行。汇丰银行以“从本地到全球，满足您的银行业务需求”为独有特色，注重收购整合，采取收购与在当地注册上市并举的本土化战略，顺利实现了全球化运作，使其在众多同行业竞争者中脱颖而出。例如，汇丰银行前后收购了中东汇丰银行、恒生银行、Laiki Bank、海丰银行、利宝银行、米特兰银行（现今的英国汇丰）、巴西汇丰、

① 卓勇良．日本对外投资格局的变化［J］．世界经济，1997（9）：50.

② 孙伯银．汇丰、花旗的国际化道路及启示［J］．中国金融，2013（5）：61. 汇丰银行在成立后到1980年以前的100多年里一直是以中国香港和中国内地为基地的区域性银行，尽管很早就在欧洲、北美洲设立了代表处和分支机构，经营区域覆盖了亚欧和北美三大洲，但是，规模及业务量并不大。

阿根廷汇丰、马耳他汇丰、墨西哥汇丰、美国汇丰融资有限公司、百慕大银行有限公司等；在自设机构方面，汇丰银行前后创立了沙地英国银行、加拿大汇丰银行、埃及汇丰银行、HSBC Bank AS、法国汇丰等。对于投资银行业务，汇丰银行则持慎重态度，设立了专业投行机构，但规模和影响力不大。由此可见，汇丰控股的国际化发展主要得益于两大重要支柱：一是全球并购，二是全球上市①。主要启示有三点：一是全球化战略要与银行的整体战略协调一致，不能为了全球化而盲目并购，而是要根据整体业务战略需求明确自身全球化战略的内在动因，如跟随客户、提升能力、分散风险或是进入当地市场等；二是要综合运用不同的方式拓展海外业务，不一定都要新设，在并购手段上可以考虑选择少数参股、投资控股、整体并购、交叉持股、换股等多种形式；三是要重点着眼于海外并购后的整合，加强协同效应，再造业务流程，积极构建核心竞争力。

三、国外开发性金融机构“走出去”

（一）政府立法、明确定位

俗话说，“名不正，言不顺”，国外政府在建立开发性金融机构之时都会通过立法方式对其定位功能、职责边界、业务范围、信用基础及监管标准等进行明确的规定。以日本为例，为了获取海外发展机会，加强与合作国的项目开发，日本成立了专司海外投融资服务的日本国际协力银行（JBIC）。该银行成立于 1999 年 10 月 1 日，由原日本输出入银行和海外协力基金合并成立，定位是政策性融资机构（Policy Based Financing Institution），是当时的日本官方出口信贷机构和日本官方发展援助（Official Development Assistance，ODA）主要执行机构，于 2008 年并入日本政策金融公库（Japan Finance Corporation，JFC）。但是，为了更好地应对 2008 年全球金融危机的不利影响，日本政府于 2011 年 5 月制定实施《株式会社国际协力银行法》，明确日本国际协力银行（以下简称“JBIC”）于 2012 年 4 月 1 日脱离日本政策金融公库成为独立行政法人，进一步有力提升其海外投融资服务的专业化程度。作为政策配套，

① 谷澍，张红军．汇丰全球化的经验对中资银行推进全球化战略的启示［J］．金融论坛，2009（10）：20.

2011 财年日本政府向 JBIC 追加了 355 亿日元（约合 4 亿美元）的资本金，除政府拨付资本外，JBIC 绝大部分资金来源于政府借款和发行 JBIC 债券（分为政府担保和机构自身信用两类）。在税收政策上，JBIC 无论是作为 JFC 体系内机构，还是 2012 年 4 月后作为独立公共法人，都没有缴纳法人税义务，不用缴纳所得税和印花税，根据新法案，还可以免缴执照税、不动产购置税、车辆购置税和特殊土地持有税等①。

作为政策性金融机构，JBIC 经营原则是在充分发挥政策性金融功能的同时，保持自身可持续发展。具体包括五个方面：一是准确推动实施政策性金融业务；二是补充民间融资需求；三是收支相抵，保本微利；四是维护和提高日本国际信用；五是专业化和自主灵活地开展业务。主要职责有：一是服务国家对海外重要资源的开发和获取；二是不断保持和提高本国产业国际竞争力；三是开展以保护生态环境为目的海外项目；四是应对国际金融危机，保持现有国际金融秩序，稳定发展中国家经济金融体系，创造良好的国际环境，减轻外部不利因素的冲击。鉴于政府对其融资信用进行担保，所以，JBIC 的年度预算必须提交日本国会审批执行。在具体业务上，可以向发达国家提供出口信贷，为所有本国企业提供海外收购贷款、短期搭桥贷款，经由日本民间金融机构提供“中间信贷”等。由于 JBIC 具有较高的资本充足率，一方面拥有充足的资本来源，另一方面可以保持较高信用评级，从国内外金融市场获得更多低成本融资，且对外只需要公布年度盈利。因此，要推动 JBIC 长期可持续发展，必须拥有长期、稳定、低成本的资金来源，保持中长期市场信用，才可能拥有高质量信贷资产和充足资本金保障。此外，在鼓励投资海外资源方面，日本政府专门设立了资源投资亏损准备金制度，成立日本石油天然气·金属矿产资源机构，引导海外矿产资源的勘查和开发，并给予优惠贷款、贷款担保及税收优惠等。

（二）分账管理、综合服务

为了更好地体现政府对开发性金融机构的管理效率，发达国家往往考虑以分账管理和机构分立的方式对政策性任务与商业性业务加以区分，形成不

① 洪波，汤莹玮，虞红丹．日本国际协力银行的改革发展及其启示［J］．金融与经济，2012（2）：93.

同的监管考核和补贴政策，同时为社会提供更好的综合开发性金融服务。这里，我们主要以德国复兴信贷银行（KfW）为例分析德国如何支持本国企业“走出去”，尤其是与发展中国家的合作。KfW 成立于 1948 年，是一家比德国联邦政府更早成立的银行，也是唯一一家联邦政府和州政府全资拥有的政策性银行，代表政府承担着促进德国和欧洲经济发展以及德国与发展中国家经济合作中的融资、贷款等职能。它在《德国复兴信贷银行促进法》的框架下成立，不受该国中央银行监管，而是依法由联邦政府的财政部门进行监管。

表 2-1　德国复兴信贷银行（KfW）组织架构

机构属性	内部机构			全资公司		参股公司
名称	KfW 促进银行（含 KfW 市政银行）	KFD 中小企业银行	KfW 发展银行	KfW 国际项目融资和出口信贷银行（KfW IPEX-Bank）	德国投资与开发有限公司（DEG）	德国能源署（dena）
主要职能	向私人、市政项目提供政策性融资	向中小企业提供政策性融资	发展援助融资	出口信贷和项目融资	面向发展中国家提供开发性融资	开展能源效率和环境友好促进行动
2012 年业务规模（亿欧元）	265	241	49	134	13	—

数据来源：根据德国复兴信贷银行有关报告整理。

KfW 作为政策性银行的最大特点是政策性功能的纯粹化和开发性金融服务的综合化。2004 年 1 月，负责商业金融的 KfW 国际项目融资和出口信贷银行（KfW IPEX-Bank）成立，进行分账管理，并于 2008 年 1 月成为 KfW 的独立子公司，实现了政策金融与商业金融的分离；另外，通过收购德国投资与开发有限公司（DEG）、德国清算银行（DtA），成为了综合性的政策性金融平台，将促进对外信贷、金融援助和合作，为中小企业提供融资支持等业务都纳入旗下。其中，KfW 与政府财政合作业务主要由 KfW 开发银行（KfW Entwichlungs Bank）及其下属的 DEG 承担，旨在促进德国和发展中国家以及经济转型国家的合作。当前，KfW 正在计划向全能型政策性银行转变，在保留传统政策性业务优势的同时，积极拓展到投资银行、股权投资、融资租赁、商业银行等领域，从整体上提高德国政策性金融的运营效率和在欧洲的整体竞争力。政策性功能的纯粹化使政府实施优惠政策、考核模式等更有针对性；开发性金融服务的综合化有利于发挥引导市场资源配置的规模效应和整合效应，提高经济社会发展效益。

KfW 在国际资本市场上融资，也享有德国政府提供的信用担保，欧洲、亚洲国家，包括各国央行、主权资产管理基金在内的机构投资者在认购过程中一定程度上可将其等同为德国的主权债券。KfW 的信用等级为 3A 级，具有较低的融资成本；发行的债券中，期限大于 1 年的债券占比大于 80%，以长期资金为主；稳定、长期、成本较低的国际债券市场融资为 KfW 的发展提供了保证。① 因此，从 20 世纪 60 年代开始，KfW 就已进入国际舞台，增加对发展中国家的援助，为发展中国家能源供应、运输、灌溉部门等大型基础建设提供较低标准的贷款，DEG 则从咨询、技术援助和投资等方面给予支持。到 20 世纪 60 年代末，大概有 3/4 的 KfW 资金用于国际项目。2012 年，其 160 亿欧元贷款在全球的分布为欧洲占 39%、亚太占 23%、北美占 10%、拉美占 10%、北非中东占 9%、撒哈拉以南非洲占 7%、其他地区占 1%②。由于 KfW 是国有的，因此，不用向国家缴纳股利及所得税。

KfW “走出去”案例说明：③

2012 年，KfW 在全球范围内提供了约 50 万笔贷款承诺，支持了私营个体户、公共机构、企业及政府等部门，获得了 734 亿欧元的资产增长，高于 2011 年的约 704 亿欧元。其中，KfW 向德国国内企业、城市及零售客户提供了 506 亿欧元的融资承诺，对国内中小企业融资额相比 2011 年增长了 20 亿欧元（7%增长率），达到了 241 亿欧元，国内中小企业融资占比从 44%上升到了 48%。KfW 对国际项目的投融资额则大约在 228 亿欧元，有力地支持了本国企业在全球的业务合作，促进了合作国的经济发展。例如，在非洲肯尼亚，KfW 在教育、健康、基础设施、私营部门改善（如农业）、企业部门等五个方面给予其大力金融支持，保障当地经济社会的安全与发展。基于对非洲本土经济、政治与社会文化的深入了解，2012 年 4 月，KfW 向肯尼亚一家生产矿泉水和果汁的本地企业 Kevian Kenya 公司提供了一笔 750 万美元的贷款，以

---

① 徐铮．德国复兴信贷银行：组织架构与职能演变［J］．银行家，2014（2）：79.

② 德国复兴信贷银行 2012 年年报。

③ 德国复兴信贷银行 2012 年年报第 33 页。

帮助其向肯尼亚全国近 30000 个中小农场主收购杧果、木瓜、西红柿、胡萝卜等新鲜水果、蔬菜作为榨汁原料，并在灌装之后提供给德国领先的天然饮食产品制造商——Rudolf Wild 公司。同时，Krones AG 公司将向 Kevian Kenya 公司提供国际最先进的灌装系统，并为当地员工提供现场培训。在过去的两年里，KfW 已经向非洲企业家提供了大约 50 亿欧元的投融资服务，尤其是在撒哈拉以南非洲，在帮助促进当地企业家活动的同时，改善了人们的生活，对地区政治与社会稳定做出了贡献。在过去 50 年，KfW 在全球发展中国家已经发起和支持了超过 2700 个投资项目，早期以亚洲为主，近年来在东欧、拉美和非洲的影响力日益扩大。

（三）跨区域、国际化、开发性

在世界上还有一批具有特定历史特征的国际开发性金融机构，它们在推动世界经济发展和区域经济一体化等方面发挥了重要作用，承担跨区域国际项目的开发性融资服务，重点支持发展中国家的扶贫项目建设。我们以世界银行和亚洲开发银行为例，分析其支持国际经济社会发展的情况。世界银行（简称世界银行）成立于 1945 年 12 月 27 日，由国际复兴开发银行（IBRD，即世界银行）、国际开发协会（IDA）、国际金融公司、多边投资担保机构和解决投资争端国际中心五个成员机构组成。这五个机构分别侧重于不同的发展领域，但都运用其各自的比较优势，协力实现其共同的最终目标，即减轻贫困。凡是参加世界银行的国家必须首先是国际货币基金组织的会员国①。世界银行的宗旨是：为用于生产的投资提供便利，以协助会员国的复兴与开发，鼓励较不发达国家生产与资源的开发；利用担保或参与私人贷款和投资的方式，促进会员国的对外投资；通过鼓励国际投资，开发成员国的生产资源，促进国际贸易的发展，维持国际收支水平；在提供贷款保证时，应同其他方面的国际贷款配合。贷款种类主要有五个：一是具体投资贷款（项目贷款）；二是部门投资贷款（行业性贷款）；三是结构调整贷款；四是技术援助贷款；五是紧急复兴贷款。贷款期限一般最长可达 20～30 年，宽限期 5～10 年。贷

① 世界银行发展委员会春季会议在 2010 年 4 月 25 日通过了发达国家向发展中国家转移投票权的改革方案，这次改革使中国在世界银行的投票权从 2.77%提高到 4.42%，成为世界银行第三大股东国，仅次于美国和日本。

款利率则根据世界银行从资金市场筹资的利率来确定，每三个月或半年调整一次，信用等级高则可获得低于市场利率的贷款利率。世界银行的资金主要来源于三个渠道：①各成员国缴纳的股金；②向国际金融市场借款；③发行债券和收取贷款利息。世界银行下属国际金融公司的运营宗旨主要是：配合世界银行的业务活动，向成员国特别是发展中国家的重点私人企业提供无须政府担保的贷款或投资，鼓励国际私人资本流向发展中国家，以推动这些国家私人企业的成长，促进其经济发展。

表 2-2 2012 年世界主要开发性金融机构（发展银行）一览

国家	机构	总资产（亿美元）	重点支持领域
中国	国家开发银行	11964	全部门
巴西	巴西国家经济社会发展银行	3350	全部门
加拿大	加拿大商业发展银行	170	中小企业
德国	德国复兴信贷银行	734	全部门
印度	国家农业及农村发展银行	350	农业和农村
日本	日本政策投资银行	1717（2013 年 3 月）	全部门
	日本国际协力银行	1546（2012 年 3 月）	国际贸易与投资
韩国	韩国产业银行	1727	全部门
	韩国进出口银行	745	国际贸易与投资
俄罗斯	俄罗斯外经银行	961	国际贸易与投资
美国	房利美	32220	房地产
	房地美	19890	房地产
	美国进出口银行	130	国际贸易与投资
世界性	世界银行	3380	全部门
区域性	欧洲投资银行	7490	全部门
	亚洲开发银行	1220	全部门
	泛美开发银行	920	全部门
	欧洲重建和发展银行	670	全部门
	非洲发展银行	310	全部门

数据来源：各机构相关年报。

亚洲开发银行（Asia Development Bank，ADB，简称亚行）是亚洲和太平洋地区的区域性金融机构。它是联合国亚洲及太平洋经济社会委员会（简称联合国亚太经社会）赞助建立的机构，同联合国及其区域和专门机构有密切的联系，但不是联合国下属机构。1963 年 12 月，联合国亚太经社会在马尼拉主持召开第一届亚洲经济合作部长级会议，通过成立亚洲开发银行的决议，1965 年 11 月第二届亚洲经济合作部长级会议通过了亚洲开发银行章程，同年 12 月 19 日亚洲开发银行正式营业，总部设在菲律宾首都马尼拉。亚行宗旨是通过发展援助帮助亚太地区发展中成员消除贫困，促进亚太地区的经济和社会发展。亚行主要采取四种形式提供援助，即贷款、股本投资、技术援助、联合融资性担保。其资金来源于股本、国际市场借款、普通储备金、特别储备金、净收益和预交股本等。日本和美国是亚行最大出资国，其认缴股本额相等，均占总股份的 16.054%，中国认缴额占总股份的 6.628%，居第三位。

第三章

开发性金融“走出去”的利益驱动机制理论框架

展望未来，中国开发性金融“走出去”道路漫漫，仍处于起步阶段，但已经取得了不错的成绩，接下来我们必须考虑如何才能保持可持续发展，这意味着我们要找到中国开发性金融“走出去”的内在动力源泉，即利益驱动机制是如何逐步形成和演化的。下面将从理论分析角度出发，基于商业利益、国家利益、合作国利益，提出中国特色的开发性金融“走出去”利益驱动机制整体框架。

第一节　中国开发性金融“走出去”的核心问题

为了有效分析中国开发性金融“走出去”的整体情况，有必要对其发展现状及面临挑战进行研究，找到事关发展的核心问题，更加客观认识商业利益、国家利益、合作国利益对于开发性金融“走出去”可持续发展的作用及其逻辑框架。

一、发展现状

为了更好对标，这里主要选取国家开发银行作为研究对象进行分析。近年来，国开行不断深化与各国政府、企业和金融机构在基础设施、农业、民生、能源等重点领域的项目合作，积极推动落实上合银联体、中国—东盟银联体、金砖国家银行合作机制等多项多边金融合作成果，与世界银行在非洲开展务实合作，发挥中非发展基金、中葡基金等对外投资平台作用，积极服务中国企业“走出去”，推动人民币国际化，主动强化风险预警，构筑国际业务风险管控体系，资产质量保持稳定。截至2015年末，国开行国际业务项目遍布全球115个国家和地区；贷款余额2867亿美元，约占全行本外币贷款余额的1/4；其中外汇贷款余额2760亿美元，比2005年的162亿美元增长近17倍，跨境人民币贷款余额690亿元①。

20多年来，国家开发银行始终秉承“增强国力，改善民生”使命，将开发性金融与实践相结合，业务发展战略由“两基一支”成功转型为“一体两翼”，茁壮成长为“中国最大的对外投融资合作银行”。主要经验有以下四点：

一是立足当前、着眼长远。在认真领会中央精神基础上，以全局视野和超前眼光，在国际合作业务蓝海中劈波斩浪，将其发展与国内工业化、城市化大趋势结合起来，围绕国家核心利益主动开展工作，服务于建立中国与广大发展中国家共同合作的世界经济体系。

二是金融先行、融资推动。紧紧围绕国家外交、经贸战略，截至2012年9月，累计落实党和国家领导人以及外国领导人访华成果304项，涉及融资金额2138亿美元，累计发放贷款逾3100亿美元，投向能源、资源、装备制造、基础设施和粮食安全等领域，服务于国家发展和安全两个战略。②

三是雪中送炭、实现共赢。围绕合作国核心关切，以解决合作国基础设施、农业开发、民生社会等热点和难点为突破口，以义制利、弘义融利，通过与亚非拉发展中国家和新兴经济体互相支持、互相帮助，增强与第三世界国家在多边、双边和地区性合作的互信和共识。

四是矢志不渝、微言笃行。从初期的“授棋布子”到现在“子连成片”，在全世界形成覆盖190多个国家的网络布局，始终心怀理想、胸怀责任、肩负使命，在异国他乡为国家安全和发展默默无闻地做出自己的贡献，使开发性金融遍布全球。

当然，中国开发性金融“走出去”也面临着日益严峻的挑战，存在一些必须重点考虑和尽快解决的问题。主要有以下三方面：

一是资金筹集成本问题。鉴于国内利率市场化进程加快和全球经济金融发展复苏的态势，国际融资成本大幅下降，随着发达国家金融机构筹资成本

① 国家开发银行2015年度报告［EB/OL］. 国开行官网介绍，http：//www. cdb. com. cn/ywgl/xdyw/gjhzyw/.

② 陈元. 刊首寄语［J］. 开行国际，2012年9月创刊号.

下降，其相应的市场竞争能力和意愿都在增强，但受制于国内金融改革进程，中国开发性金融在境外筹资渠道仍然较为狭窄，加之人民币在国际化进程中将保持相对升值的趋势，使得境外资金筹集成本短期内难以下降，国际合作的价格竞争力减弱。

二是国别政治风险问题。2008 年全球金融危机以来，美国加强了对全球经济金融和军事外交的战略控制，欧债危机影响了欧洲地区的整体稳定性，美国 QE 政策逐步退出也使得新兴市场经济体面临资金外流风险，如巴西、印度、南非、印度尼西亚和土耳其“脆弱五国”，埃及、伊拉克、委内瑞拉等国家政治动荡，越南、菲律宾等部分南亚国家引发海权冲突，使得国别政治风险日益上升。

三是跨国管理效率问题。中国开发性金融“走出去”采取了国内与国际协同发展的战略布局模式，在较短时间内实现了快速有效的国际业务布局，随着业务规模不断增长，对跨国金融管理效率有了更高要求，但受制于在全球清算结算网络、高端人才战略储备、资金投向贷后管理等方面的制度性约束，尚来搭建对国际业务进行统筹高效管理的跨境运营平台，对上海自贸区政策利用仍相对不够。

二、核心问题

中国开发性金融“走出去”的核心问题是可持续发展，如果没有立足于长远发展，单纯追求短期目标，则无法获得整体利益最大化，也会导致中国企业“走出去”战略在重大项目上的功亏一篑。这样的失败教训已经有不少，例如民生银行收购美国联合银行，就是在没有明确自身国际化业务战略目标的情况下所做出的不适当决策。因此，要真正有效实施中国开发性金融“走出去”战略，就必须确保有良好的利益驱动机制，使得各方利益能达到最大化。

后发优势国家金融资源国际化配置的内在动力和路径依赖是什么？从通常理解看，商业利益驱动应该是第一位的，没有逐利的内在动机，金融机构不会冒着在国外开展业务的巨大风险，主动拓展国际业务。但就中国开发性金融“走出去”而言，笔者认为从驱动力角度看，除了基本的商业利益之外，更为根本的是赶超战略下的国家利益，只有把握住这一点，才能有效解释中国开发性金融机构“走出去”近年来所取得的成绩。从发达国家金融国际化的历史经验看，金融“走出去”有着一定的路径依赖，与其国内企业的全球化发展布局和国际贸易的比较优势有着密切关系。但基于中国开发性金融“走出去”的实践经验，除了传统的比较优势路径，笔者认为金融地理因素也是其内在的路径依赖，这与中国快速城镇化、工业化、信息化与国际化发展的特殊阶段性需求密切相关，也是中国开发性金融“走出去”战略布局的主要依据。

当前，中国开发性金融“走出去”整体利益最大化问题的根源在于如何实现金融机构、产业部门、国家政府（中国和外国）三方博弈均衡，基本方式是在整体风险（国家风险与商业风险）可控前提下，设定一个适当的金融机构与产业部门的商业利益、一个符合相应条件的国家利益、一个满足外方发展需求的合作国利益，实现三者整体利益的最大化，任何一方都不能独大，否则无法实现均衡，不可持续发展。这也是促进“一带一路”建设顺利推进的根本保障。

三、本质理解

（一）开发性金融“走出去”的利益所在

说到“利益”一词，总给人功利性的感觉。但实际上，人类任何行为又是有着一贯的内在动机的。因此，我们要对开发性金融“走出去”的内在动机有深入的本质理解，就不能回避“利益”这个敏感话题。

首先，商业利益是可持续发展的基础。一方面，从开发性金融机构自身运营角度看，没有基本的盈利基础，是无法实现国家所赋予的重大历史使命的，也不能有效助推金融市场信用建设；另一方面，在开发性金融服务实体经济“走出去”过程中涉及各类企业，其作为利益相关体也必然对相应的商业利益有诉求。因此，在这里，我们所谈的开发性金融“走出去”的商业利益不是仅仅指该机构自身的盈利，而是对国际合作过程中的整体商业利益进行分析，这意味着并不存在开发性金融机构“与民争利、伸手过长”的趋利行为。

其次，国家利益是最重要的动力源泉。也许有人认为国家利益一词过于宽泛和虚幻，不能进行有效度量，也无法进行经济学分析。但是，在笔者看来，开发性金融之所以有“走出去”的内生动力和持久耐心，就在于国家利益这一最重要的动力源泉在后面给予强大支撑。尽管国家利益所引致的商业利益有时也会驱使部分商业性金融机构参与一些重大项目，但从整体运作的战略眼光、谋划思维及全局性安排看，这些机构或多或少存在“趋利避害”的内在缺陷，不可能长期“以内补外”。因此，从全局看，开发性金融的国家利益就在于其长期性、战略性与保本微利性，始终算大账，不局限于某些细小微观的财务账。

最后，合作国利益是实现和谐共赢的保障。在通常理解的商业合作过程中，商业性金融机构往往会忽视合作国利益，即便有合作共赢的思想理念，基于商业逐利的本性，也很难优先考虑合作国的利益诉求。但在开发性金融“走出去”过程中，必须也必然优先考虑合作国利益，这是提高风险防范意识与深化地缘政治经济外交合作的需要，也是将本国利益与合作国利益进行有效整合的内在要求。在特定时期和特殊项目中，开发性金融还会考虑以“利他主义”方式，将合作国利益置于一个更高的地位。

（二）开发性金融“走出去”的比较优势

首先，以政府信用为基础实现大额、长期合作。开发性金融始终立足于长远回报，坚持保本微利原则，具有地缘政治外交经济一体化特点。相比于商业性金融机构，国家信用对于开发性金融机构，尤其是国际性开发性金融机构的强大支撑是客观存在的，其出资方以各国政府为主，资金来源可靠，有利于其在国际上凭借更高信用等级以市场化方式获得中长期资金，从而有效保障开展跨国大额、长期合作的资金供给，合作国政府在项目信用风险方面也会考虑给予一定的政策支持，这是一般商业性金融机构无法具备的体制优势。

其次，具有在市场机制建设方面的经验。开发性金融在国内重大战略项目融资过程中已经积累了较为丰富的市场机制建设经验，这些影响市场资源配置力量的因素在一些欠发达国家或者发展中国家往往是类似的。在国际合作领域，由于市场机制的缺损和失灵，一些重大、中长期项目合作缺乏足够的商业吸引力，需要政府与开发性金融机构共同培育才能形成商业模式。但即便是存在文化传统差异和经济法律框架不同等客观情况，这些国家的政府也可能以更强的市场影响力，为开发性金融开展“走出去”合作提供市场接入的桥梁。

再次，在筹资模式及投融资特点上有内在规律。在大多数国家看来，开发性金融的筹资模式都是以债券发行方式为主，即便有些机构也采用了存款筹资模式，但其并不是主流，这表明开发性金融在本质上具备了资本市场的金融信用功能，代表了一种中长期稳定收益的风险回报与资源匹配。因此，在投融资运作上，开发性金融所参与的项目也往往具备大额、长期的特征，符合按规律办事的要求，商业性金融则可在降低资金成本和流动性安排等方面发挥辅助作用，共同打破国际合作项目的融资瓶颈，如互联互通基础设施、大额长期贸易合作等。

最后，基本确立基于大风险观模式的风控机制。开发性金融的大风险观意识培育不是一句简单的口号，而是在对市场规律及风险因素的客观认识和总结基础上逐步形成的有效经验。在任何时候，我们都要对“不发展是最大的风险”有深刻理解，否则就无法形成完整的风险防范思路、模式与路径。在商业模式运作过程中，如何设计融资信用结构与风险控制机制事关国际合作项目的成功与否，不能仅考虑项目本身的风险因素，还必须从整体合作的大循环经济关系角度出发，合理提出风控机制建设要求。这是不同于商业性金融的风控模式。

（三）开发性金融“走出去”的基本战略

首先，政府引导是实现全球合作布局的前提条件。在开发性金融国际合作的过程中，政府之间的战略协作及双边、多边协定是引导金融资源全球配置的重要前提。没有这一前置条件，开发性金融的国际合作会存在很多障碍及困难，无论是商业性金融，还是一般企业，都会在合作国面临一定的发展瓶颈，尤其是融资信用瓶颈等。因此，从优化政府与市场关系的角度出发，开发性金融在推进国际合作的过程中要以合作国政府为切入点，不同于商业化金融往往从合作国企业入手的方式，可以产生事半功倍的效果。

其次，通过开发性金融的“投棋布子”来“搭台唱戏”。在中国金融“走出去”过程中，单纯依靠开发性金融是难以支撑起整个国家的国际化进程的，必须先从经济地理的全局角度选择若干重点区域和重点国家，通过政府层面合作，寻找合适的领域与项目作为双边合作的优先重点，通过全球“投棋布子”为更多本国企业及金融机构“搭台唱戏”，形成有利于促进合作共识的商业模式及推进路径。这一布局不同于传统的商业性金融拓展路径，如并购或设立机构等，而是从战略层面考虑合作项目，以此带动高层互访、大宗双边贸易及配套商业性项目等。

最后，与商业性金融合作推进，加快国际协同。在国际资本流动日趋复杂化的今天，单纯商业性金融或者开发性金融都无法独自掌握重大国际合作项目的发展方向或控制整体风险，必须逐步有序形成市场化国际协同，整合多方资源，才能从长期、战略上把控国际合作的主导方向，形成符合客观条件的双边、多边及多维度综合经济外交合作框架。必须通过开发性金融对商业性金融的引导参与，从基础设施、基础产业及共享平台等方面形成符合市场化运作规则的新模式、新机制和新工具，建立起对参与各方都有效的激励约束与国际协同范式。

四、逻辑框架

本书以研究如何使中国开发性金融“走出去”整体利益最大化为目标，从商业利益、国家利益、合作国利益三方面进行系统分析。总体逻辑框架如下：

首先，基于总体分析框架给出相应综合判断。在明确中国开发性金融“走出去”宏观前提条件的情况下，采用主成分分析法来分析开发性金融“走出去”整体利益最大化时所对应的商业利益、国家利益、合作国利益中各自的自变量构成，重新解构其内在的组合关系，从而找到更为科学的评价方法。

其次，金融地理是形成商业利益的重要因素。根据均衡价值判断，可以看到商业利益是推动中国开发性金融“走出去”的内生基础，这与金融地理的布局具有天然的关联，不同于传统比较优势理论所形成的商业价值判断，全球资源的地理分布及金融要素流动的集聚辐射效应对开发性金融的商业利益具有直接影响。

再次，战略博弈是引致国家利益的重要因素。相比于单纯商业金融的地理布局，在国家利益导向下的战略博弈是构成中国开发性金融“走出去”的内生引致力量，将两国或多边的商业利益、合作国利益都纳入了一个多元融合的综合分析框架，政府在其中扮演了重要的组织者角色，发挥双向引导协调作用。

最后，协同激励是催生合作国利益的重要因素。在通常的商业逻辑下，合作国利益并不构成中国金融“走出去”的内在动因，但在开发性金融“走出去”的风险防控战略理念中，如何与合作国之间形成有效的协同激励是催生和保持对方合作利益的关键，也是促使开发性金融加强应对国际业务风险能力的重要条件。

因此，从全文分析逻辑看，唯有在一个统一的整体利益均衡目标下建立能有效平衡好商业利益、国家利益与合作国利益的分配机制及模式，综合考虑金融地理布局因素、战略利益博弈效果与合作国协同激励机制，才能真正实现中国开发性金融“走出去”的可持续发展。

第二节　开发性金融“走出去”的宏观前提条件

当前，中国金融“走出去”有两大客观存在的宏观前提条件，使得我们能够把握住难得的历史性机遇，实现金融资源国际化战略布局，即中国城镇化与国际化的供需因素，以及金融资源配置的经济地理因素与政治需要。这两大前提决定了开发性金融“走出去”的需求、规模、种类、分布、成本等。

一、中国城镇化与国际化的供需因素

在通常理解上，中国的城镇化与国际化两者之间似乎并没有内在的联系，在理论界和实务界也没有对这两者之间的关系进行过清晰的梳理和论述。实际上，全国政协副主席陈元（原国家开发银行董事长）早在2008年就提出两者之间有着内在必然的联系，并且彼此之间的影响将日益加深。总体而言，中国快速城镇化进程为全社会提供源源不断的内生性需求，相对应地，中国新时期的国际化战略将在中长期时空范畴内有力保障资源性供给的可持续性，因此，中国工业化在全球范围内将逐步实现符合各方利益的产业合作布局。在这一历史过程中要尽量避免出现南南竞争的不利局面，重点推动实现南南合作，同时与发达国家进行有益的竞争合作。

（一）城镇化为国际化创造可持续发展需求

城镇化强调“以人为本”，在有效释放农村劳动力的同时，积极让进城农民工能够作为新市民在城市中较为便利地共享均等化的基本公共服务，逐步改变“城乡二元”结构，这将产生巨大的产业升级动力和内生性消费需求。通过测算，中国城镇化率与货物进出口贸易总量之间呈现显著正相关关系①，自2001年11月中国“入世”以来，城镇化率从当年的37.66%上升到2012年的52.57%，提高了14.91个百分点，使得货物进出口贸易总量增加了200851.9亿元人民币（约合33570亿美元），实现5.76倍的增长，每上升1个百分点的城镇化率，就会带来约13694亿元人民币（约合2284亿美元）的货物进出口贸易总量增长，为中国优势制造业的全球产业合作布局提供源源不断的后续发展动力。

这种需求的内生性表现在五个方面：第一，城镇化的资源消耗和土地资本占用是刚性的，由于国内资源和土地供给的有限性，已经并将继续对国际能源、矿产、农业、制造业和服务业等产生中长期的大量需求。第二，农民转化为新市民将释放巨大的公共服务需求，尤其是在教育、金融、文化、医疗、娱乐等方面的需求将日益国际化。第三，城镇化的核心重点是提高公共服务水平，通过资源整合和要素集聚解决老百姓在社会保障领域的后顾之忧，尤其是棚户区改造等方面，这会使得产业升级的迫切性与政府财政能力可持续之间形成一种新的必然联系，即只有具备国际化发展前景的产业优势才能为政府存量土地资源调整提供后续发展动力，创造具有成本竞争优势的税源基础，助推企业加快国际化发展的战略转型趋势。第四，从定量分析角度看，东中西部地区的人口集聚所形成的经济密度，将进一步提升基础设施的规模化成本优势和土地资源的挖掘空间。随着跨区域的国际化发展，货物进出口总量、对外直接投资、FDI等代表国际化需求的数据均变化明显。其中对外直接投资的上升速度最快，从2003年的28.5亿美元增加到2012年的843.5亿美元，年均增速达26.4%，实现29.6倍的增长。其与城镇化率之间有显著的正相关关系，城镇化率每上升1个百分点，就会形成约70.4亿美元的对外直

① 以货物进出口总量为因变量，城镇化率为自变量，样本数据为年度数据（2001—2012年），一元线性回归条件下调整R^2为0.957，系数为13694。

接投资①。第五，很多与中国具有一致性发展诉求和利益相关性的国家，在中国加快城镇化水平进程的同时，也经历着其自身的城镇化升级和发展过程，满足中国市场需求，这意味着，中国企业在国内参与城镇化发展积累的经验也会成为其加快开拓国际市场的重要基础，满足海外有关合作国家或地区城镇化发展的巨大潜在需求，即由中国城镇化进程引致的海外有关合作国家或地区的城镇化发展需求。

（二）国际化为城镇化提供实体经济供给源

国际化作为一种战略和市场趋势，主要在以下五个方面为城镇化提供充足的供给：第一，在国际能源、矿产、农业、制造业和服务业等资源供给领域提供新兴市场渠道和合作伙伴，调整进口依存度的结构，增强中国因素的引导力，保持和改善对外贸易的总量和结构。第二，为国内产业结构调整与战略产业布局打开一个具有国际化特征的市场空间，在高端技术输入和优势产能输出两方面创造合作共赢的新局面，为“产城融合”和“产融结合”搭建国际化的服务平台，引导社会资本的合理配置。第三，利用国际资源配置所提供的市场发展动力和广阔就业机会，促进企业加快提升国际化竞争力，重塑产业和服务的核心价值链，在新型城镇化要素集聚基础上形成能够有效供给的全球化经营能力，催生一批具有竞争力的跨国公司。第四，基于定量分析角度，城镇化发展与国际化资源之间合理配比的目标关键是要对实现“人的城镇化”有实质帮助，即每增加一个定量的国际化质量数据，对“以人为本”城镇化目标的贡献度是多少，要有一个能够用于判断的标准体系。从目前看，资源储量锁定程度及长协议价格因素、农业资源开发价值链分布、制造业海外产业布局深度、服务业对外开放程度等都是国际化质量的重要输入性指标，人口与劳动力合理布局、人均国民生产总值、社会保障供给程度、劳动就业水平与潜在机会、公共服务均等化程度、“产城融合”集聚水平等则是城镇化发展质量的重要输出性指标，而不是单纯追求提高城镇化率。第五，海外城镇化发展大趋势会形成对国内城镇

① 以对外直接投资为因变量，城镇化率为自变量，样本数据为年度数据（2003—2012 年），一元线性回归条件下调整 R^2 为 0.95，系数为 70.418。另外，2013 年 2 月 22 日，国家统计局 2012 年度统计公报显示，全年非金融类对外直接投资额 772 亿美元；2013 年 3 月 12 日，外汇管理局发布数据显示，2012 年国内金融机构对外直接投资净流出为 71.49 亿美元。

化的反向作用，加强与中国在基础设施、城镇建设等方面的时空对接，比如新建和升级改造航运通道、空中航线、铁路、港口、公路等基础设施，建设与中国合作的境外经济合作区，加强资源供给的公共服务配套设施建设等。

（三）城镇化与国际化互为依存、彼此促进

从发达国家的历史进程看，中国城镇化与国际化的内在制约与推动因素是显而易见的。首先，从中国提出加快建设“中国（上海）自由贸易试验区”（以下简称上海自贸区）的战略决策可以看出，在上海这一建设中的国际金融中心，城镇化已经发展到一个相对较高的水平①，下一步必须在改革开放大格局下寻求国际化的新突破，才能为全国新型城镇化战略实施打下坚实的基础，促进国内产业与城镇布局的自身调整，推动经济发展方式转变与产业结构升级转型，这是一个开放型大国的必经阶段。其次，沿边开发开放战略作为中国“十一五”时期提出的一项重要战略，已经并将在未来成为国际化发展的一个重要组成部分，有力促进边疆地区城镇化发展，提升当地经济在区域范围内的跨国辐射能力。2013 年出台的国家《沿边地区开发开放规划》，涉及黑龙江、辽宁、吉林、内蒙古、新疆、西藏、青海、广西、云南 9 个省（区），涵盖长达 2.2 万公里内陆边境线，边境贸易对象为俄罗斯、朝鲜、哈萨克斯坦、吉尔吉斯斯坦等 14 个与中国接壤的周边国家；将建设 120 个口岸，分为一类口岸和二类口岸，其中一类口岸 87 个；将在原有城市的基础上加快城镇基础设施和公共服务体系建设，形成若干跨境大通道，建立一批跨国界的产业和贸易重点园区。最后，中国企业推进“走出去”战略与海外发展的必然结果是中国海洋战略的重要性日益突出，这是以城镇化为基础的工业化、信息化的内在要求。尽管由于受到次贷危机以来全球经济景气低迷的影响，包括中国在内的国际航运船舶产业面临巨大困境，但可以预见的是，伴随城镇化进程的加快，中国海洋经济发展的广阔空间将进一步催生国际化发展需求，推动中国产业在全球资源配置上的布局与效率的提高，促进形成对应新型城镇化战略要求的国际资源与产业分布新格局。

① 根据上海市统计局数据，2012 年上海市城镇化率为 89.3%。

（四）城镇化与国际化供需均衡点的上移必然要求金融配套

城镇化率所代表的不仅仅是城镇人口增加，更主要的是“以人为本”的巨大服务需求，但这种服务需求对国际化究竟意味着什么呢？依笔者看，主要是要创造足以支撑中国人口老龄化趋势下的改革红利，也即我们的财富在哪里、如何积蓄、如何分配、如何传承。很显然，相比过去，中国的国际化程度在上升，中国人民创造的财富也在全球范围内不断产生和进行分配。根据人民银行数据，2012 年中国社会融资总量为 15.76 万亿元人民币，其中外币贷款占比 5.8%，说明未来国际化发展的融资空间很大。从理论角度看，城镇化与国际化动态供需均衡关系如图 3-1 所示，城镇化需求曲线从 D_1 上升到 D_2，则与国际化供给曲线 S_1 的均衡点从 E_1 上升到 E'，在产出 Y 增加的同时，资源价格 X 也上升较快；但随着中国企业“走出去”战略力度加大和金融国际化程度加深，国际化供给曲线从 S_1 上升到 S_2，使得其与城镇化需求曲线 D_2 的均衡点上升到 E_2，产出 Y 进一步增加，但资源价格 X 却出现一定程度的回落，有效降低城镇化发展的总体成本。基于定量分析，这种均衡点的上升必然伴随金融国际化程度的上升，因此有必要研究分析与之对应的金融资源配套总体情况，尤其是开发性金融的国际化发展在其中的地位和作用。中国开发性金融机构在海外要服务企业发展、引领企业发展，关键要找到发展需求，合理配置有限的金融资源，加强信息沟通，实现整合效率。

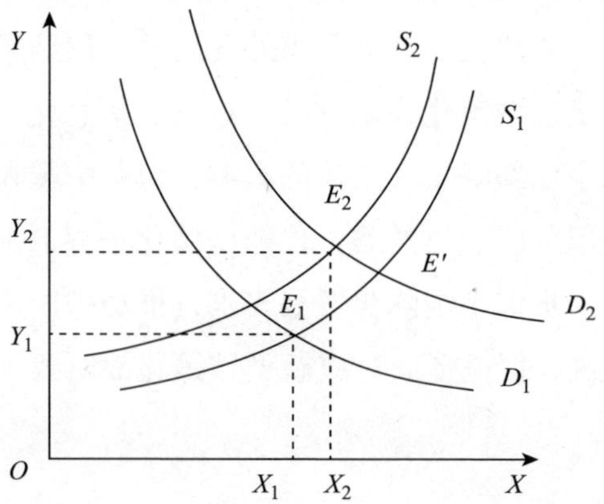

图 3-1 城镇化与国际化供需动态均衡关系

二、金融资源配置的经济地理与政治因素

在以往我们的认识中，经济地理作为一个客观及涵盖社会生态系统的概念范畴，与金融资源配置之间的联系并不紧密，而且似乎与中国金融机构及其服务的国际化也没有必然的联系。但是，随着中国加快城镇化、工业化、信息化发展，国际化的重要性日益凸显，中国企业在“走出去”过程中的大量经验教训使其深刻认识到，若没有对一个地区、国家的真实情况，例如政治稳定性、投资成本、劳工、资金配套等有足够了解，则所谓的国际化只能是一种盲从和失败。因此，我们如果没有对世界经济地理和政治因素进行深入研究，则难以真正把握金融资源国际配置的规律，尤其是创新开发性金融的“走出去”模式。为此，首先要研究经济地理因素对实体经济配置的影响，以客观确定未来金融资源配置的地理布局需求。但实际上，目前中国金融资源的国际地理配置存在错配现象，开发性金融正在而且有必要改变这种现状，引领商业性金融发展，促进形成若干国际次区域金融中心，实现多方合作的外部性、规模性、便利性和辐射性。

（一）中国对外直接投资概况及地理分布

2014 年 1 月商务部例行发布会指出，2013 年中国境内投资者共对全球 156 个国家和地区的 5090 家境外企业进行了直接投资，累计实现非金融类直接投资 901.7 亿美元，同比增长 16.8%。根据《2012 年度中国对外直接投资统计公报》数据，截至 2012 年底，中国有 1.6 万家境内投资者在国（境）外设立对外直接投资企业近 2.2 万家，分布在全球 179 个国家（地区）；对外直接投资累计净额（即存量）为 5319.4 亿美元，其中，股本投资 1689.1 亿美元，占 31.8%，利润再投资 2227.6 亿美元，占 41.9%，其他投资 1402.7 亿美元，占 26.3%；年末境外企业资产总额超过 2.3 万亿美元。联合国贸发会议（UNCTAD）《2013 世界投资报告》显示，2012 年全球外国直接投资流出流量 1.39 万亿美元，年末存量 23.59 万亿美元。以此为基期进行计算，2012 年中国对外直接投资分别占全球当年流量、存量的 6.3% 和 2.3%，流量在全球国家（地区）中排名第 3 位，占比较上年提升 1.9 个百分点，存量名列第 13 位。

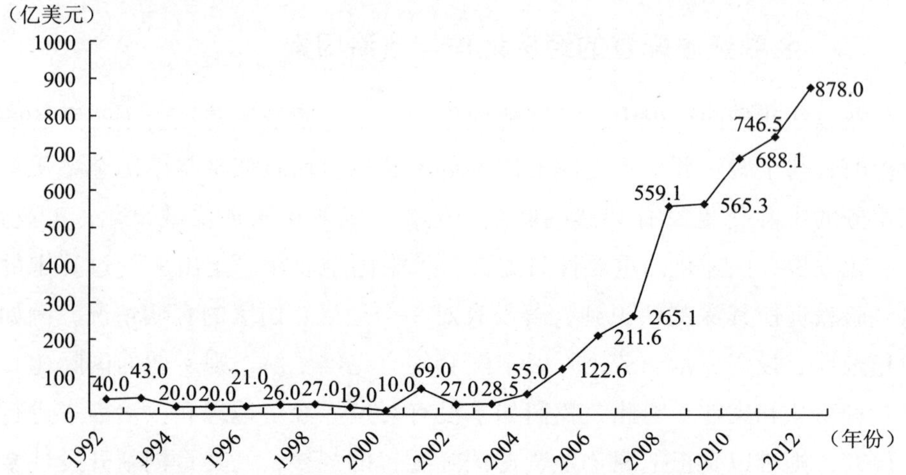

图 3-2　1992—2012 年中国对外直接投资流量情况

数据来源：1992—2001 年中国对外直接投资数据摘自联合国贸发会议世界投资报告，2002—2012 年数据来源于中国商务部统计数据。

如图 3-2 所示，1992—2012 年，中国对外直接投资流量呈现了先低后高的总体趋势。1992—2003 年，中国对外直接投资流量始终在低位徘徊（除了 2001 年，当年中国加入世贸组织）；自 2004 年起，中国对外直接投资流量则出现了井喷行情，尤其在 2008 年基数已经较大的情况下实现了翻一番的快速增长，似乎并未受到美国次贷危机的冲击影响，仅仅在 2009 年稍作停留后随即继续保持上升趋势，这说明中国正在加快融入全球经济，进入到以境外直接投资为主要手段的发展阶段。

表 3-1　2012 年中国对外直接投资流量地区构成情况　　单位：亿美元

地区	金额	同比（%）	比重（%）
亚洲	647.85	42.4	73.8
欧洲	70.35	-14.7	8.0
拉丁美洲	61.70	-48.3	7.0
北美洲	48.82	96.9	5.6
非洲	25.17	-20.6	2.9
大洋洲	24.15	-27.3	2.7
合计	878.04	17.6	100.0

数据来源：中华人民共和国商务部，中华人民共和国国家统计局，国家外汇管理局 . 2012 年度中国对外直接投资统计公报［M］. 北京：中国统计出版社，2013：11.

如表 3-1 所示，中国 2012 年对外直接投资流量分布中亚洲、欧洲和拉丁美洲排前三位，从同比数据看，亚洲和北美洲增速为正，欧洲、拉丁美洲、大洋洲、非洲同比增速为负。但总体看，中国未来对外直接投资的增量部分仍将可能在拉丁美洲、非洲、欧洲出现上升趋势，在北美洲、大洋洲则可能出现下降趋势。

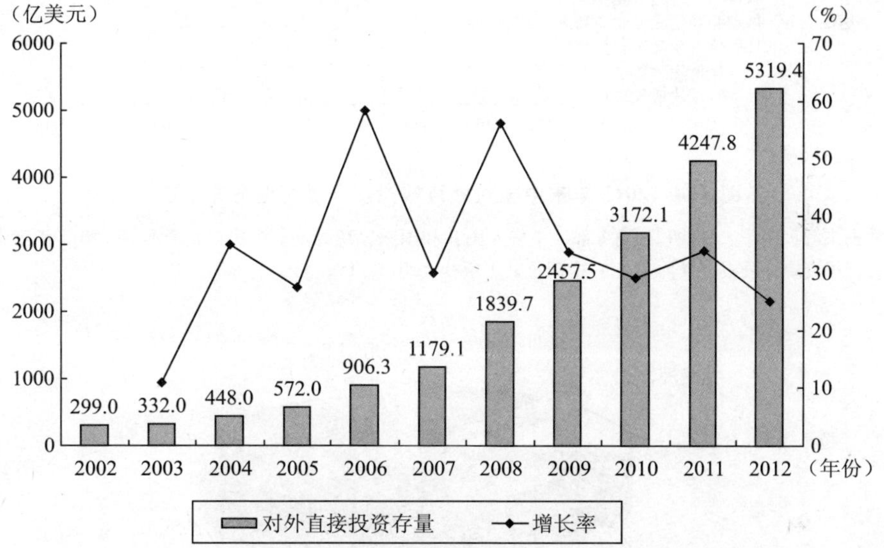

图 3-3　2002—2012 年中国对外直接投资存量情况

数据来源：中华人民共和国商务部，中华人民共和国国家统计局，国家外汇管理局 . 2012 年度中国对外直接投资统计公报［M］. 北京：中国统计出版社，2013：13.

如图 3-3 所示，2002 年至 2012 年中国对外直接投资存量始终处于上升通道，但年度增长率则存在波动性，分别在 2006 年和 2008 年实现了 50% 以上的增速，其他年份的增速则基本保持在 30% 左右。

如图 3-4 所示，2012 年中国对外直投资存量主要集中在租赁和商业服务业，金融业，采矿业，批发零售业，制造业，交通运输、仓储和邮政业六大领域，占到了全部对外直接投资存量的 90%。

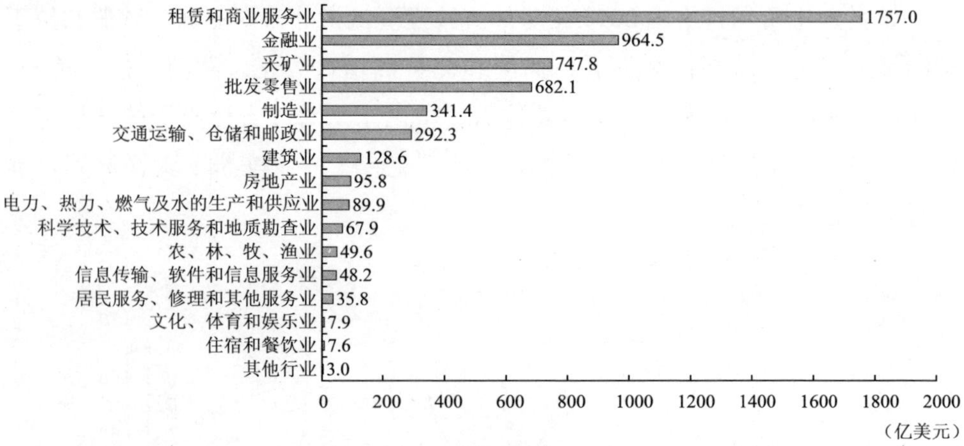

图 3-4　2012 年末中国对外直接投资存量行业分布情况

数据来源：中华人民共和国商务部，中华人民共和国国家统计局，国家外汇管理局 . 2012 年度中国对外直接投资统计公报［M］. 北京：中国统计出版社，2013：15。

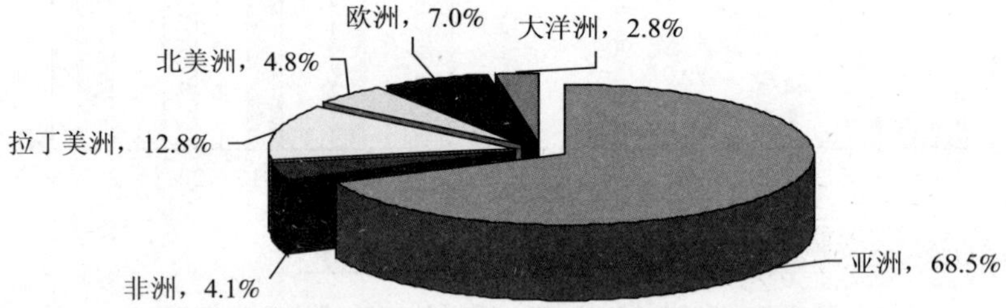

图 3-5　2012 年中国对外直接投资存量地区分布情况

数据来源：中华人民共和国商务部，中华人民共和国国家统计局，国家外汇管理局 . 2012 年度中国对外直接投资统计公报［M］. 北京：中国统计出版社，2013：17.

如图 3-5 所示，2012 年中国对外直接投资存量中地区分布亚洲占比最大，达 68.5%，其次是拉丁美洲和欧洲，北美洲、非洲和大洋洲占比接近。

表 3-2　2012 年末中国对外直接投资企业在全球的地区分布

地区	2012 年末国家（地区）总数（个）	中国境外企业覆盖的国家（地区）数量（个）	投资覆盖率（%）
亚洲	48	44	91.7
欧洲	49	42	85.7
非洲	60	51	85.0
北美洲	4	3	75.0

续表

地区	2012 年末国家（地区）总数（个）	中国境外企业覆盖的国家（地区）数量（个）	投资覆盖率（%）
拉丁美洲	48	27	56.3
大洋洲	24	11	45.8
合计	233	179	76.8

数据来源：中华人民共和国商务部，中华人民共和国国家统计局，国家外汇管理局. 2012 年度中国对外直接投资统计公报［M］. 北京：中国统计出版社，2013：30.

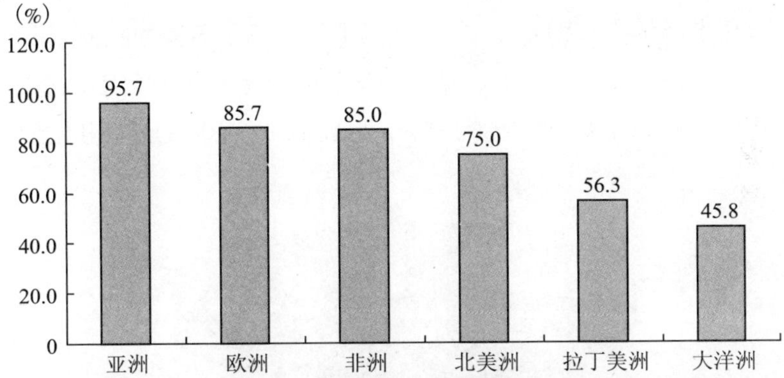

图 3-6　2012 年末中国境外企业在世界各地区投资覆盖比率

数据来源：中华人民共和国商务部，中华人民共和国国家统计局，国家外汇管理局. 2012 年度中国对外直接投资统计公报［M］. 北京：中国统计出版社，2013：30.

如表 3-2、图 3-6 所示，2012 年中国对外直接投资在全球各地区的投资覆盖率从高到低依次是亚洲、欧洲、非洲、北美洲、拉丁美洲和大洋洲。可以看出，亚洲、欧洲和非洲居于相对重要的地位，中国企业投资较为集中。同时，从中国对外直接投资存量看，拉丁美洲居第二位，仍具有较大开发潜力。因此，虽然目前亚洲在中国对外直接投资中的比重很高，但从发展趋势看，非洲和拉丁美洲的占比将逐步上升，对中国金融形成巨大的需求，进而决定了中国金融要素的地理分布发展方向。

（二）中国金融资源配置的地理分布与缺陷

2012 年末，金融类对外直接投资存量 964.5 亿美元。其中，货币金融服务类对外直接投资 629.2 亿美元，占 65.2%；资本市场服务（原证券业）对外直接投资 43 亿美元，占 4.5%；保险业对外直接投资 14.8 亿美元，占 1.5%；其他金融业对外直接投资 277.5 亿美元，占 28.8%。中国国有商业银行共在美国、日本、英国等35个国家和地区开设66家分行、36家附属机构，员工总数达3.7万人，其中雇用外方员工3.6万人，在境外共设立8家保险机构①。但是，相比中国对外直接投资的地理区位选择，中国金融机构海外布局尚未能与企业界形成很好的配合，主要集中在亚洲、北美洲、欧洲等地区（见图3-7）。如表3-3所示，截至2012年，中国主要国有银行在海外分支机构总数为149个，其中分布在亚洲、北美洲、欧洲的占比分别为42.3%、24.2%、20.8%，总计占比87.3%，而大洋洲、中东/非洲、拉丁美洲的占比则分别为6%、4%、2.7%。相对应地，中国企业对外直接投资存量排名前三位的地区为亚洲、拉丁美洲和欧洲，占比分别为68.5%、12.8%和7%（见表3-4）；从投资覆盖率看前三位则分别是亚洲、欧洲和非洲，占比分别为91.7%、85.7%和85%，形成了一定程度的差异和错配。

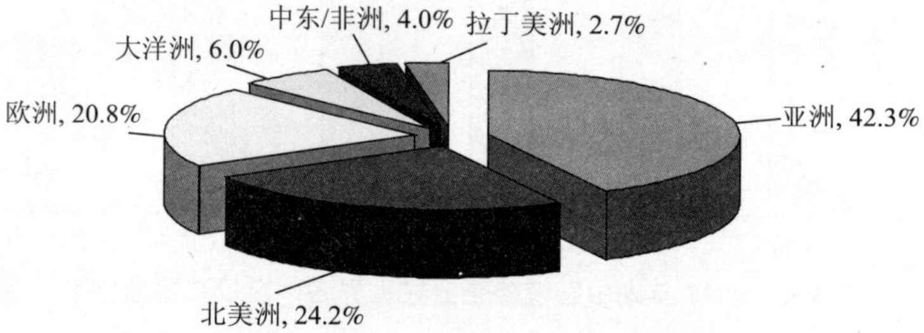

图3-7　2012年中国银行业海外分支机构地理分布情况

表3-3　中国银行业海外分支机构地理分布与比较　　单位：个

地区	中国银行	中国工商银行	中国建设银行	中国农业银行	中国交通银行	国家开发银行	合计	占比（%）
亚洲	20	23	7	5	7	1	63	42.3
北美洲	8	23	1	2	2	0	36	24.2
欧洲	16	11	0	1	2	1	31	20.8
大洋洲	3	3	1	1	1	0	9	6.0
中东/非洲	2	1	1	1	0	1	6	4.0
拉丁美洲	3	0	0	0	0	1	4	2.7
总计	52	61	10	10	12	4	149	100

注：仅考虑银行比较，且只到海外分行、子公司层面，未纳入非银行金融机构。

数据来源：各银行2012年度报告。

① 中华人民共和国商务部，中华人民共和国统计局，国家外汇管理局.2012年度中国对外直接投资统计公报［M］.北京：中国统计出版社，2013：5.

因此，我们可以通过比较中国实体经济对外直接投资存量的全球分布与中国金融业（主要是银行业）海外分支机构的全球分布发现两者之间的差异，了解到中国金融机构海外布局在支持实体经济“走出去”过程中仍然存在较大的缺陷，资金供给与金融服务的覆盖广度与深度还远远不够，也未能走在实体经济发展“走出去”需求的前面，没有形成良好的引导与支撑作用。

表 3-4　2012 年中国海外实体经济与金融机构的全球分布对比（%）

地区	亚洲	非洲	拉丁美洲	北美	欧洲	大洋洲
对外直接投资存量	68.5	4.1	12.8	4.8	7.0	2.8
银行业海外分支机构	42.3	4.0	2.7	24.2	20.8	6.0

如表 3-4 所示，从中国对外直接投资存量和银行业海外分支机构覆盖率看，拉丁美洲和亚洲在融资供给上面临较大缺口，得不到以中国银行业为代表的金融机构提供的服务。这在某种程度上导致了中国金融资源在全球配置上的地理分布缺陷。为此，国家开发银行作为开发性金融机构正在努力向非洲、拉丁美洲和亚洲周边配置金融资源，为实体经济提供可靠和有效的金融服务供给。当然，并不一定必须设立机构才能提供金融服务，开发性金融可以发挥金融引导作用，利用全球业务合作网络，尤其是与当地国家政府的良好关系，为中国企业提供量身定做的金融服务。

（三）亚非拉地区经济地理分布与金融缺陷

经济发展不平衡是全球化浪潮下的一个显著特征，表现为亚非拉地区无论是经济水平还是生活状况都仍处于较低层级，即便拥有较为丰富的自然资源，但在工业化、城镇化、信息化发展程度上仍然处于初期阶段，还有很大的开发潜力。根据经济地理理论，区域经济一体化的核心要素在于建立具有共同市场基础的跨区域网络，只有这样才能充分发挥市场力量作用，形成不同地区之间的“地理层次”或“地理标度”。当然，在“地理标度”较小的层次（如国内某省或某州）和“地理标度”较高的地区（如某国），地理因素对发展提出的挑战迥然相异。在“地理标度”更大的区域（如组成某个地理区域的一组国家），推进区域经济一体化的市场力量可能受到更大的地理和政治阻力。根据世界银行报告，全球 10 亿贫民窟居民主要分布在亚洲、非洲、拉丁美洲和中东地区；全球 10 亿偏远地区居民主要分布在亚洲、非洲、拉丁美洲和北欧地区；10 亿生活在全球最底层国家的居民主要分布在非洲、中东地区和南亚地区①。这些区域的经济一体化程度还处于较低水平，不能很好获得、利用和发挥市场力量，实现快速发展。同时，这些地区的金融资源供给也存在一定程度的不足和缺陷，尤其是在非洲撒哈拉以南地区、南亚等，表现为金融总量、金融机构、金融服务和金融体系的不健全。究其原因，政治动荡、工业化基础薄弱、市场经济程度低、政府独裁等因素影响了金融资源的有效集聚和配置。

发展中国家在经济地理与金融需求上的缺陷，主要是没有进行很好的良性资源开发并缺乏足够的金融供给，这恰好能够与中国现阶段发展需求形成良好的互补性经济社会效益。首先，非洲、拉丁美洲等发展中国家在自然资源禀赋上具有较为丰富的先天优势，在早期开发过程中主要作为初级产品的出口国，在工业化和城镇化方面底子比较薄弱，尤其是在基础设施投资方面有较大缺口，资源开发程度和经济发展水平往往依赖于发达国家的市场需求，尤其近年来受到全球性金融危机的影响，存在较大的波动性。其次，发展中国家的金融体系、金融机构、金融资源配置往往受制于来自发达国家的跨国金融机构，尤其是当国际资本流动出现异常情况，大量外国资本撤离这些国家时，金融资本的供给缺口就会非常明显，导致经济发展增速下滑，急需一个稳定的新市场、新资本和新伙伴。最后，中国作为一个发展中大国，已经成为全球出口总量第一、进口总量第二和世界第二大经济体，但在区域一体化方面仍然有很多不足，反映在市场、货币、资源、基础设施、体制等多方面，尤其是在发挥市场力量作用方面还有很大的挖掘空间。为此，中国开发性金融要发挥战略金融资源配置的先锋作用，在金融资源供给和基础设施配套等方面发挥引导作用，选择一些具有跨区域辐射效应的发展中国家逐步推动建立次区域金融中心，为关键性项目提供资金供给，形成洲际经济地理新格局，使市场力量发挥作用。

（四）地缘政治需要对金融资源配置的影响

地缘政治在区域经济一体化过程中的影响深远，不仅对地区经济合作和跨境贸易有直接作用，而且对金融资源配置的有效性也会形成深层次的引导和推动。首先，中国与亚洲周边国家有着千丝万缕的联系，即便有一定的利益冲突，但从大的政治层面讲，仍要以促进双边、多边合作为主要方向。因此，过去几年中国加大了“沿边开发开放战略”的规划与实施力度，重点在

---

① 世界银行．2009 世界发展报告：重塑世界经济地理［M］．北京：清华大学出版社，2009：5.

跨境经贸合作区、跨境重大基础设施、跨境能源合作贸易、主权信用下的人民币互换等领域推进合作，在新疆和云南打造中国向西开放的陆地桥头堡，深化上海合作组织的内涵与协同性，进一步加深了中国在亚洲区域一体化过程中的影响。其次，中国与俄罗斯、印度、巴西、南非等金砖国家的政治共同利益与经济互补合作关系对加快洲际经济地理新格局的形成有直接影响。作为新兴市场国家的代表，五国人口总和近30亿，占全球人口的43%；经济总量11万亿美元，占全球经济的16%；贸易总量4.6万亿美元，占全球贸易的15%。2001—2010年，五国间贸易年均增长28%，十年间增长了15倍，2010年贸易额约为2300亿美元。其中，中国同俄罗斯、印度、巴西、南非的双边贸易增长迅速，2010年增速分别达到43.1%、42.4%、47.5%和59.5%，均高于同期中国对外贸易总体增速（34.7%）。截至2014年，中国已分别成为俄罗斯、巴西、南非的第一大贸易伙伴，印度第二大贸易伙伴，是巴西和南非的第一大出口市场，印度第三大出口市场和俄罗斯的第六大出口市场。最后，从金融要素配置角度看，无论是机构设立，还是业务开拓，都需要对所进入国家的政治风险有判断和预案。地缘政治架构对金融要素的制约性主要体现在合法性、合规性和可持续性三个方面，例如在日本，金融机构开展业务必须设立分支机构，否则视为非法，但在南非、俄罗斯、巴西等新兴市场国家，设立分支机构并不是开展金融合作的前提基础。金砖国家的地缘政治格局更有利于推动形成一些具有国家利益诉求的大额金融合作，加快市场开放与资源联合开发，如中俄能源贸易、中巴石油合作、中国—南非基础设施合作等。这些合作之所以具有可持续性，在于中国市场的巨大潜力空间为金融资源配置提供了可靠信用保障，构成了包括中国开发性金融在内的共享互利互惠机制，使得中国金融资源配置的有效性在地理空间范围内扩大。

根据国家开发银行行长郑之杰的预估，未来二十年，中国的城镇化率还将提高20%~30%，实现3亿~4亿人口的城镇化，将有10亿人居住在城市，比目前已完成工业化国家的人口总和还要多，按照到2020年实现60%城镇化的目标和目前近2亿“半城镇化”人口市民化测算，需要新增投资超过50万亿元①。为此，笔者初步进行了估算，对应这50万亿元的城镇化投资需要的国际化供给大概有32.5万亿元，需要中国金融机构实现海外融资服务近20

① 郑之杰．新型城镇化是经济转型的重要战略［J］．中国金融，2013（10）：11-12.

万亿元，其中开发性金融（以国家开发银行为代表）的需求大概 5 万亿元（按现行汇率 6.64 元人民币/美元测算，约 7530 亿美元），主要分布在亚太、非洲、拉美和部分欧洲地区，总体结构比例为 3∶2∶3∶2，各自规模约为 1.5 万亿元、1 万亿元、1.5 万亿元、1 万亿元（按现行汇率 6.64 元人民币/美元测算，约 2259 亿美元、1506 亿美元、2259 亿美元、1506 亿美元）①。

第三节　开发性金融“走出去”利益驱动机制模型

利益驱动机制是指以内生或外生因素为基础，推动行为主体获取利益的一系列内在规律性安排。通常，金融“走出去”的利益驱动机制主要以商业利益为主，尤其是在以银行为主实施“走出去”战略过程中，金融业务的贷款定价机制可以作为基础模型。但是，相比商业金融，开发性金融“走出去”利益驱动机制包含了更多内涵，除了自身利益，还包括了其他相关方的整体利益。例如，一般框架下的贷款定价模型以商业利益最大化为主要追求目标，而在开发性金融“走出去”战略中则有必要考虑一种新的贷款定价模型，即以商业利益、国家利益和合作国利益三者平衡条件下的整体利益最大化为最终目标，这是确保开发性金融“走出去”可持续发展的内在规律。

一、理论模型

为了找出影响开发性金融“走出去”的内在利益驱动因素，形成最优化分析框架，这里主要采取主成分分析方法进行理论模型的构建，其中核心自变量指向定价问题。但是，从建模角度分析，我们并不能将开发性金融机构的自身利益作为测算的唯一基础，而是要从全局角度考虑各相关利益方的共同利益。在过去，国家开发银行通过“以内补外”方式推进国际业务合作，这是国开行在“走出去”战略初期阶段取得成功的关键。但是，“以内补外”的核心在于以商业利益弥补国家利益（可能的商业利益损失，如政治风险）、以城镇化发展利益弥补国际合作业务利益（可能的商业利益损失，如汇率风

① 测算依据如下：根据历年数据及最近几年情况分析判断，国际化供给（货物进出口总量和对外直接投资之和）将占城镇化投资的 65%，对应这部分国际化供给所需要的海外融资服务占比按 60% 左右进行估算（考虑贸易融资和资本金的杠杆率），开发性金融（以国家开发银行为代表）在国内的海外业务市场中的占比大概为 25%（根据目前情况进行估算），可得出大概的测算结果。

险），从中长期发展来看是不可持续的，需要改进合作方式，关键是提升业务管理与综合协调能力。

（一）模型原理

定义：开发性金融“走出去”利益驱动机制是指影响和推动开发性金融“走出去”、实现可持续发展的一系列利益驱动因素所构成的运作机理。这一机理不只关注开发性金融“走出去”业务的盈利状况，更主要地是对与开发性金融“走出去”活动存在利益相关性的各方（包括中国开发性金融机构、中方政府及企业、外方政府及企业、商业金融机构等）所形成的发展环境和金融生态进行全面深刻的研究，寻找出其内在的规律性制度与机制安排。

基本原理：开发性金融“走出去”整体利益最大化是实现可持续发展的动力源泉，商业利益、国家利益、合作国利益三者之间彼此关联、相互促进、互为制衡，任何一方追求自身利益最大化的行为都会影响整体利益最大化目标的实现。其内在运行基础是金融交易定价所涵盖的信息对称性和机制灵活性，在风险边界可控的约束条件下，以开发性金融“走出去”整体利益最大化为帕累托最优化目标，寻求实现各方利益博弈均衡的有效解。

“不可能三角”：在开发性金融“走出去”过程中，商业利益、国家利益、合作国利益三者构成了“不可能三角”，即任何取其中两者最大化，都无法导致第三者存在。具体而言：①追求商业利益和国家利益最大化，则合作国将抛弃与中国合作，产生“中国威胁论”；②追求商业利益与合作国利益最大化，则中国金融机构将成为别国的奴仆，无法实现国家战略目标，也丧失了自身的生存根本；③追求国家利益与合作国利益最大化，则开发性金融机构的市场化运作无法实现，最终沦为政治工具，缺乏可持续发展的内生动力。

上述原理之所以成立，主要原因如下：

首先，开发性金融“走出去”涉及众多的相关利益方，无法用单一自身盈利状况作为财务有效性和市场价值成功与否的判断依据，尤其是一些需要长周期才能实现财务回报的重大项目，无法用短期盈亏情况来对其进行评价，例如在农业、基础设施、支柱产业等领域的金融支持。

其次，开发性金融“走出去”对于中国企业、两国政府、合作国企业都有正向外部性效应，有可能在开发性金融主体之外实现经济社会价值，如果只是测算开发性金融机构自身“走出去”业务的盈利状况，则会有失偏颇，且无助于其实现可持续发展。

最后，开发性金融“走出去”业务的损益情况与企业商业利益、国家利益、合作国利益之间并不完全是单向相关关系，存在一定的此消彼长情况，考虑到与商业金融、地理要素、投资环境等之间的关系问题，则有必要加以整体考虑，才能实现各方利益博弈均衡。

为此，考虑到开发性金融“走出去”利益驱动机制的变量较多，可以设法将其重新组合成一组新的相互无关的综合变量，同时根据实际需要从中选取几个综合变量尽可能多地反映原来变量的信息，这种统计方法叫作主成分分析或称主分量分析。

（二）前提假设和有关条件

1. 前提假设

人民币国际化项下资本有限流动；人民币汇率管理浮动；双方或多方均具有国际经济贸易的比较优势。

2. 约束条件

中国开发性金融“走出去”项目所对应的商业风险、国家风险处于成本可控范围内，这个范围具有特定的边界条件。

3. 内生条件

内生条件指信息对称度因素。通过海外分支机构设置、海外工作组派驻、推进国家规划咨询和跨国规划咨询等，增强项目和国情的信息对称度，从顶层设计角度出发保障项目开发、建设、运营与合作的科学性和内在效率。

（三）因变量

开发性金融“走出去”的整体利益 V（T）：包括商业利益、国家利益和合作国利益。这是一个综合评价函数，不是对开发性金融机构自身“走出去”业务利益的评价，而是对开发性金融“走出去”所形成的整体利益价值的评价。

（四）自变量

商业利益 V（B）：与“走出去”业务相关的开发性金融业务损益（利差损益、汇兑损益、交易损益）、产业部门损益（投资损益、经营损益）、金融地理价值损益（通过密度、距离、分割三层次理念分析，为实现规模报酬递增，可以列出不同区域的金融“走出去”效率价值）、战略协同利益（产业部门与金融部门、各部门内部的战略协同价值）。

国家利益 V（N）：资源规模锁定（一次性交易锁定的总体资源规模及时

间)、定价权比率（资源定价权、融资定价权等，可以定量分段考察）、中国因素比率（中国企业“走出去”参与程度，或者说项目衍生的对中国企业需求，可以设定相应的指标或百分比）、货币铸币税①（人民币国际化中贷款、债券、股票各自对应的铸币税收益，需要考察人民币使用和境外循环的规模）。

合作国利益 $V(CC)$：合作国贸易盈余（中国金融“走出去”所支持项目产生的外汇收入，主要为合作国的出口数据，目前很难统计）、合作国引资规模（引入包括中国金融机构、产业部门在内的多方资金，有股权和债务融资，但要和中国金融“走出去”所支持项目相关）、合作国社会发展融资便利（定性综合指标，包括在中国开发性金融“走出去”模式下合作国社会发展领域所获得的融资规模、融资成本、融资项目）、合作国协同利益（中国开发性金融“走出去”所引致的合作国自身投资增长与金融供给增加）。

（五）理论模型

1. 开发性金融“走出去”整体利益构成

开发性金融“走出去”整体利益=商业利益+国家利益+合作国利益

$$V(T) = V(B) + V(N) + V(CC) \tag{3-1}$$

其中，$V(T)$ 为开发性金融“走出去”整体利益（综合评价函数）；$V(B)$ 为商业利益；$V(N)$ 为国家利益；$V(CC)$ 为合作国利益。

要说明的是，这三者利益相加关系，并不是简单的数学加法，而是基于函数关系的三者总和，包括非线性函数关系。

2. 商业利益的构成

$$V(B) = V(F) + V(I) + V(G) + V(O) \tag{3-2}$$

其中，$V(F)$ 为开发性金融“走出去”业务损益（抽象为金融资产定价因子）；$V(I)$ 为产业部门“走出去”损益（抽象为产业资本股权回报）；$V(G)$ 为对中国的金融地理价值损益（抽象为金融地理价值因子）；$V(O)$ 为战略协同利益（抽象为协同系数价值因子）。

具体而言，有如下指标可以反映上述自变量因子：

---

① 戴维·W. 皮尔斯（1988）认为，当一国货币作为国际交易和储备之用时，其铸币税等同于该国家货币扣除发行成本之后的部分，加上因其通货为外国人持有所取得的这项额外资产（不论其为实际资产，还是金融资产）的收益，减去向外国人支付的利息（因外国人持有或投资该国货币的资产），再减去该项资产国际流通时花费的额外管理费用（在人民币国际化初期阶段可以忽略不计）。参见戴维·W. 皮尔斯. 现代经济学词典［M］. 上海：上海译文出版社，1988：542.

$V(F)$ = 净利息收入、汇兑损益、交易损益

$V(I)$ = 投资损益、经营损益

$V(G)$ = 经济密度、经济距离、市场分割与准入

$V(O)$ = 产业协同系数、金融协同系数、部门交叉协同系数

3. 国家利益的构成

$$V(N) = V(R) + V(P) + V(C) + V(S) \tag{3-3}$$

其中，$V(R)$ 为战略利益互换对应利益（抽象为博弈均衡价值解）；$V(P)$ 为定价权比率对应利益（抽象为定价权主导程度）；$V(C)$ 为中国因素比率对应利益（抽象为中国因素参与程度）；$V(S)$ 为货币铸币税对应利益（抽象为人民币主权货币国际流通价值）。总体而言，这一部分定性变量偏多。

具体而言，有如下指标可以反映上述自变量因子：

$V(R)$ = 资源保障覆盖水平（一次性交易锁定的总体资源规模及时间长度）、技术保障覆盖水平（重大技术获取情况）、基础设施保障水平（控制、参与或建立的重大基础设施项目）

$V(P)$ = 在某一行业具有定价权的比率、融资定价权比率

$V(C)$ = 中国企业主导、购买、参与或对中国企业有需求

$V(S)$ = 人民币境外流通量及对应的铸币税收益（贷款、债券、股票等）

4. 合作国利益的构成

$$V(CC) = V(TS) + V(CI) + V(SF) + V(CO) \tag{3-4}$$

其中，$V(TS)$ 为合作国贸易盈余对应利益；$V(CI)$ 为合作国引资规模对应利益；$V(SF)$ 为合作国社会发展融资便利对应利益；$V(CO)$ 为合作国协同利益（投资与金融）。

具体而言，有如下指标可以反映上述自变量因子：

$V(TS)$ = 合作国贸易盈余（“走出去”所支持项目产生的外汇收入）

$V(CI)$ = 合作国引资规模（包括中国金融机构、产业部门在内的多方资金）

$V(SF)$ = 合作国社会发展融资便利（定性综合指标，包括在中国开发性金融“走出去”模式下合作国社会发展领域所获得的融资项目、融资规模、融资成本优惠等）

$V(CO)$ = 合作国协同利益（中国开发性金融“走出去”所引致的合作国自身投资增长与金融供给增加）

二、模型方法

采取主成分分析法进行建模，以有效研究开发性金融“走出去”利益驱动的内生因素。

（一）主成分分析法的引入

如果将原来的变量指标记为 X_1，X_2，L，X_P，它们的综合指标及新变量指标为 Z_1，Z_2，L，Z_m（$m \leqslant p$），则：

$$\begin{cases} Z_1 = l_{11}X_1 + l_{12}X_2 + L + l_{1p}X_p \\ Z_2 = l_{21}X_1 + l_{22}X_2 + L + l_{2p}X_p \\ \vdots \quad \vdots \quad \vdots \quad \vdots \quad \vdots \\ Z_m = l_{m1}X_1 + l_{m2}X_2 + L + l_{mp}X_p \end{cases} \tag{3-5}$$

其中，系数 l 由下列原则来决定：

(1) Z_i 与 Z_j（$i \neq j$; $i, j = 1, 2, \cdots, m$）相互无关。

(2) Z_1 是 X_1，X_2，L，X_P 的一切线性组合中方差最大者，Z_2 是与 Z_1 不相关的 X_1，X_2，L，X_P 的所有线性组合中方差最大者；Z_m 是与 Z_1，Z_2，$\cdots$，Z_{m-1} 都不相关的 X_1，X_2，L，X_P 的所有线性组合中方差最大者。

这样得到的新变量指标 Z_1，Z_2，L，Z_m（$m \leqslant p$）分别称为原变量指标 X_1，X_2，L，X_P 的第 1，第 2，$\cdots$，第 m 主成分。其中，Z_1 在总方差中所占的比例最大，Z_2，$\cdots$，Z_m 的方差依次递减。

（二）主成分分析法基本步骤

第一步：设估计样本数为 n，选取的指标数为 p，则由估计样本的原始数据可得矩阵 X 如下：

$$X = \begin{Bmatrix} X_{11} & X_{12} & \cdots & X_{1p} \\ X_{21} & X_{22} & \cdots & X_{2p} \\ \vdots & \vdots & \ddots & \vdots \\ X_{N1} & X_{N2} & \cdots & X_{Np} \end{Bmatrix} \tag{3-6}$$

其中，X_{ij} 表示第 i 个国际业务项目的第 j 项评估指标数据。

第二步：指标的标准化处理。

进行标准化处理后，我们可得到新的数据矩阵 Y 如下：

$$Y = \begin{Bmatrix} Y_{11} & Y_{12} & \cdots & Y_{1p} \\ Y_{21} & Y_{22} & \cdots & Y_{2p} \\ \vdots & \vdots & \ddots & \vdots \\ Y_{N1} & Y_{N2} & \cdots & Y_{Np} \end{Bmatrix} \tag{3-7}$$

其中，$Y_{ij} = \dfrac{X_{ij} - X_i}{\sqrt{\text{var}(X_j)}}$（$i=1$，2，$L$，$n$；$j=1$，2，$L$，$p$），$X_j$ 为第 j 项评估指标数据的均值，$\sqrt{\text{var}(X_j)}$ 为第 j 项评估指标数据的方差。

第三步：计算相关系数矩阵 R 如下：

$$R = \begin{Bmatrix} R_{11} & R_{12} & \cdots & R_{1p} \\ R_{21} & R_{22} & \cdots & R_{2p} \\ \vdots & \vdots & \ddots & \vdots \\ R_{p1} & R_{p2} & \cdots & R_{pp} \end{Bmatrix} \tag{3-8}$$

其中，R_{ij}（i，$j=1$，2，…，p）为原变量 Y_i 与 Y_j 的相关系数，其计算公式为：

$$R_{ij} = \frac{\sum_{k=1}^{n}(Y_{ki} - Y_i)(Y_{kj} - Y_j)}{\sqrt{\sum_{k=1}^{n}(Y_{ki} - Y_i)^2 \sum_{k=1}^{n}(Y_{kj} - Y_j)^2}} \tag{3-9}$$

因此，R 是实对称矩阵（$R_{ij} = R_{ji}$），只需计算其上三角元素或下三角元素即可。

第四步：计算特征值与特征向量。

解特征方程 $|\lambda E - R = 0|$，求出特征值 λ_i（$i=1$，2，…，p），因为 R 为正定矩阵，所以其特征值 λ_i 都为正数。将其按大小顺序排列：$\lambda_1 \geqslant \lambda_2 \geqslant \cdots \geqslant \lambda_i \geqslant 0$。特征值是各主分量的方差，它的大小反映了各个主分量在描述被评价对象上所起的作用。再解方程，$|R - \lambda U = 0|$，可确定特征向量的矩阵 U 如下：

$$U = \begin{Bmatrix} U_{11} & U_{12} & \cdots & U_{1p} \\ U_{21} & U_{22} & \cdots & U_{2p} \\ \vdots & \vdots & \ddots & \vdots \\ U_{p1} & U_{p2} & \cdots & U_{pp} \end{Bmatrix} \tag{3-10}$$

第五步：计算主成分贡献率及累计贡献率，确定主成分个数。

$$\text{主成分 } Z_i \text{ 的贡献率} = \frac{\lambda_j}{\sum_{j=1}^{p} \lambda_j}，\quad \text{累计贡献率} = \frac{\sum_{j=1}^{m} \lambda_j}{\sum_{j=1}^{p} \lambda_j}。$$

一般取累计贡献率达 80%~95%的特征值 λ_1、λ_2、⋯、λ_m 所对应的第 1，第 2，⋯，第 m（$m \leqslant p$）个主成分。

第六步：计算主成分载荷，解释主成分。

因子载荷量是主成分 Z_i 与原始指标 X_i 的相关系数 $R(Z_i, X_i)$，揭示了主成分与各评估指标之间的相关程度，利用它可较好地解释主成分的经济意义，因子载荷量较小的主成分 Z_i 则可以剔除。在确定了选择 m 个主成分之后，关键还是要根据主成分的计算结果，结合定性分析对各主成分赋予新的意义，给出合理的经济解释。主成分是原始评估指标的线性组合，在这个线性组合中各变量的系数有大有小，有正有负。通常，线性组合中系数绝对值大的评估指标对该主成分的属性贡献较大，若几个评估指标系数相当，则这一主成分是这几个评估指标的综合。

第七步：构造开发性金融“走出去”整体利益综合评价函数，该函数即为各主成分因子的线性函数。

$$V(T)_m = W_1 Z_1 + W_2 Z_2 + L + W_m Z_m \tag{3-11}$$

其中，W_i 为主成分的贡献率。

三、计量分析

（一）总体样本选取

考虑到国家开发银行“走出去”项目的保密性要求，本书主要选取部分具有公开数据信息的项目作为样本，因此，总体样本数量不多，存在一定缺陷。初步选择 7 个项目，即中俄能源合作、中巴石油合作、中委联合融资基金、中非发展基金、中缅油气管道项目、中非棉业非洲棉花项目、鞍钢澳洲卡拉拉铁矿项目，后续若有需要，可以进一步扩充样本数。项目处于不同阶段，且部分项目还未在商业上取得成功，但对于项目分析而言已具有可借鉴性。总体来说，这些项目的某些指标都可同时体现商业利益、国家利益、合作国利益，但是某些指标的数据无法采集到。

（二）指标体系选取

开发性金融“走出去”整体利益评价指标体系的构建应遵循以下原则：

第一，客观性原则。指标体系的构建要符合客观现实，以客观、公开披露的信息为依据。

第二，全面性原则。指标体系的内容应该全面地反映所有影响“走出去”项目的要素，各项指标必须有机配合，动态指标与静态指标相结合，综合指标与单项指标相结合。

第三，可操作性。评估指标体系要具有实用性，考虑指标体系所涉及指标的数据获取的可能性、可靠性和经济性。

按照一定的定量与定性评估标准，本书初步设定开发性金融“走出去”整体利益评价指标体系如表 3-5 所示。

表 3-5　开发性金融“走出去”整体利益的样本指标体系

<table>
<tr><th>整体利益</th><th>分析指标</th><th>变量名称</th><th>包含指标名称</th><th>计算方法</th></tr>
<tr><td rowspan="8">商业利益构成 $V(B)$</td><td rowspan="3">金融资产损益 $V(F)$</td><td>X_1</td><td>年净利息收入</td><td>贷款额×利差</td></tr>
<tr><td>X_2</td><td>汇兑损益</td><td>外汇贷款额×汇率变动</td></tr>
<tr><td>X_3</td><td>交易损益</td><td>套期保值交易×汇率变动</td></tr>
<tr><td rowspan="2">产业部门损益 $V(I)$</td><td>X_4</td><td>投资损益</td><td>海外投资项目的 ROE</td></tr>
<tr><td>X_5</td><td>经营损益</td><td>海外投资项目的 ROA</td></tr>
<tr><td rowspan="3">金融地理价值损益 $V(G)$</td><td>X_6</td><td>经济密度</td><td>虚拟变量：发达国家、新兴市场国家、发展中国家依次取值为 3、2、1（与中国相比，数值高则经济密度高）</td></tr>
<tr><td>X_7</td><td>经济距离</td><td>虚拟变量：亚洲、欧洲、非洲、拉丁美洲、大洋洲、北美洲依次取值为 6、5、4、3、2、1（数值高则与中国之间的经济距离近，即经济互补性强）</td></tr>
<tr><td>X_8</td><td>市场分割与准入</td><td>虚拟变量：亚洲、非洲、拉丁美洲、大洋洲、欧洲、北美洲依次取值为 6、5、4、3、2、1（数值高则与中国之间的市场分割状况较小，进入中国市场的准入难度较低，当然，这种市场共通性是互惠互利的）</td></tr>
</table>

续表

整体利益	分析指标	变量名称	包含指标名称	计算方法
商业利益构成 V（B）	战略协同利益 V（O）	X_9	产业协同系数	虚拟变量：涉及3个产业及以上取值为3；涉及2个产业取值为2；涉及1个产业取值为1
		X_{10}	金融协同系数	虚拟变量：涉及3个金融机构及以上取值为3；涉及2个金融机构取值为2；涉及1个金融机构取值为1
		X_{11}	部门交叉协同系数	虚拟变量：涉及3个政府部门及以上取值为3；涉及2个政府部门取值为2；涉及1个政府部门取值为1
国家利益构成 V（N）	战略利益互换对应利益 V（R）	X_{12}	资源保障覆盖水平	虚拟变量：一次性交易锁定的总体资源规模及时间长度按高、中、低三个标准依次取值为3、2、1
		X_{13}	技术保障覆盖水平	虚拟变量：重大技术获取的重要程度按高、中、低三个标准依次取值为3、2、1
		X_{14}	基础设施保障水平	虚拟变量：控制、参与或建立的重大基础设施项目，根据重要程度按高、中、低三个标准依次取值为3、2、1
	定价权比率对应利益 V（P）	X_{15}	行业定价权比率	虚拟变量：根据行业协会公开数据显示，对特定行业中国企业的定价权优势进行评估，按高、中、低三个标准依次取值为3、2、1
		X_{16}	融资定价权比率	虚拟变量：对中国开发性金融机构的融资定价权优势进行评估，按高、中、低三个标准依次取值为3、2、1
	中国因素比率对应利益 V（C）	X_{17}	中国因素比率	虚拟变量：根据中国企业主导、购买、参与或对中国企业有需求，分别设定四个标准依次取值为4、3、2、1
	货币铸币税对应利益 V（S）	X_{18}	人民币境外流通量铸币税	人民币贷款（或债券、股票等）总额×铸币税税率①

① 铸币税税率=1×(1-人民币发行成本率)+1×境外5年期人民币贷款利率-1×中国1年期国债票面利率。

续表

整体利益	分析指标	变量名称	包含指标名称	计算方法
合作国利益构成 $V(CC)$	合作国贸易盈余对应利益 $V(TS)$	X_{19}	合作国贸易盈余	开发性金融“走出去”支持项目产生的合作国外汇收入。若就单一项目而言，数据不可得情况下，可采用虚拟变量方法，按高、中、低三个标准依次取值为3、2、1
	合作国引资规模对应利益 $V(CI)$	X_{20}	合作国引资规模	包括中国金融机构、产业部门在内的多方资金总量。若就单一项目而言，数据不可得情况下，可采用虚拟变量方法，按高、中、低三个标准依次取值为3、2、1
	合作国社会发展融资便利对应利益 $V(SF)$	X_{21}	合作国社会发展融资便利	虚拟变量：在中国开发性金融“走出去”模式下，合作国社会发展领域所获得的融资项目、融资规模、融资成本优惠等，按高、中、低三个标准依次取值为3、2、1
	合作国协同利益 $V(CO)$	X_{22}	合作国协同利益	虚拟变量：中国开发性金融“走出去”所引致的合作国自身投资增长与金融供给增加，按高、中、低三个标准依次取值为3、2、1

考虑到案例数据有限性、保密性及模型实证需要等因素，本书对样本中的部分数据采用了定性方式加以判别，构成了一系列的名义变量，对一些定量分析的数据采用了假定的方式加以测算。总体样本情况表见附表。

（三）开发性金融“走出去”整体利益评价模型

基于主成分分析法的模型构建过程，对附表中的总体样本运用SPSS21软件进行主成分分析。

1. 指标数据标准化

通过对各指标原始数据进行标准化处理，得到样本集 Z，总体样本标准化处理前后的统计描述见表3-6、表3-7。

表 3-6　总体样本标准化处理前的情况

指标项	N	极小值	极大值	均值	标准差
年净利息收入	7	0.00	8.50	2.6614	3.60796
汇兑损益	7	−29.31	0.00	−9.3629	12.37019
交易损益	7	0.00	5.86	1.8843	2.48450
投资损益	7	0.12	0.15	0.1343	0.01512
经营损益	7	0.08	0.10	0.0886	0.00900
经济密度	7	1.00	3.00	1.5714	0.78680
经济距离	7	2.00	6.00	4.0000	1.52753
市场分割与准入	7	3.00	6.00	4.7143	1.11270
产业协同系数	7	1.00	3.00	1.7143	0.95119
金融协同系数	7	1.00	3.00	2.1429	0.69007
部门交叉协同系数	7	1.00	3.00	2.2857	0.75593
资源保障覆盖水平	7	1.00	3.00	2.1429	0.89974
技术保障覆盖水平	7	1.00	3.00	1.5714	0.78680
基础设施保障水平	7	1.00	3.00	2.0000	1.00000
行业定价权比率	7	1.00	3.00	2.1429	0.89974
融资定价权比率	7	2.00	3.00	2.5714	0.53452
中国因素比率	7	2.00	4.00	3.2857	0.75593
人民币境外流通量铸币税	7	0.00	683.55	136.0129	252.07483
合作国贸易盈余	7	2.00	3.00	2.7143	0.48795
合作国引资规模	7	2.00	3.00	2.7143	0.48795
合作国社会发展融资便利	7	1.00	3.00	2.1429	1.06904
合作国协同利益	7	1.00	2.00	1.7143	0.48795
有效的 N（列表状态）	7				

表 3-7　总体样本标准化处理后的情况

指标项	N	极小值	极大值	均值	标准差
Zscore（年净利息收入）	7	−0.73766	1.61825	0.0000000	1.00000000
Zscore（汇兑损益）	7	−1.61252	0.75689	0.0000000	1.00000000
Zscore（交易损益）	7	−0.75842	1.60021	0.0000000	1.00000000

续表

指标项	N	极小值	极大值	均值	标准差
Zscore（投资损益）	7	-0.94491	1.03940	0.0000000	1.00000000
Zscore（经营损益）	7	-0.95266	1.27021	0.0000000	1.00000000
Zscore（经济密度）	7	-0.72627	1.81568	0.0000000	1.00000000
Zscore（经济距离）	7	-1.30931	1.30931	0.0000000	1.00000000
Zscore（市场分割与准入）	7	-1.54066	1.15549	0.0000000	1.00000000
Zscore（产业协同系数）	7	-0.75094	1.35169	0.0000000	1.00000000
Zscore（金融协同系数）	7	-1.65616	1.24212	0.0000000	1.00000000
Zscore（部门交叉协同系数）	7	-1.70084	0.94491	0.0000000	1.00000000
Zscore（资源保障覆盖水平）	7	-1.27021	0.95266	0.0000000	1.00000000
Zscore（技术保障覆盖水平）	7	-0.72627	1.81568	0.0000000	1.00000000
Zscore（基础设施保障水平）	7	-1.00000	1.00000	0.0000000	1.00000000
Zscore（行业定价权比率）	7	-1.27021	0.95266	0.0000000	1.00000000
Zscore（融资定价权比率）	7	-1.06904	0.80178	0.0000000	1.00000000
Zscore（中国因素比率）	7	-1.70084	0.94491	0.0000000	1.00000000
Zscore（人民币境外流通量铸币税）	7	-0.53957	2.17212	0.0000000	1.00000000
Zscore（合作国贸易盈余）	7	-1.46385	0.58554	0.0000000	1.00000000
Zscore（合作国引资规模）	7	-1.46385	0.58554	0.0000000	1.00000000
Zscore（合作国社会发展融资便利）	7	-1.06904	0.80178	0.0000000	1.00000000
Zscore（合作国协同利益）	7	-1.46385	0.58554	0.0000000	1.00000000
有效的 N（列表状态）	7				

2. 指标之间相关性判定

通过 SPSS 软件可以计算标准化后各指标之间相关系数矩阵，判定各指标之间的直接相关性。通过数据分析可以看出，各指标之间有着不同程度的相关性。

3. 确定主成分的个数（$m<p$）

通过 SPSS 软件自动运算结果，确定了 5 个主成分新变量，其特征值、贡献率、累计贡献率如表 3-8 所示。

表 3-8　主成分特征值、贡献率及累计贡献率

成分	初始特征值			提取平方和载入		
	总方差	方差的贡献率（%）	累计贡献率（%）	总方差	方差的贡献率（%）	累计贡献率（%）
1	7.782	35.374	35.374	7.782	35.374	35.374
2	6.873	31.239	66.613	6.873	31.239	66.613
3	3.290	14.952	81.565	3.290	14.952	81.565
4	2.006	9.117	90.683	2.006	9.117	90.683
5	1.488	6.762	97.445	1.488	6.762	97.445
6	0.562	2.555	100.000			
7	1.005E-013	1.022E-013	100.000			
8	1.004E-013	1.018E-013	100.000			
9	1.003E-013	1.015E-013	100.000			
10	1.002E-013	1.010E-013	100.000			
11	1.002E-013	1.009E-013	100.000			
12	1.001E-013	1.007E-013	100.000			
13	1.001E-013	1.006E-013	100.000			
14	1.001E-013	1.004E-013	100.000			
15	1.000E-013	1.002E-013	100.000			
16	-1.000E-013	-1.001E-013	100.000			
17	-1.001E-013	-1.005E-013	100.000			
18	-1.002E-013	-1.007E-013	100.000			
19	-1.002E-013	-1.011E-013	100.000			
20	-1.003E-013	-1.014E-013	100.000			
21	-1.004E-013	-1.020E-013	100.000			
22	-1.005E-013	-1.024E-013	100.000			

注：提取方法为主成分分析法。

从表 3-8 可以看出，前面 5 个主成分的累计贡献率达 97.445%，因此取主成分的个数 $m=5$，这 5 个主成分所包含的信息占原来所有信息的 97.445%。各特征值的贡献情况如图 3-8 所示。

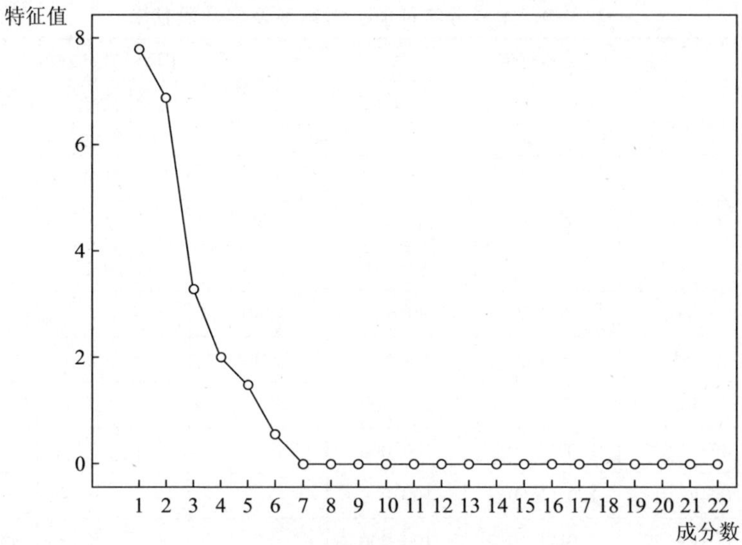

图 3-8 主成分分析中各特征值的贡献情况（碎石图）

4. 确定主成分 F_i 的表达式和综合评价函数 F

根据 SPSS 软件输出结果，我们可以得到 5 个主成分系数的成分矩阵，分析各主成分所代表的经济含义和主要指标。

表 3-9 主成分的成分矩阵

指标项	成分				
	1	2	3	4	5
Zscore（年净利息收入）	0.891	0.180	0.010	−0.370	0.163
Zscore（汇兑损益）	−0.912	−0.109	0.204	0.262	−0.211
Zscore（交易损益）	0.913	0.109	−0.196	−0.266	0.210
Zscore（投资损益）	−0.853	−0.290	−0.201	−0.248	0.097
Zscore（经营损益）	−0.850	−0.070	−0.317	−0.393	−0.123
Zscore（经济密度）	0.175	−0.849	−0.308	0.242	0.222
Zscore（经济距离）	−0.041	0.767	−0.611	0.080	0.173
Zscore（市场分割与准入）	−0.088	0.825	−0.506	0.079	0.147
Zscore（产业协同系数）	0.452	0.220	0.705	0.166	−0.453
Zscore（金融协同系数）	0.110	−0.509	0.542	0.577	0.254

续表

指标项	成分				
	1	2	3	4	5
Zscore（部门交叉协同系数）	0.790	0.326	0.170	0.443	-0.002
Zscore（资源保障覆盖水平）	0.796	-0.376	0.172	0.169	0.313
Zscore（技术保障覆盖水平）	0.359	-0.701	-0.511	0.074	-0.272
Zscore（基础设施保障水平）	0.227	0.811	-0.175	0.459	0.067
Zscore（行业定价权比率）	-0.759	0.456	0.442	0.088	0.031
Zscore（融资定价权比率）	-0.890	0.050	0.208	0.336	0.160
Zscore（中国因素比率）	0.104	-0.509	0.621	-0.350	0.446
Zscore（人民币境外流通量铸币税）	0.548	0.118	0.460	-0.554	-0.313
Zscore（合作国贸易盈余）	-0.010	0.928	0.147	-0.098	0.317
Zscore（合作国引资规模）	-0.010	0.928	0.147	-0.098	0.317
Zscore（合作国社会发展融资便利）	-0.388	0.717	0.536	0.188	-0.108
Zscore（合作国协同利益）	0.589	0.560	-0.192	0.190	-0.515

注：提取方法为主成分分析法。

由此矩阵可以看出，第一主成分 F_1 主要反映了交易损益、汇兑损益、年净利息收入、融资定价权比率、投资损益、经营损益、资源保障覆盖水平、部门交叉协同系数、行业定价权比率共 9 个指标的综合信息，可以概括为“风险可控下的商业利益与国家利益捆绑”；第二主成分 F_2 主要反映了合作国贸易盈余、合作国引资规模、经济密度、市场分割与准入、基础设施保障水平共 5 个指标的综合信息，可以概括为“与经济地理相关的合作国利益”；第三主成分 F_3 主要反映了产业协同系数、中国因素比率、经济距离共 3 个指标的综合信息，可以概括为“考虑中国因素与经济距离下的产业协同”；第四主成分 F_4 主要反映了金融协同系数、人民币境外流通量铸币税共 2 个指标的综合信息，可以概括为“海外金融业务协同”；第五主成分 F_5 主要反映了合作国协同利益这一指标的基本信息，表明了中国开发性金融对促进合作国自身投资增长和金融供给增加的重要性。所以，通过主成分分析方法提取的 5 个新组合变量基本反映了全部指标的信息，可以替代原来变量。

用成分矩阵除以主成分对应的特征值的平方根，得到每个原始数据指标 X_i 的系数，即特征向量，将其与标准化后的原始数据指标 Z_i 相乘，就可以得出主成分表达式 F_i 如下：

$$\begin{cases} F_1 = 0.319Z_1 - 0.327Z_2 + 0.327Z_3 - 0.306Z_4 + L - 0.004Z_{20} - 0.139Z_{21} + 0.211Z_{22} \\ F_2 = 0.069Z_1 - 0.042Z_2 + 0.042Z_3 - 0.111Z_4 + L + 0.354Z_{20} + 0.273Z_{21} + 0.214Z_{22} \\ F_3 = 0.006Z_1 + 0.112Z_2 - 0.108Z_3 - 0.111Z_4 + L + 0.081Z_{20} + 0.296Z_{21} - 0.106Z_{22} \\ F_4 = -0.261Z_1 + 0.185Z_2 - 0.188Z_3 - 0.175Z_4 + L - 0.069Z_{20} - 0.133Z_{21} + 0.134Z_{22} \\ F_5 = 0.134Z_1 - 0.173Z_2 + 0.172Z_3 + 0.080Z_4 + L + 0.260Z_{20} - 0.089Z_{21} - 0.422Z_{22} \end{cases} \tag{3-12}$$

在确定了各主成分经济含义和表达式后，可以根据各主成分的贡献率来确定最后的中国开发性金融“走出去”整体利益评价函数为：

$$F = 0.35374F_1 + 0.31239F_2 + 0.14952F_3 + 0.09117F_4 + 0.06762F_5 \tag{3-13}$$

将各项原始数据指标代入式（3-12），则可以得到所选择样本项目的开发性金融“走出去”整体利益评分。根据每个样本项目的评分结果进行排序，我们可以得到以下结论：中委联合融资基金、中俄能源合作、中非发展基金依次是最能体现开发性金融“走出去”整体利益的前三位，应该予以鼓励和肯定，鞍钢澳洲卡拉拉铁矿项目则相对得分最低，在总量上可以进行控制。各样本评分情况如表 3-10 所示。

表 3-10　中国开发性金融“走出去”整体利益评价

项目名称	F_1	F_2	F_3	F_4	F_5	F	评分排序
中俄能源合作	3.39	1.10	−2.34	0.45	1.55	1.34	2
中巴石油合作	1.26	−2.64	−1.26	−0.36	−1.99	−0.74	5
中委联合融资基金	3.32	1.13	2.39	−1.62	−0.19	1.73	1
中非棉业非洲棉花项目	−3.64	0.18	0.54	−1.55	0.98	−1.23	6
中缅油气管道项目	−2.80	2.88	−1.70	−0.15	−0.82	−0.41	4
鞍钢澳洲卡拉拉铁矿项目	−1.17	−4.48	0.48	0.76	0.86	−1.61	7
中非发展基金	−0.36	1.84	1.89	2.47	−0.39	0.93	3

注：得分排序从高到低。

5. 综合评分判别区域确定

根据总体样本的综合评价得分情况，可以对各样本的综合评分 F 值进行频数统计，从而得出初步的综合评分判别区域，如表 3-11 所示。

表 3-11　综合评分判别区域

原始样本	综合评分判别区域	样本数	占比（%）	累计样本数	累计占比（%）	整体利益评价
中委联合融资基金 中俄能源合作	$F>1$	2	28.57	2	28.57	很大
中非发展基金	$0<F<1$	1	14.29	3	42.86	大
中缅油气管道项目 中巴石油合作	$-1<F<0$	2	28.57	5	71.43	一般
中非棉业非洲棉花项目 鞍钢澳洲卡拉拉铁矿项目	$F<-1$	2	28.57	7	100.00	较小

当然，鉴于总体样本数量有限，今后还要进一步积累样本数据，通过大样本数据检验上述主成分评价模型及评分区域的有效性。

四、模型新组合变量关系分析

（一）理论命题

根据上述主成分模型分析结果，结合开发性金融“走出去”整体利益最大化的“不可能三角”现象，我们可以对商业利益、国家利益和合作国利益三者关系有如下几个命题：

命题 1：国家利益引致商业利益和合作国利益

国家利益在开发性金融“走出去”过程中的重要性在于其内含的力量可以引致更多的商业利益和合作国利益。一方面，国家利益通过重大战略交易安排可以产生大额、中长期融资需求，推进一些关键环节的整体性突破，使得产业部门原本按照商业利益原则难以成功的项目成为可能，并衍生出一大批具有商业利益可行性的项目。但这些项目并非只有开发性金融才可以做，相反，商业金融具有更大的参与空间，只是先期在开发性金融的引导下，可以形成更好的全局性合作机制。另一方面，国家利益也会保障合作国利益。如通过资金、技术和重大战略合作推动合作国的经济社会发展，如果没有国家利益项目的存在和持续发展，合作国会认为商业利益无法驱动这种长周期和跨行业的投资回报项目，其自身利益也无法得到保证。

命题2：商业利益必然与国家利益相捆绑

相比于一般商业金融，开发性金融“走出去”所追求的商业利益必然要与国家利益相捆绑，否则将失去立身之本，但这并不意味着要完全依靠国家信用（易导致潜在的道德风险），而是要将两者进行有效组合，实现可持续发展。首先，单纯从商业角度考虑，海外业务面临的最大风险是人民币汇率升值风险，尤其是对于大额、中长期的国家战略项目而言，不与国家利益相结合，自身商业利益就难以实现；其次，国家利益要求有序推进人民币国际化，创造条件让国外政府及商业经济部门愿意而且能够持有人民币，从而保障开发性金融的商业利益项目有持续的人民币境外流通量，这是减少人民币汇率升值风险的有效方法之一；最后，商业利益与国家利益相结合，本身不是市场与政府之争，而是将国家信用更好应用于关键领域的市场化运作，促使项目本身更具经济性和可持续发展基础，实现跨部门、跨行业、跨领域的资源整合。

命题3：国家利益与合作国利益存在博弈

作为战略利益互换的基础，国家利益作为引导力量在开发性金融“走出去”过程中将与合作国利益产生多重博弈关系，既包括两国相对应的国家战略利益的互换，也包括在融资定价权、行业定价权等方面的主导性优势比较。二者的博弈目标很清楚，就是要尽量谋求双赢或多赢结果，避免出现双输的局面。换言之，在开发性金融的推动和促进下，中国国家利益与合作国利益之间的博弈将不再是零和博弈，而是通过一座金融合作的桥梁实现正和博弈①，有效避免出现上几个世纪发达国家在发展中国家进行殖民地开发过程中所产生的遗留问题，同时也积极妥善解决与新兴市场国家、发达国家合作过程中容易产生的纠纷问题。

命题4：合作国利益与经济地理（暗含商业利益）有密切关系

合作国在经济地理范畴上与中国之间的内在关系将构成合作国利益的基

---

① 正和博弈亦称为合作博弈，是指博弈双方的利益都有所增加，或者至少是一方的利益增加，而另一方的利益不受损害，因而整个社会的利益有所增加。

础，这既是一种客观自然的存在，也需要通过开发性金融“走出去”业务开拓加以改善和强化。一方面，合作国需要实现自身的城镇化和工业化，在全球经济再平衡调整背景下必须构建新的市场准入机制，寻找更具有发展前景的贸易与投资合作伙伴，在既有资源地理分布基础上为实现优势互补进行综合性的重新定价；另一方面，商业利益作为驱动因素在大航海时代就成为全球第一次工业革命的内生原动力，在当今中国融入全球化经济新秩序过程中，同样需要跨地域、跨洲、跨洋流的经济地理重构，通过开发性金融合作实现新形势下的经济金融地理新格局。

命题5： 协同因素从中国产业部门、 金融机构到合作国都存在且有效

协同机制作为开发性金融“走出去”合作的重要内容，有必要在产业部门、金融机构及合作国相关利益方之间形成。首先，跨行业领域的产业联合体，如“基础设施+资源开发”联合体等，是有效解决海外资源开发和市场开拓风险的组织形式，对促成各方利益分享的市场化合作格局有推动作用；其次，开发性金融与商业金融在金融产品、金融服务和金融模式领域的协同合作可以有效弥补中国金融业在市场功能和反应机制上的缺陷，提升中国金融力量整体国际竞争力；最后，合作国相关利益方在推动开发性金融合作方面有内生动力，可以使自身取得长足发展，包括市场选择多元化、合作伙伴长期化、促进社会经济发展等。当然，这种战略协同难以一蹴而就，尽管在开发性金融“走出去”合作过程中已经客观存在，但尚未形成有效机制，有待进一步谋划和搭建各种新的合作模式。

（二）新组合变量

根据主成分分析法，上述5个主成分新组合变量实际上已经在某种程度上解释了前述五个命题，这里将根据成分矩阵系数绝对值对每个新组合变量所内含的指标进行从大到小的排序，并做分析。在后续的论述中，还将针对一些核心问题通过专门模块做进一步研究。

1. 第一主成分 F_1——“风险可控下的商业利益与国家利益捆绑”

该变量主要反映了交易损益、汇兑损益、年净利息收入、融资定价权比率、投资损益、经营损益、资源保障覆盖水平、部门交叉协同系数、行业定价权比率共9个指标的综合信息。作为最主要的新组合变量，这9个指标的

前三项表明了开发性金融机构的自身商业利益，相比于贷款等融资收益，如何通过套期保值获得交易性收益，从而有效应对国际业务的汇兑损失是首要目标；第 4、第 7 和第 9 项指标表明了国家利益的核心内容，要确保融资定价主导权和加强国内资源保障覆盖水平，这是开发性金融“走出去”的主要使命之一，同时也要协助产业部门逐步获得定价主动权，为实现长期可持续发展的商业利益奠定基础，在特定条件下也会引致合作国利益，如增加双边贸易投资与外汇收入、扩展外部融资渠道等；第 5、第 6 和第 8 项指标表明了产业部门的商业利益诉求，这其中也包含了政府部门的协同推动作用。

其实，开发性金融“走出去”目前最大的风险有两个：一是人民币汇率升值风险，二是国家政治风险。从主成分分析模型看，最能解释整体利益最大化的还是以开发性金融机构及产业部门的收益为特征的商业利益，国家利益诉求下的超长周期项目在经济性上相对欠缺吸引力。为此，国家通过对外开放和推动重大项目来提升境外经济体持有人民币的意愿，创造人民币境外良性运行环境，结合上海自贸区政策建立境内外人民币流通渠道，帮助金融机构和企业有效对冲汇率风险。例如，大额能源交易将使得合作国获得大量资源出口收入，这种收入若逐步以人民币计价，将成为开发性金融机构“走出去”项目贷款的主要还款来源，减少人民币汇率升值风险，并成为其他融资工具的基础。而国家政治风险则主要通过经济地理格局重构和签订双边、多边投资协定，实现风险合理可控。

因此，从风险可控角度出发，要将开发性金融、产业部门的商业利益同国家利益进行整合，形成一个可以适当定量分析和具有一定透明度的综合性变量，为开发性金融“走出去”整体利益评估奠定坚实基础。在这种条件下，商业利益与国家利益的捆绑主要体现为国家利益在给开发性金融机构和产业部门带来商业利益的同时，也必须创造一定条件形成资金流的内循环机制。这种捆绑性不是被动的，而是主动的并以互相需求为基础的。

2. 第二主成分 F_2——“与经济地理相关的合作国利益”

该变量主要反映了合作国贸易盈余、合作国引资规模、经济密度、市场准入与分割、基础设施保障水平共 5 个指标的综合信息。其中，前两项指标表明了合作国利益，体现在贸易与投资两方面，这是开发性金融“走出去”业务对合作国的直接有利帮助；第 3、第 4 项指标则反映了经济地理因素对合作国利益的重要影响，中国经济密度越高，市场准入标准越清晰开放，与合作国之间的市场分割性越小，则对双方合作越有利，这说明经济地理因素是促进合作国与中国企业及金融机构开展合作的内生动力，我们在“走出去”过程中必须基于经济地理要素分布和资源配置优势选择理想的潜在合作国，这是保障自身商业利益的基础；第 5 项指标为国家利益在基础设施领域的主要体现，通过开发性金融“走出去”加强跨境基础设施领域合作等方式，可以有效缩短与合作国之间的经济距离，对深化发展合作国利益具有重要作用，本身也是中国的国家利益所在。

从现实发展角度看，当前中国正在加强与周边国家，尤其是东盟、中亚等国家的跨境基础设施建设，包括互联互通在内的重大交通项目建设等合作，从而为打通贸易与投资通道和打造一个深耕亚太的亚洲共同体市场奠定物质基础。2013 年 10 月 7 日，习近平总书记在印度尼西亚巴厘岛亚太经合组织（APEC）第二十一次领导人非正式会议及亚太经合组织工商领导人峰会上明确提出筹建“亚洲基础设施投资银行”的倡议，同东盟及亚洲其他地区现有多边开发银行合作，相互补充，共同促进亚洲经济持续稳定发展。

因此，重视合作国利益并不意味着需要中国单方面付出，而是将经济地理因素所内含的商业利益融入合作国发展过程中去，通过构建海陆空全方位的跨境、跨洲、跨洋流基础设施，有效缩短中国与各合作国之间的经济距离，在日益开放和潜力巨大的中国市场与合作国之间搭建起互通的桥梁，以符合国际经济新秩序的市场化准则，推动其与中国形成分工合理、环境友好的共同开发模式，使合作国相关利益方成为开发性金融“走出去”战略的重要帮手，从而带动中国自身经济体制改革和社会发展。这里，同样需要将定性分析逐渐转变为定量分析，但考虑到数据采集和分解的难度较大，有必要推动与合作国政府建立一套信息共享与项目评估机制，促进对重大功能性项目的培育、筛选和落地。

3. 第三主成分 F_3——“考虑中国因素与经济距离下的产业协同”

该变量主要反映了产业协同系数、中国因素比率、经济距离共 3 个指标的综合信息。从项目可行性角度看，海外项目的产业协同性是实现商业价值的关键性因素之一，这种协同性以产业联合体为基础，将中国因素和两国之间经济距离作为参考系数进行综合衡量评估。以澳洲铁矿资源开发为例，尽管从经济距离看，中国与澳大利亚相对较近，且中国企业参与当地的矿产资源开发程度也相对深入，但在产业联合体方面由于没有形成“基础设施+资源开发”的合作模式，导致资源开发的基础设施瓶颈凸显，造成了大量经济损失。从理论角度看，产业协同本身更多体现为合作博弈的结果，只不过相比传统的协同机制分析，这个组合变量主要将中国企业的商业行为和在投资贸易活动上的经济地理因素纳入考察范围，可以实现“产融结合”模式框架下的整体协调。例如，在中国风电企业国际化的过程中，可以通过买方、卖方信贷等方式，将中国风电场投资开发商、合作国风电场业主、中国风电设备制造商等整合在一起，形成产业联合体，积极参与国际新能源发展，同时为中国企业增强技术创新能力积累经验。

4. 第四主成分 F_4——“海外金融业务协同”

该变量主要反映了金融协同系数、人民币境外流通量铸币税共 2 个指标的综合信息。从国际金融机构的发展经验看，来自不同国家的跨国金融银行往往习惯于组织数额庞大的国际银团来为中长期大额投资项目、并购项目等提供资金，既可以有效分散风险，也可以加强协调和信息搜集共享，从而对借款人形成综合性的制度约束。但是，中国金融机构作为后来者，在国际银团中还只是一个参与者，没有国际重大项目融资活动的定价权，也无法主导其整体安排，这就意味着中国开发性金融机构作为拥有丰富国际业务网络和经验的金融力量，只能与国内金融同业、国外有合作意愿及合作基础的本地或国际性银行等开展合作，形成综合性的海外金融业务协同，包括证券、保险、并购基金等多种金融工具的安排。同时，人民币正在成为国际储备、交易和支付货币的大趋势，需要通过尝试境外人民币贷款、境外人民币债券、境外人民币股权投资等方式，将具体项目的融资选择方式纳入海外金融业务协同之中。

5. 第五主成分 F_5——“合作国协同利益”

该变量主要反映了合作国协同利益这一指标的基本信息。相比于其他主成分，这个变量比较简单，只是单纯反映了一个指标，但其含义仍然十分丰富。中国开发性金融“走出去”所引致的合作国自身投资增长与金融供给增加主要是一种间接利益，尽管不像直接利益的指标那样可以进行直接计量，但对于开发性金融“走出去”整体利益的解释却起到了重要的作用。首先，开发性金融的融资供给具有长期铺底资金作用，对于一些资本市场欠发达的国家而言，具有长期资本信用的替代功能，可以为一些具有良好扩散效应的重大项目提供中长期债务资本，覆盖项目投资回报周期，也极大地促进了本地商业金融的短期配套资金周转。其次，一个重大项目的落地往往涉及合作国不同领域的综合规划与协同，其具有激励相容的正向引导作用，当地有关合作利益方会将合作国资源开发与工业制造水平升级整合在一起，从改善劳动力质量和增加就业机会角度出发，政府在社会发展领域的配套项目投资也会带动更多的产业和金融需求，如中低收入者的保障性住房、就业培训等。最后，从合作国政府立场出发，不局限于中国企业及开发性金融机构自身的利益，这是催生更大的合作国协同利益的基础，在一些特定领域，如旅游业、教育、文化等领域，其开发性金融“走出去”项目可能与中国企业或中国市场相关性不大，但对于合作国构建更为健康的经济环境具有重要作用，可以有效扩大海外投资者对合作国的兴趣。

（三）内生逻辑关系

开发性金融“走出去”过程中需实现商业利益、国家利益、合作国利益三者整体利益最大化，则上述五个新组合变量的内在逻辑关系如图 3-9 所示。

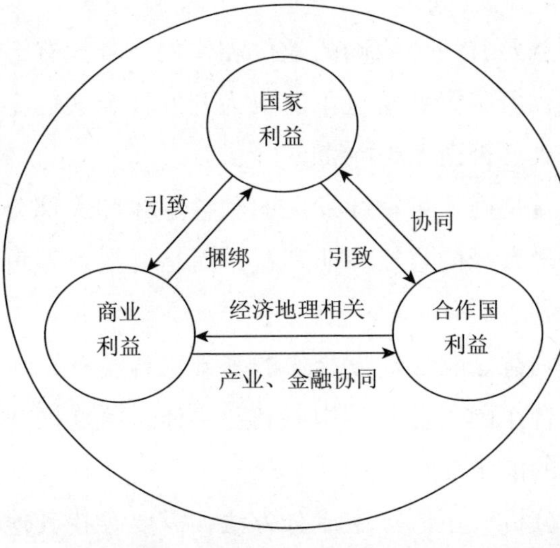

图 3-9　开发性金融“走出去”整体利益最大化的逻辑关系

国家利益、商业利益、合作国利益三者构成一个整体的圆形，要形成相对均衡的状态，就必须构建两个相互影响，但方向相反的内生循环圈，这样才能使得整个（最外层）大圆圈获得最大的利益空间。其中，外圈为：中国国家利益→引致→中国企业的商业利益→通过产业、金融协同→催生合作国利益→合作国协同实现→中国国家利益；内圈为：由中国国家利益→引致→合作国利益→根据经济地理相关性强化或减弱→中国企业的商业利益→捆绑→中国国家利益。因此，从数理逻辑关系分析，“风险可控下的商业利益与国家利益捆绑”是最主要的非线性自变量，表明国家利益、商业利益之间有一个共同的因子可以实现统一的函数表达；“与经济地理相关的合作国利益”是次重要的线性自变量，即与中国经济地理相关性越低，则合作国利益就越小，对中国而言商业利益也越小，反之亦然；“考虑中国因素与经济距离下的产业协同”“海外金融业务协同”和“合作国协同利益”则是风险控制因素的名义自变量，协同效果如何将对开发性金融“走出去”整体利益能否实现最大化形成不同的风险约束边界。

（四）均衡价值判断

开发性金融“走出去”整体利益最大化关键在于处理国家利益、商业利益、合作国利益的平衡问题，以实现均衡价值的判断，这需要有一个基本的参考准则。

首先，国家利益要有一个明确的地位和作用，若没有，则开发性金融介入的必要性就不大；但国家利益也不能成为开发性金融的主要利益来源，必须有商业利益为基础，否则无法持续。

其次，商业利益是确保可持续发展的利益主体和大部分收益来源，但不应局限于开发性金融自身的直接商业利益，而是要从统筹角度考虑产业部门情况下的综合商业利益。

最后，合作国利益是驱使双方合作的基础，若没有，则风险控制手段薄弱，没有保障；但合作国利益并不构成利益主体，而是推动国家利益和商业利益获得更好效果的催化剂。

如果可以定量分析（不同于主成分方法，需要寻找其他方法，如将原始指标数值都代入，并加以标准化，再构建各自利益部分对应的函数关系等，这里不对此展开讨论），则国家利益 V（N）、商业利益 V（B）、合作国利益

V（CC）三者之间的均衡价值关系可以如表 3-12 所示进行判断。

表 3-12　开发性金融“走出去”整体利益最大化均衡价值判断

情景分析	均衡价值状况 $V(N):V(B):V(CC)$	均衡价值判断	基本建议
Ⅰ	1∶6∶3	过度追求商业利益	要适当兼顾国家利益
Ⅱ	2∶3∶5	过度依附于合作国	要着眼于中国自身需求
Ⅲ	5∶3∶2	过度服从国家利益	要保持以商业利益为主体
Ⅳ	3∶5∶2	相对均衡	保持这种状态

第四节　开发性金融“走出去”的评价指标体系

从第三节的主成分模型分析中，我们已经初步得到了开发性金融“走出去”整体利益的样本指标体系，这构成了最基本的评价指标体系。从发展要求看，截至 2013 年底，国家开发银行“走出去”已经形成了 2922 亿美元的国际业务贷款余额，需要对这一长期境外资产的历史作用及未来方向进行准确的跟踪评价。

一、评价模型

根据主成分模型分析结果，开发性金融“走出去”整体利益评价函数模型设定如下：

$$F = 0.35374F_1 + 0.31239F_2 + 0.14952F_3 + 0.09117F_4 + + 0.06762F_5 \quad (3-14)$$

其中，F 为开发性金融“走出去”整体利益价值评分；F_1，…，F_5 为五个新组合变量，构成评价指标的来源。F_1 为“风险可控下的商业利益与国家利益捆绑”；F_2 为“与经济地理相关的合作国利益”；F_3 为“考虑中国因素与经济距离下的产业协同”；F_4 为“海外金融业务协同”；F_5 为“合作国协同利益”。

二、评价指标

采用上述五个综合性指标构成评价指标体系，但基础数据采集仍然沿用样本指标体系中的 22 个具体指标。

表 3-13 开发性金融“走出去”整体利益评价指标体系

评价指标	变量名称	包含指标名称	计算方法
F_1（风险可控下的商业利益与国家利益捆绑）	X_3	交易损益	套期保值交易×汇率变动
	X_2	汇兑损益	外汇贷款额×汇率变动
	X_1	年净利息收入	贷款额×利差
	X_{16}	融资定价权比率	虚拟变量：对中国开发性金融机构的融资定价权优势进行评估，按高、中、低三个标准依次取值为3、2、1
	X_4	投资损益	海外投资项目的ROE
	X_5	经营损益	海外投资项目的ROA
	X_{12}	资源保障覆盖水平	虚拟变量：一次性交易锁定的总体资源规模及时间长度按高、中、低三个标准依次取值为3、2、1
	X_{11}	部门交叉协同系数	虚拟变量：涉及3个政府部门及以上取值为3；涉及2个政府部门取值为2；涉及1个政府部门取值为1
	X_{15}	行业定价权比率	虚拟变量：根据行业协会公开数据显示，对特定行业中国企业的定价权优势进行评估，按高、中、低三个标准依次取值为3、2、1
F_2（与经济地理相关的合作国利益）	X_{19}	合作国贸易盈余	开发性金融“走出去”支持项目产生的合作国外汇收入。若就单一项目而言，数据不可得情况下，可采用虚拟变量方法，按高、中、低三个标准依次取值为3、2、1
	X_{20}	合作国引资规模	包括中国金融机构、产业部门在内的多方资金总量。若就单一项目而言，数据不可得情况下，可采用虚拟变量方法，按高、中、低三个标准依次取值为3、2、1
	X_6	经济密度	虚拟变量：发达国家、新兴市场国家、发展中国家依次取值为3、2、1（与中国相比，数值高则经济密度高）
	X_8	市场分割与准入	虚拟变量：亚洲、非洲、拉丁美洲、大洋洲、欧洲、北美洲依次取值为6、5、4、3、2、1（数值高则与中国之间的市场分割状况较小，进入中国市场的准入难度较低，当然，这种市场共通性是互惠互利的）
	X_{14}	基础设施保障水平	虚拟变量：控制、参与或建立的重大基础设施项目，根据重要程度按高、中、低三个标准依次取值为3、2、1

续表

评价指标	变量名称	包含指标名称	计算方法
F_3（考虑中国因素与经济距离下的产业协同）	X_9	产业协同系数	虚拟变量：涉及3个产业及以上取值为3；涉及2个产业取值为2；涉及1个产业取值为1
	X_{17}	中国因素比率	虚拟变量：根据中国企业主导、购买、参与或对中国企业有需求，分别设定四个标准依次取值为4、3、2、1
	X_7	经济距离	虚拟变量：亚洲、欧洲、非洲、拉丁美洲、大洋洲、北美洲依次取值为6、5、4、3、2、1（数值高则与中国之间的经济距离近，即经济互补性强）
F_4（海外金融业务协同）	X_{10}	金融协同系数	虚拟变量：涉及3个金融机构及以上取值为3；涉及2个金融机构取值为2；涉及1个金融机构取值为1
	X_{18}	人民币境外流通量铸币税	人民币贷款（或债券、股票等）总额×铸币税税率
F_5（合作国协同利益）	X_{22}	合作国协同利益	虚拟变量：中国开发性金融“走出去”所引致的合作国自身投资增长与金融供给增加，按高、中、低三个标准依次取值为3、2、1

注：X_{13}为技术保障覆盖水平、X_{21}为合作国社会发展融资便利，因涉及的案例并不多，所以在主成分模型中作为被剔除的自变量，但从案例典型性特点看，还是具有示范意义的，可以作为一个特例来看待。

三、评价方法

采用“主成分分析法+定性分析”的评价方法，根据具体案例项目的所属指标范围确定相应的数值，再选择一定的时间范围作为评价区间，可以对过去几年的开发性金融“走出去”项目实施情况进行后评价。同时，从项目决策需求出发，我们也可以选择一批即将要进行贷款委员会投票决策的项目，对评价指标体系的数据进行预测性判别选择，基于历史经验进行开发性金融“走出去”整体利益的模拟评估，将评分结果作为决策参考依据之一。

具体定量方法主要是主成分分析法，这里不再赘述。在定性分析方面主要注意以下几点：

首先，定性因素相对更为重要，定量分析只是参考。尽管主成分分析法可以对评价指标的数值进行相对准确的计算，但在执行过程中仍然存在很多不确定性，几个定量数据的不准确都有可能导致潜在的错误判断。因此，作为补充和修正，定性因素需要着重考虑项目的风险因素和国家利益之间是否具有相互制衡的机制，即要在风险可控前提下保障实现既定的国家利益目标，这时候商业利益、合作国利益等是相对次一级的考虑因素。遇到一些难以判别的项目时，就从商业利益角度出发给予拒绝融资的甄别建议。

其次，好的项目要经过综合分析，不局限于数据本身的信息。对于一些数据较为充分的项目，其信息披露的有效性比较强，主成分分析法评价结果具有较好甄别性；但对于一些基础数据信息较为缺乏，且可参考资料相对有限的项目，若从战略价值判断仍不失为是一个好的项目，就必须做好综合分析工作，避免单纯依赖数据信息而“以偏概全”，给出错误评价结果。具体而言，综合分析因素主要包括地缘经济与政治优劣势、中长期商业利益回报来源可靠性、项目运作的总体商业模式框架可行性、文化习俗宗教传统影响等相对难以量化的因素。

最后，考虑开发性金融“走出去”过程中国家利益、商业利益、合作国利益均衡价值的配比。作为一个必备的评价维度，尽管主成分分析法中并没有明确给出商业利益、国家利益、合作国利益均衡价值配比的标准函数关系，但我们仍有必要通过具体有效的方法对这三者分别以定性定量相结合的方式进行评估。在此基础上，根据前述已经提到的均衡价值判断情景分析，采取具有针对性的措施建议。一旦出现三种利益均衡价值配比关系失衡的情况，就要基于定性分析，对该项目给予负面评价，并通过事前融资条件设定等手段加以修正，便于贷款委员会等评价机构进行决策参考。

四、评价标准

根据主成分分析形成的综合评分判别区域，我们可以确定开发性金融“走出去”整体利益的评价标准，如表 3-14 所示。

表 3-14　开发性金融“走出去”整体利益的评价标准

综合评分判别区域	整体利益评价	定性分析	建议措施
$F > 1$	很大	较好	支持
$0 < F < 1$	大	较好	支持
$-1 < F < 0$	一般	较好	慎重对待
$F < -1$	较小	一般	限制或拒绝

注：鉴于样本数有限，F 值区域还有待大样本验证。

根据评分结果，对于整体利益评价较高的项目，可以优先考虑给予投融资安排；对于整体利益评价一般或较小的项目，则在总体资产配置结构和融资条件上进行限定，便于区分轻重缓急；对于通过评价指标体系所得出的整体利益评价和定性分析结果之间产生矛盾或不一致情况的项目，则要通过全面分析对其进行综合判断评估。

第五节　案例分析：中委联合融资机制

为了更好地理解开发性金融“走出去”过程中如何实现整体利益最大化，我们有必要对一些实践中的具体案例进行分析，通过实证研究理清内在逻辑关系。本节以中委联合融资机制为例，通过分析其发展渊源和历程脉络进行经验总结。

一、案例概况

中国和委内瑞拉自 2001 年建立起“共同发展的战略伙伴关系”以来①，双边经贸关系稳步快速发展，委内瑞拉已成为中国在拉美地区重要的经贸合作伙伴，是中国在拉美地区的第四大贸易伙伴，中国则是委内瑞拉的第二大贸易伙伴。据中国海关统计，2012 年中委双边贸易总额达 238 亿美元，同比增长 31%，其中，中方出口 93 亿美元，进口 145 亿美元，同比分别增长 42.7%和 24.5%。中国主要自委方进口原油、成品油、铁矿砂、皮革等，向委方出口机电产品、高新技术产品等。同时，委内瑞拉已成为中国在拉美地区重要的投资目的国之一，截至 2012 年底，中国企业在委内瑞拉累计投资超过 19 亿美元，主要集中在石油开发和组装加工等领域。此外，委内瑞拉还是中国在拉美地区最大的工程承包市场。

2005 年 1 月 22 日至 30 日，为配合国家高访计划，时任国家开发银行行长助理赵建平赴委内瑞拉，向委方提出建立中委联合融资机制，由中委双方共同融资支持委内瑞拉基础设施项目。由于中委联合融资机制在社会住房等项目上的成功运用，委内瑞拉已故总统查韦斯在 2006 年 8 月访华期间，向中

① 2001 年 4 月，中委两国成立政府间高级混合委员会（简称高委会），共设双边关系、能源和矿业、经济和贸易、农业合作、文化、科技和航天、社会事务 7 个分委会。

国领导人和时任国家开发银行行长陈元提出了设立中委联合融资基金的设想，中国领导人对此表示原则支持。中委联合融资基金的首期规模为60亿美元，其中委方出资20亿美元作为资本金，中方通过国家开发银行以贷款方式出资40亿美元。资金重点用于支持委内瑞拉基础设施、基础产业建设，以及促进经济社会统筹发展的重要项目。两国约定，该基金的资本金在未来9年内（从2006年开始）将达到180亿美元。2008年，查韦斯总统访华期间商定将该基金规模从60亿美元增加到120亿美元，用以缓解委内瑞拉所受到的国际经济危机冲击。2009年8月，中委联合融资基金规模再增加40亿美元，扩容到160亿美元。据委内瑞拉官方数据，截至2012年9月，中委联合融资基金滚动累计239.97亿美元，实际使用238.44亿美元①，投向了石油、矿业、电力、农业、交通等领域共201个项目，如奥里诺科河（Orinoco River）盆地两个重油勘探和生产合资项目、三个在华炼油厂、中信建设承建的委内瑞拉住房部2万套社会住房项目和蒂乌娜社会住房项目、中国中铁承建的委内瑞拉国家铁路局北部平原铁路建设项目等。

2010年，国家开发银行和委内瑞拉经济社会发展银行②签署了大额长期融资协议，设立“长期大额融资贷款”专项计划，中方向委方提供总额100亿美元和700亿元人民币的大额长期贷款，支持20多家中国企业在委内瑞拉实施了30多项投资、工程承包和政府采购合作项目。截至2012年9月，该计划实际使用69.43亿美元和695.65亿元人民币，共投向40个项目，涉及通信、医疗、住房等多个行业。

中委双方经济互补性强，两国在贸易、投资、工程承包、金融等领域开展了形式多样的合作并取得了丰硕成果。例如，在中委联合融资机制的推动下，2012年中国企业在委内瑞拉新签承包工程合同160份，新签合同额73亿美元，完成营业额51亿美元；截至2013年9月，中国在委内瑞拉承揽EPC总承包项目的企业有40余家，正在实施中的项目约60个，涉及能源、电力、农业、矿业、冶金、基础设施、住房、电信等领域。

---

① 孙洪波．委内瑞拉政治变局对石油合作环境的影响［J］．国际石油经济，2013（1-2）：15.

② 委内瑞拉经济社会发展银行（BANDES）是国有银行，隶属于委内瑞拉财政部。

二、总体模式

（一）基金架构

中委联合融资基金由委内瑞拉“国家发展基金”（FONDEN）① 和中国国家开发银行按照 1∶2 的比例共同出资设立，中委两国政府及有关机构设立联合融资管理办公室进行基金管理，由委内瑞拉经济社会发展银行（BANDES）和中国国家开发银行共同负责具体项目落实和推进。这里的基金并非指股权投资基金，而是指以资金池方式实现联合出资，其中，委方国家发展基金实为资本金投入，中方国家开发银行则提供中长期大额信贷融资配套，初期中方融资的还款来源主要是委内瑞拉国家石油公司（PDVSA）② 与中国企业的石油贸易合作收入。中委联合融资基金运作模式框架结构如图 3-10 所示。

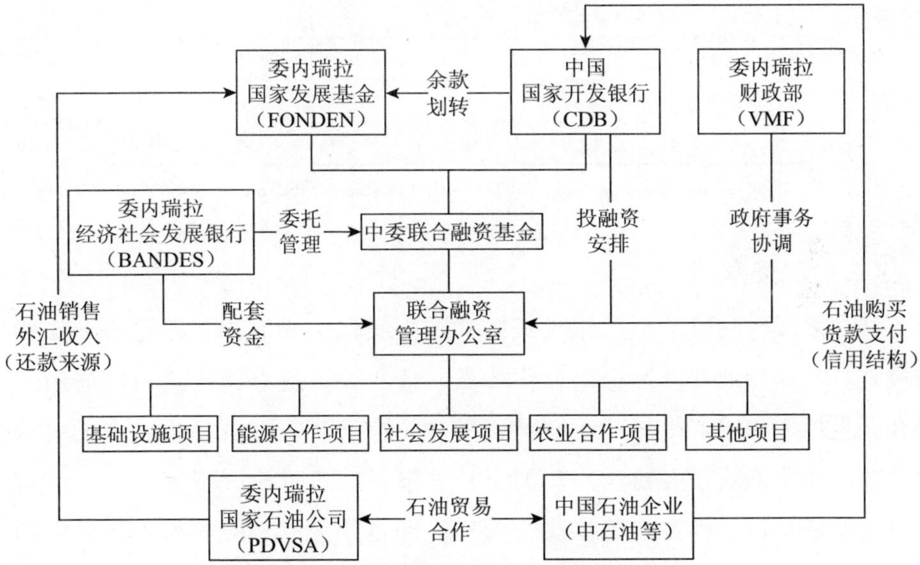

图 3-10　中委联合融资基金运作模式框架

① 2005 年 7 月，委内瑞拉国会通过了关于设立“国家发展基金”（FONDEN）的法律，该基金规模为 60 亿美元，来自国家外汇储备（包括石油贸易收入等），政府可将其用于实现社会发展目标。

② 委内瑞拉国家石油公司（PDVSA）是一家跨国能源公司，成立于 1975 年 8 月 30 日，是委内瑞拉最大的国有企业，也是整个拉丁美洲最大的企业，2013 年名列全球世界 500 强第 38 位，2012 年末总资产为 2184.24 亿美元，营业收入为 1244.59 亿美元，利润 26.78 亿美元。公司在国内外从事作业和商业经营，经营范围包括：油气勘探、开发、炼制、运输和配送，以及奥里乳化油、化工、石化和煤炭业等。

如图 3-10 所示，就合作构架而言，中委联合融资基金合作模式是两国政府和企业从项目决策到具体实施相互对接式的合作制度安排，可以将全部资金用于发展基础设施建设、能源合作、农业合作和社会发展项目等。同时，中国国家开发银行与委内瑞拉经济社会发展银行合作建立的“长期大额融资贷款”计划也采取类似的投融资合作框架，通过全面合作进一步深化两国之间的战略伙伴关系。

表 3-15　中委联合融资机制安排下的双边石油贸易合作情况①

单位：万桶/日

融资机制	2011 年	2010 年	2009 年	2008 年	2007 年	平均实际出口量	合同平均出口量	合同完成率（%）
中委联合融资基金 I	—	8.2	9.1	8.6	14.3	10.1	10.0	101%
中委联合融资基金 Ⅱ	19.5	10.7	12.6	—	—	14.3	15.3	93%
中委长期大额融资贷款 I	—	21.1	—	—	—	21.1	20.0	106%
中委长期大额融资贷款 Ⅱ	22.0	—	—	—	—	22.0	25.0	88%
合计	41.5	40.0	21.7	8.6	14.3	67.4	70.3	96%

资料来源：Petróleos de Venezuela S. A.（PDVSA）y sus Filiales，Inform de Gestión Anual 2011：134.

（二）融资模式

从中委联合融资基金运作模式框架图中我们不难看出，该基金运作的融资模式具有典型的开发性金融合作特点，核心要点就是建立具有政府组织优势和开发性金融融资优势的政府融资平台。中委联合融资基金是由委内瑞拉财政部（负责政府事务协调）和国家开发银行（负责投融资安排）共同构建的政府融资平台，将委内瑞拉政府的外汇储备作为战略投资资本，对中国开发性金融机构的中长期信贷融资发挥杠杆作用，弥补委内瑞拉国内长期资本市场尚不够发达的融资缺陷，同时也有助于开发性金融支持中国企业实施“走出去”战略，加强与委内瑞拉重要金融机构之间的战略性合作，委内瑞拉经济社会发展银行则受托管理中委联合融资基金，并在具体项目合作过程中提供相应的配套资金支持。

① 孙洪波．委内瑞拉政治变局对石油合作环境的影响［J］．国际石油经济，2013（1-2）：16.

中委联合融资基金的融资模式是“政府融资平台孵化+产业配套功能开发”，针对中委双方重点合作项目提供10~15年的中长期贷款（借款人为中委联合融资基金、用款人为具体项目），以委内瑞拉具有战略价值的石油资源为基础，构建以中国石油企业为还款来源保障的跨境投融资平台，以此促进委内瑞拉基础设施、电力、农业、科技、社会发展等相关产业的配套功能建设，从原油融资“输血”方式逐步向产业孵化“造血”方式转变，从以单一的石油出口收入为还款来源逐步向以产业项目自身现金流为还款来源过渡，在10~15年的贷款还本付息期内通过双边贸易投资合作构建起委内瑞拉工业化和城市化发展的新型产业功能体系，实现其经济基础和出口对象多元化的总体战略目标。

同时，中委“长期大额融资贷款”专项计划也是在石油贸易合作基础上的商业化融资模式合作，增加了委内瑞拉经济社会发展银行的金融机构信用支撑。此外，国家开发银行还通过与委内瑞拉国家石油公司开展具有国际化标准规范的商业化银团合作，实现委方石油产业自身的商业化发展目标。

（三）还款来源

在中国石油进口企业与委内瑞拉国家石油公司签订长期原油贸易合同的基础上，中方贷款由委方出口原油的收入或其他方式进行偿还。委方为偿还贷款，承诺平均每日对华出口原油不低于23万桶，这是委方一项重要的财政收入来源。中国石油公司从委内瑞拉国家石油公司进口石油的款项则要支付到由委内瑞拉经济社会发展银行和中国国家开发银行共同管理的账户上，并用于偿还中方债务，这是中委联合融资机制启动和发展阶段主要的还款来源。但是，从中长期看，中委联合融资基金的还款来源不应局限于石油贸易给委内瑞拉政府所带来的外汇储备收入，还应逐步向中委联合融资机制安排下所支持的委方重点发展项目的自由现金流转移，从初期石油收入“输血”机制逐步向综合性经济社会发展“造血”机制转变。委内瑞拉经济社会发展银行就是一个直接获益且将不断扩大自身信用的例证，其所支持的委内瑞拉战略项目会有效改善其财政状况。

表 3-16　石油收入对委内瑞拉财政收入的贡献①　　单位：亿玻利瓦尔

类别	2009 年	2010 年	2011 年	2012 年	2013 年
石油税收收入	344.45	67.20	67.21	85.00	207.19
石油非税收入	434.62	327.08	385.72	593.13	624.60
合计	779.07	394.28	452.93	678.13	831.80
占经常收入比重（%）	50.22	31.78	27.67	29.10	27.64
占财政收入比重（%）	46.52	24.74	22.18	22.77	20.98

资料来源：根据委内瑞拉国民议会通过的 2009—2013 年度预算法案整理、计算。

（四）信用结构

采取以委方石油销售外汇收入应收账款账户质押为主的信用结构模式。中国石油企业为进口委内瑞拉国家石油公司原油所支付的购买货款资金将直接打到委内瑞拉国家发展基金（借款人）在中国国家开发银行开立的指定还款专户中，扣除当期应偿还的相应贷款本息后，余款划转到委内瑞拉国家发展基金在委内瑞拉经济社会发展银行（受托管理人）的账户中。

（五）资金用途

中方贷款资金根据委方具体合作项目需求，由不同类型的用款人使用，主要包括基础设施项目（交通、电力）、能源开发项目、农业合作项目、社会发展项目等。用款人可以将信贷资金用于固定资产投资、公益性项目建设、产业项目开发、购买设备和引进技术等。

三、主要特点

（一）国家战略层面合作，构筑国家利益合作平台

中国的国家能源安全战略要求多元化的石油进口渠道，避免中东地区受国际争端影响出现不稳定的局面。委内瑞拉是中国在拉美地区的第四大贸易伙伴。作为全球石油储量最大的国家，委内瑞拉石油储量保守估计有 2970 亿桶，比沙特的 2650 亿桶还多，另外还有多达 3000 万公顷土地未开发。同时，委内瑞拉政府为了摆脱过度依赖美国这一原油出口市场的局面，也寄希望于与以中国为代表的新兴市场国家开展能源贸易合作，提升本国

① 孙洪波．委内瑞拉政治变局对石油合作环境的影响［J］．国际石油经济，2013（1-2）：11.

原油及石油加工产业的国际竞争地位。委内瑞拉政府还欲加强对普通民众的公共服务能力，促进本国经济发展结构转型和基础产业配套能力提升，因此有较为迫切且巨大的内生性投资需求。中委联合融资基金就是在这一背景下两国政府在国家战略层面的深度合作，为促进双边投资贸易搭建了一个国家利益合作平台。这不仅是南南合作的重要组成部分，也是中国跨太平洋合作的重要组成部分。目前，委内瑞拉已成为中国第三大石油供应国，2013 年前四月平均向中国出口原油 62.6 万桶/日，委方希望到 2015 年提升至 100 万桶/日。中委能源合作不仅针对石油供应，更注重建立和加强相关配套生产链的合作。

（二）对“资源合作+基础设施+社会发展项目”进行组合管理

中委联合融资基金的运作项目并不局限于能源合作，而是集基础设施、矿产开发、农业合作、社会发展项目等为一体的综合性合作组合模式。这一模式不同于一般的“走出去”金融合作，它能够实现多种收益的综合平衡，较好地处理了风险与收益之间的关系。在过去，单一领域的项目融资往往存在很多不确定性。例如在资源开发领域，一方面，没有基础设施配套会导致物流成本的激增，从而侵蚀项目本身的收益基础，而且一国经济发展水平和政治稳定性也会直接导致项目存在较大的政治风险；另一方面，若没有较好的经济开发项目带动和良性的财政发展基础，单纯的基础设施项目建设也会变成半拉子工程。但现在，中委联合融资基金将具有内在关联性的不同产业纳入同一个项目融资打包池内，使得资源开发、基础设施、社会发展等方面的不确定性通过风险组合管理降到最低。

（三）构建开发性金融合作平台，引致合作国利益

中国开发性金融机构的“走出去”战略有一个重要策略，就是要与合作国政府共同构建符合双方合作利益的开发性金融合作平台。在国家开发银行看来，无论是发展中国家，还是新兴市场国家或者发达国家，政府的组织优势始终是存在的，这种优势尽管在不同类型国家有大有小，且其作用也有所不同，但基本上都具有一个共同的特点，就是以实现合作国自身发展利益为最终目标。因此，只要中国与该合作国之间有可以合作的国家利益为基础，就可以发挥开发性金融合作平台的孵化、培育和市场出口作用，引致合作国关切的重要利益，促进当地政府更好地实现执政为民的目标。委内瑞拉政府与中国共同设立中委联合融资基金的初衷就是要加强对本国社会发展领域的民生项目培育，解决其在基础设施建设、产业转型升级等领域的资金问题，实现更多的市场化、商业化合作项目。例如，2012 年 2 月 27 日，中委双方新签署了 14 项协议，其中就包括中国工商银行向委方提供 40 亿美元贷款（第一笔 15 亿美元贷款已落实，用于住房项目建设）。

（四）形成商业化合作的基础，引致商业利益

中委联合融资基金对于培育和孵化各领域商业化合作基础具有重要作用，可以有效促进两国企业开展相应的商业合作项目。例如，在资源合作领域，两国通过建立合资企业在奥里诺科石油带进行勘探，委内瑞拉国家石油公司和中石油的合资公司 SINOVENSA 得到中国国家开发银行 40 亿美元的融资贷款用于项目扩建，2012 年底产量达到 16.5 万桶，2014 年达到 33 万桶；委内瑞拉将从中国购买 18 艘巨型油轮；双方成立合资远洋运输公司，建造运输原油和石油产品的巨型油轮，向亚洲市场（主要是中国）输送原油；在各自境内联合建设炼油厂，如在中国广东建设加工能力达 2000 万吨的合资炼油厂，提炼来自委内瑞拉的重油；中国向委内瑞拉转让技术并进行人员培训；等等。在金融合作领域，2010 年 4 月，国家开发银行与葡萄牙圣灵银行（BES）联合牵头组建委内瑞拉国家石油公司 15 亿美元国际银团，一共有 20 家银行（包括工行、农行、交行、花旗银行、德意志银行、西班牙 BBVA 银行等国际知名银行在内）参加了本次银团，是国家开发银行首次担任商业化规范运作的国际银团牵头行、簿记行、代理行及账户行，同时参团银行数量之多也在国内金融界创下了纪录。

（五）有利于长期双边关系，推动多行业领域合作

在开发性金融“走出去”合作深化基础上，中委两国从巩固和发展双边长期战略合作伙伴关系出发，进一步加强了农业、通信、制造、航天、科技等多领域合作。在农业领域，两国既开展了传统农业项目合作，如委内瑞拉全国灌溉体系建设项目，也开展了农业加工领域的拓展合作，如委内瑞拉农业发展项目计划。在通信领域，中国企业参与光缆网建设和移动电话生产，如中兴公司与委内瑞拉企业合作生产的手机已在当地销售。在制造领域，两国合作实施委内瑞拉科技工业园区项目，共同生产电脑、石油钻机以及扩建造船厂。在航天领域，两国顺利完成“委内瑞拉卫星一号”

项目的合作，该卫星将用于委方国内通信和广播服务，是双方在航天领域的首次合作，也是中国首次向拉丁美洲用户提供整星出口和在轨交付服务。在基础设施领域，中国参与委内瑞拉全国铁路网、高速公路网建设和更新，实施国家住宅计划。同时，中国向委内瑞拉转让技术，并负责培训委方工程技术人员，如根据石油钻机合作协议向委方转让制造技术并培养技术人员，最终使其拥有完全自主制造的石油钻机，填补其石油机械生产领域的空白①。2013 年 9 月 21 日至 24 日，委内瑞拉新任总统马杜罗对中国进行了首次访问，中委双方签署了 27 项合作文件，涵盖文化、科技、教育、能源、交通、农业、矿产、住房和制造业等多个领域，其中就包括了中委联合融资基金第三期协议及贷款合同。

四、理论分析

（一）开发性金融“走出去”基本原理内涵

开发性金融“走出去”基本原理是要通过跨境金融合作实现商业利益、国家利益、合作国利益整体利益最大化，构建良好的三方均衡关系。为此，我们可以从定性和定量两个角度来对中委联合融资基金运作情况进行理论分析。

1. 定量分析角度

从主成分分析法结果看，中委联合融资基金的评价方程如下：

$$F = 0.35374F_1 + 0.31239F_2 + 0.14952F_3 + 0.09117F_4 + 0.06762F_5$$

$$(F = 1.73;\ F_1 = 3.32,\ F_2 = 1.13,\ F_3 = 2.39,\ F_4 = -1.62,\ F_5 = -0.19)$$

在七个现实案例里，从最终得分看中委联合融资基金所实现的开发性金融“走出去”整体利益最大。根据前述五个新组合变量的定义，我们可以看出，五个变量在总体评价得分 F 中的占比依次为 68.1%、20.4%、20.7%、-8.5%、-0.7%。因此，整体上看中委联合融资基金运作过程中“商业利益与国家利益捆绑”得分占到了 68.1%，“与经济地理相关的合作国利益”得分占到了 20.4%，“考虑中国因素和经济距离的产业协同”得分占到了 20.7%，而“海外金融业务协同”得分为负分（表明尚未得到很好发展），

① 王鹏．查韦斯执政时期的中委关系［A］//中国社科院拉美所政治室．中拉关系 60 年：回顾与思考（下）［M］．北京：当代世界出版社，2010.

“合作国协同利益”得分则暂时可以忽略不计。我们可以假设第一个变量中商业利益和国家利益各占一半，并将产业协同得分视作商业利益的组成部分，则初步估算出中委联合融资基金对开发性金融“走出去”整体利益的均衡价值分配大概接近第Ⅳ种（3：5：2）的情景，表示其正处于相对均衡的发展状态，较好实现了商业利益、国家利益、合作国利益整体利益最大化。

2. 定性分析角度

中委联合融资基金通过一个具有市场化运作框架的开发性金融合作平台实现了商业利益、国家利益、合作国利益的整合。首先，两国政府间关于中委联合融资基金的协议确保了以国家利益为导向，能够锁定委内瑞拉对中国的中长期稳定能源供给，并将合作国利益，即住房保障、基础设施和石油出口地区多元化等置于非常重要的地位；其次，商业利益是确保合作取得成功的基础，中委联合融资管理办公室正是协调政府与市场关系的桥梁，可以就委内瑞拉政府关切的利益诉求与国家开发银行及有关中国企业的商业利益诉求进行沟通，避免利益冲突；最后，以石油出口作为还款来源和中委联合融资基金用途多元化实质上构成了两个具有不同功能的循环价值圈（前者是将国家开发银行中长期信贷融资的偿还现金流封闭在中国石油企业的购买货款中，实现风险防控；后者是将委内瑞拉的长期自由现金流能力建设以开放方式置于中国企业“走出去”战略之中，实现经贸互补），以确保商业利益、国家利益与合作国利益均衡关系可持续发展。

表 3-17　2007—2011 年委内瑞拉石油出口地缘流向①　　单位：万桶/日

出口去向	2007 年		2008 年		2009 年		2010 年		2011 年	
	出口量	占比（%）	出口量	占比（%）	出口量	占比（%）	出口量	占比（%）	出口量	占比（%）
北美洲	169.1	60.6	150.0	51.8	135.7	50.6	126.2	52.2	116.6	47.2
美国	165.9	59.5	147.9	51.1	132.8	49.5	124.1	51.4	117.0	47.4
加勒比	48.5	17.4	54.9	19.0	41.4	15.4	29.7	12.3	38.7	15.7
古巴	8.7	3.1	11.5	4.0	11.2	4.2	11.3	4.7	10.2	4.1
中南美洲	10.7	3.8	13.8	4.8	11.6	4.3	10.4	4.3	11.0	4.5
欧洲	27.3	9.8	24.5	8.5	24.6	9.2	19.9	8.2	14.0	5.7

① 孙洪波．委内瑞拉政治变局对石油合作环境的影响［J］．国际石油经济，2013（1-2）：13.

续表

出口去向	2007年		2008年		2009年		2010年		2011年	
	出口量	占比（%）	出口量	占比（%）	出口量	占比（%）	出口量	占比（%）	出口量	占比（%）
亚洲	19.9	7.1	42.2	14.6	52.0	19.4	54.1	22.4	64.4	26.1
中国	9.5	3.4	13.7	4.7	37.0	13.8	17.8	7.4	31.9	12.9
印度	2.2	0.8	13.4	4.6	10.5	3.9	20.4	8.4	16.6	6.7
合计	278.9	—	289.7	—	268.2	—	241.6	—	246.9	—

注：①数据口径为原油和石油产品出口之和；②委内瑞拉对美国的石油出口数据包括美国大陆和美属维尔京群岛两部分，由此可能造成委内瑞拉对北美和美国出口数据误差；③委内瑞拉对非洲和其他地区也有少量石油出口。

数据来源：据2008—2011年委内瑞拉国家石油公司（PDVSA）年度公报数据整理。

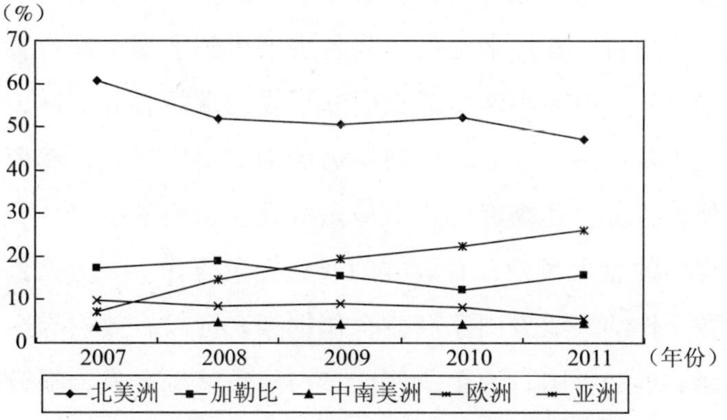

图3-11　2007—2011年委内瑞拉石油出口地缘流向趋势

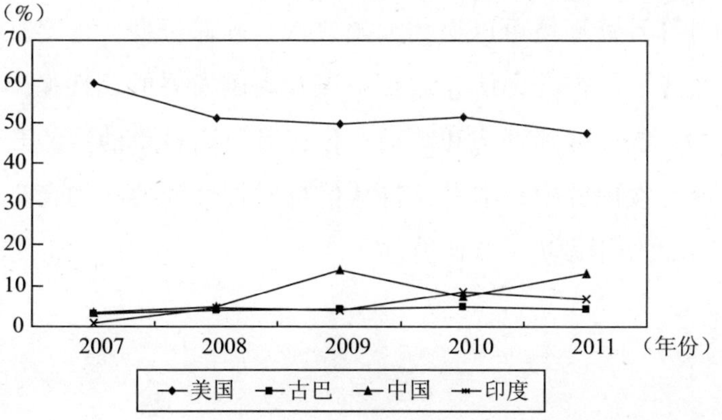

图3-12　2007—2011年委内瑞拉石油主要出口国家的占比趋势

（二）国家利益导向具有“双重”引致作用

国家利益导向对开发性金融“走出去”过程中的商业利益和合作国利益均具有“双重”引致作用，主要通过政府间构建有效的沟通平台、提升信息对称性来实现，而且对商业利益与合作国利益都有不同程度的捆绑作用，可以实现多方博弈均衡。在现实社会中，这种均衡能够避免直接冲突，也有利于商业交易的形成，优化政府与市场的关系，同时也可以降低国家利益项目进行市场化运作的交易成本，在不同层面提升全社会的认同度。

中委两国经贸合作互补优势明显，为这种“双重”引致作用创造了良好条件。委内瑞拉拥有非常丰富的石油、天然气、铝土、铁、煤、黄金、金刚石等自然资源，其中石油储量居世界首位。中国企业近年来与委内瑞拉成功开展了各类合作项目，其技术水平和装备水平得到了委内瑞拉各界的普遍认可，中国金融企业实力的不断增强也引起了委内瑞拉各界的高度关注。中委联合融资基金正是构建了双方政府间畅通的沟通机制平台，实现了较好的信息对称性，使得各方合作博弈的正效应最大化，从而减少整体交易成本，控制投融资过程中的重大风险，有效推动双边经贸合作。一方面，中委联合融资机制将能源合作纳入双方国家利益合作框架，可以有效引导国际石油市场定价形成机制，推动中国石油企业深度参与拉美能源开发，提升中国企业在拉美市场的开发主导性，使一些在商业条件下可能难以达成的重大、长期市场交易得以实现；另一方面，委内瑞拉在能源战略多元化和民生、产业等热点问题上的外部筹资环境可以得到大幅改善，确保长期、稳定且成本相对优惠的国际资金来源，在合作博弈过程中谋求本国发展的良性循环道路，尽快改善社会民生，提升国际经济和政治地位，奥里诺科重油带的开发就是一个典型例证。在后续内容中，本书还将从信息对称性和博弈均衡方面对国家利益“双重”引致作用做进一步研究。

表 3-18　委内瑞拉奥里诺科重油带开发合作伙伴①

地区	区块名称	合作伙伴
保亚伽	保亚伽 1	古巴国家石油公司（Cupet）
	保亚伽 3	中国海洋石油总公司
	保亚伽 4	南非国家石油公司（Petrosa）
	保亚伽 5	马来西亚国家石油公司（Petronas）
	保亚伽 6	葡萄牙 Galp 能源公司
胡宁	胡宁北	印度国家石油公司（ONGC）
	胡宁 1	白俄罗斯国家石油公司（Belarusneft）和中国石油化工集团公司
	胡宁 2	PDVSA 持股 60%，越南国家石油公司持股 40%
	胡宁 4	PDVSA 持股 60%，中国石油天然气集团公司持股 40%
	胡宁 5	PDVSA 持股 60%，意大利埃尼公司持股 40%
	胡宁 6	PDVSA 持股 60%，俄罗斯财团持股 40%
	胡宁 7	西班牙雷普索尔石油公司
	胡宁 8	白俄罗斯国家石油公司（Belarusneft）和中国石油化工集团公司
	胡宁 10	因道达尔公司和挪威石油公司的融资问题，可能由委方独资开发
	胡宁 11	日本财团
阿亚库乔	阿亚库乔 2	俄罗斯 TNK-BP 石油公司
	阿亚库乔 3	俄罗斯天然气工业股份公司（Gazprom）
	阿亚库乔 5	智利国家石油公司（ENAP）和厄瓜多尔国家石油公司（Petroecuador）
	阿亚库乔 6	阿根廷国家石油公司（Enarsa）和乌拉圭国家石油公司（ANCAP）
	阿亚库乔 7	伊朗 Petropars 石油公司
卡拉沃沃	卡拉沃沃 1	PDVSA 持股 60%，印度财团持股 18%，马来西亚国家石油公司持股 11%，西班牙雷普索尔-YPF 持股 11%
	卡拉沃沃 2	PDVSA 持股 60%，俄罗斯 Rosneft 公司持股 40%
	卡拉沃沃 3	PDVSA 持股 60%，雪佛龙持股 34%，日本财团持股 5%，委内瑞拉私营石油公司 Suelopetrol 持股 1%
	卡拉沃沃 4	PDVSA 持股 60%，俄罗斯 Rosneft 公司持股 40%

资料来源：Petróleos de Venezuela S. A.（PDVSA）y sus Filiales，Inform de Gestión Anual，2011：45-88；U. S. Energy Information Administration，Country Analysis Briefs：Venezuela，2012：5.

① 孙洪波．委内瑞拉政治变局对石油合作环境的影响［J］．国际石油经济，2013（1-2）：14.

（三）商业利益与国家利益捆绑具有必然性

开发性金融在“走出去”过程中谋求自身的商业利益无可厚非，这是确保长期可持续发展的基础条件。但是，与一般的国际商业合作模式不同，开发性金融“走出去”的商业利益必然与国家利益捆绑在一起，这种一致性并不是要将商业信用风险转嫁给国家信用，而是在国家利益引导下力争获得更好的商业开发条件，促进国家信用能量的良性扩大。

国家开发银行与葡萄牙圣灵银行共同牵头的委内瑞拉国家石油公司 15 亿美元国际银团就是一个典型案例。由于西方国家普遍对委内瑞拉存在政治上的偏见，国际评级公司对委内瑞拉国家石油公司的评级很低，使其在国际市场的融资成本高于同级别的欧美石油巨头，次贷危机又使得法国巴黎银行无力再为其组织新的银团。正当此时，中委联合融资基金的建立使得委内瑞拉国家石油公司认识到国家开发银行的信用实力与融资能力，坚定了由中国金融机构来牵头银团的信心。这是中国开发性金融机构第一次牵头从贷款条件谈判、银团分销、国内外路演到融资协议签订全过程按照市场化、国际化标准规范运作的银团，也是第一次独立扮演代理行角色。这表明，中国开发性金融机构的商业利益与国家利益之间具有协同共生的效应，可以在助推合作国实体经济发展的过程中实现自己的财务收益，也实现了客户希望在亚太地区，尤其是中国市场打通市场化国际融资渠道的初衷。

同时，我们也要看到，委内瑞拉国家石油公司向中国石油企业供油的能力从根本上决定了中委联合融资基金的还款现金流稳定性。因此，国家开发银行牵头国际银团对其进行商业融资，可以提高委内瑞拉国家石油公司的生产、投资和运营能力，加强企业自身现金流建设，在深化中委双边合作基础上成为保障政府合作项目贷款安全的重要手段。

（四）经济地理价值孵化合作国的商业利益

经济地理价值体现在市场开放度和经济互补性两个方面。市场开放度与一国经济密度、与其发展伙伴的经济距离、对合作伙伴的市场开放程度（市场准入标准或市场分割性）有密切关系，经济密度越高，与其发展伙伴经济距离越近，对合作伙伴的市场开放程度越高，越能促进双方合作商业利益的实现。经济互补性则表现为基于资源要素的地理分布所形成的产业、贸易与投资互补性，这种互补性脱胎于具有相对比较优势的国际贸易体系，但已经上升到了更为广义的产业分工体系层面，不再局限于贸易部门，而且还包括一些非贸易部门，如航天、交通、基础设施等领域。

在经济全球化趋势下，中国经济高速增长，发展潜力巨大，已经成为国际产业分工体系的重要参与者和推动者，一方面构筑全球制造业中心的优势地位，另一方面逐步形成具有全球资本和技术输出能力的区域经济体。委内瑞拉则在能源领域强化了国有化发展力量，提升了经济发展基础。因此，中国在亚洲是一个区域发展的中心，委内瑞拉在拉美也是一个发展中的次中心，两个中心彼此之间以及对各自周边都具有一定的“中心—外围”模型解释基础。

首先，从经济密度看，两者有差距，所以中国相对委内瑞拉是中心，委内瑞拉相对中国是外围，这样就能形成规模递增效应；同样，相对于委内瑞拉周边国家而言，由于中国金融的支持，委内瑞拉经济密度得到提升，也会产生辐射和增长极作用，成为区域经济发展的次中心。

其次，中委两国之间在远洋油轮、航线建设、交通基础设施等领域的合作使彼此经济距离大幅缩小，有利于促进双方的商业合作。这里的经济距离不仅仅包括地理距离上的效率改进，还包括在经贸交流、投资合作、关键技术上的合作便利性。

最后，从市场分割性来讲，委内瑞拉由于与西方发达国家的政见不同，始终在经济上被封锁，在市场开放领域面临制约和挑战，但与中国之间并不存在不同政见，相反由于具有共同的国家利益基础，双方均愿意且能够在市场准入和开放度方面给予对方最优惠的条件，这促进了合作国实现商业利益，孵化企业部门的项目开发合作。

（五）利益相关方具有共生的激励协同作用

在中委联合融资基金的设计过程中，我们不难看到多个利益相关方之间通过合作形成了共生的协同激励效果，进而有效降低交易成本，提升了开发性金融“走出去”的风险管理水平。

首先，中国政府与委内瑞拉政府都是直接推动中委联合融资基金建立的重要参与者，从国家利益的战略互惠层面为中国开发性金融“走出去”的资源配置指明了发展方向，形成了合作博弈的格局，确保中国能源供给安全与委内瑞拉能源合作多元化战略之间的利益平衡。

其次，产业部门的合作协同是促进跨行业、跨平台、跨领域合作的内生基础，中国石油企业与委内瑞拉国家石油公司的合作使得中委联合融资机制的偿债现金流能够保持基本稳定，中委两国在基础设施、农业等领域的产业部门合作则为资源开发战略合作的资金杠杆效应提供了新的增长点，降低了资源开发本身的总体成本。

再次，金融机构跨境合作是中委联合融资基金搭建的核心部分，委内瑞拉经济社会发展银行一方面承担对中委联合融资基金的管理职责，另一方面也利用自身信用与中国国家开发银行建立中委大额长期信贷计划，这是商业化与市场化的金融合作，在配套资金上建立了协同机制。

最后，合作国政府及其企业为了加强中委联合融资基金的资金放大效应，也形成了彼此共生的互补性协同关系，通过解决政府关心的热点难点问题，实现企业部门与中国企业在技术和产品服务上的战略合作。例如，在住房保障计划和铁路网建设两大领域的合作，就较好地推动了政府住房保障规划水平，提升了建筑质量，促进了委内瑞拉在铁路基础设施及装备制造技术领域的整体发展。

第四章

开发性金融“走出去”的国际地理布局机制

经济地理的理论价值已经在当今经济社会发展的众多领域得到了充分验证和运用，世界银行《2009年世界发展报告：重塑世界经济地理》是一个集中了各方理论与实证研究成果的重要文献，其提出的“密度、距离、分割”三层次理念构成了对全球化经济发展格局的崭新解释。相应地，金融地理作为一个单独的学科，也在发达国家经历了多年发展，取得了不少成绩。但在中国，关于经济地理、金融地理的研究仍相对缺乏，对实践的总结不够，尤其是对于中国国情发展趋势需求和特点的分析深度不足。为此，我们有必要从开发性金融“走出去”实践出发，总结其金融国际地理布局的内在理论模型和运行机制，得出一些有借鉴意义和启发性的结论。

第一节　金融地理核心问题

金融地理要解决的核心问题是如何为实现开发性金融的商业利益奠定基础，主要通过两个方面来发挥作用：一是推动以经济地理价值为基础的国际商业合作；二是发挥金融地理的内在驱动力，为实体经济资源配置服务。从世界经济发展历史看，无论是英国等老牌资本主义国家，还是美国这一当代全球经济秩序的主导者，都在其实现全球化发展过程中十分注重金融资源的地理布局问题，其中既包括国际金融中心的培育，也包括跨国金融机构的业务发展。因此，我们有必要深刻认识地理因素在开发性金融“走出去”战略中的作用。

一、地理因素作用

地理因素在驱动经济与金融资源的全球配置过程中发挥重要作用，可以使经济社会活动加快集聚，实现高效率合作和专业化分工。根据世界银行报告，全球生产主要集中在大城市、发达省份和富裕国家，全球土地面积的1.5%囊括了世界一半的生产活动。如占埃及国土面积0.5%的开罗，其GDP超过了埃及的一半；北美、欧盟和日本三者的总人口不到10亿，却是全世界75%的财富的聚集之地。地理因素的重要性说明，要改善一个地区的增长前景，关键就是要最大限度地缩短该地区与高经济密度地区的经济距离，使其融入高经济密度地区所代表的市场空间体系，实现区域一体化发展和相对平衡增长。① 世界银行前行长罗伯特·佐利克曾经指出，只有通过制度合作、基础设施共享和特别激励措施的有效政策组合来推动最贫穷国家的区域一体化，才能重塑世界经济地理格局，为包容性的可持续发展指明方向。因此，我们有必要对地理因素的重要作用有一个清晰认识。

首先，地理因素是一个长期历史形成过程，具有客观性和不可逆性。从地球存在以来，五大洲地理板块已经发生了很大变化，但当代经济地理格局却是从英国工业革命开始由于大航海时代的推动得以逐步形成的，经历了地中海经济圈、美洲经济圈和亚太经济圈等几个大的经济地理变迁阶段，地区发展不平衡性日益突出。从经济全球化发展趋势看，中国作为世界经济参与者，必须面对当前已形成的经济地理格局，充分利用自身经济发展所形成的新兴市场体系来影响未来世界经济地理格局的变化。

其次，地理因素是推动经济社会发展过程中多元要素集聚的重要力量。单纯从要素配置角度看，地理因素的作用在于使得人口、物流、金融、自然资源、产业基地等社会生产要素在一张空间大网中实现高效率的组合，加快要素集聚和整合，促进经济平衡性发展。举例而言，产业集聚或集群效应的形成往往是由于在一个以特定地理格局为特征的区域范围内，产业链上下游通过专业化分工或产业内贸易行为建立了能够实现规模化生产的市场资源配置体系，如浙江温州和广东东莞等。但是，如果从洲际地理范围看，一个具

① 世界银行.2009年世界发展报告：重塑世界经济地理［M］. 北京：清华大学出版社，2009.

有高成长性的经济体与其周边国家及其他大洲特定区域的跨产业链合作，是否也能形成一个产业集聚或集群的空间布局网络呢？答案是肯定的。这就需要中国市场体系的地理因素发挥作用，从内生性消费需求和产业外延扩张需求两方面加以推动和整合。

最后，地理因素是驱动经济与金融资源有效配置的催化剂和内生变量。我们常说，大都市具有高效率的运行机制和较为活跃的市场信用体系，可以优化经济与金融资源配置的效率。中国新型城镇化战略的核心就是要建立一批在区域地理范围内具有高效率配置市场资源能力的产业集聚或集群中心，实现在就业层次升级基础上的最优化人力资源配置，但如果不能通过基础设施缩短不同地区之间的经济距离，就将无法有效提高人力资本市场化程度，这会导致内生性消费需求增长缓慢。同时，从国际上看，经济资源，包括资金供给、基础设施、市场准入、监管体系、市场经济程度等因素，其配置在市场分割影响下仍然存在一定的进入障碍，但金融要素作为经济运行的血液和润滑剂可以有效整合资源并突破市场资源配置体系的限制，这就是金融地理因素的价值所在。

因此，金融地理的核心价值就在于其将成为建立中国因素背景下新的金融地缘框架的重要理论基础。中国就是相对于发展中国家而言的高经济密度地区，可以起到重要的引导作用，通过金融资源配置来缩短经济距离，有效解决市场准入限制问题，实现中国市场经济体系与各相关地区之间的全球性发展。

二、经济地理价值

经济地理是驱动商业利益可持续的基础与核心，其价值在于超越了传统的比较优势理论，将地理因素作为经济发展的一个重要参数进行分析，实现了对国际贸易与投资理论的有效补充。英国近代地理学之父哈·麦金德（Mackinder H. J.）曾于1887年1月在《地理学的范围和方法》一文中指出：“我建议将地理学解释为这样一门科学：它的主要职能是探索人类在社会中的相互作用，以及在局部发生变化的环境中的相互作用。”① 因此，我们不能将

① 哈·麦金德．历史的地理枢纽［M］．北京：商务印书馆，1985：20.

地理因素单纯看作是自然世界的一个客观孤立事物，它实际上是将自然科学与社会经济关系联系在一起的一种重要方法论，而且提供了一个可以从整体上对历史、现在及未来世界进行统一认识的视角。用约翰·怀南特的话说，哈·麦金德是“向我们提供这个世界的全球概念的第一个人”，这个事实是始终存在的（《地理杂志》，1944 年 103 期第 131 页）。[①] 为此，我们有必要清楚地认识经济地理的价值所在。

首先，经济地理是分析“走出去”商业利益的基础。从企业和金融机构两方面看，“走出去”活动中的商业利益主要由企业利润和金融机构的资产扩张构成，其内含的经济地理要素包括地理区位、经济密度、产业分工、市场准入、融资环境、竞争程度、文化因素等。实际上，全球产业布局涉及资源能源、基础设施、产业基础配套、人口集聚等生产性要素的地理位置，不同区域的产业共生关系会形成相异的国际分工格局，在贸易便利化程度日益增加的情况下，跨国企业会根据全要素生产率的目标要求设置不同地理区域的产业模块功能。同样，中国企业在“走出去”过程中边学边干，以本国内生性需求为导向寻找全球资源可供开发的据点，通过与各国企业开展合作积累市场开拓和资源开发经验，选择在对中国市场开放且具有较高经济合作互补性的国家优先开拓国际业务，这与全球资源的地理分布和市场化运作程度的地区分布具有直接关系。如果双方市场开放程度较高，资源开发合作互补性强，产业与贸易分工格局具有上下游产业链衔接机制，则对应该地理位置的中国企业“走出去”商业利益价值就高，反之亦然。

其次，全球化合作发展需要厘清各方经济地理关系。从产业部门“走出去”看，中国企业在推动与各国的全球化合作发展过程中面临对当地经济地理环境不熟悉的困难和挑战。实际上，我们不能单纯因自然资源的地理分布、丰富程度及与中国内生性需求的互补性强弱而做出简单的投资决策，还要考虑经济距离、市场准入、文化背景等软性地理因素，对于一些缺乏足够的基础设施配套、市场准入成本较高、文化差异较大的国家，要从全球角度理清各方与中国之间的经济地理关系。当然，简单来判断，亚洲周边对中国来说显然具有经济距离优势，且与中国在市场开放和准入条件方面具有文化共融

① 哈·麦金德．历史的地理枢纽［M］．北京：商务印书馆，1985：16.

的优势。中国与以美国为代表的北美洲经济距离相对较近，且各自市场体系经济密度都较大，但在市场准入方面中国企业面临较大障碍，互补性关系较弱。相比北美洲，中国与欧洲、拉美在经济距离上不具有优势，但在市场准入方面则条件相对较好，资源开发与技术交流合作的空间较大。在非洲，中国企业进入门槛相对较低，经济距离和市场准入条件仍处于初期合作发展阶段，未来潜力巨大，尤其是非洲地区在跨境统一市场体系建设过程中将进一步释放与中国市场的合作需求。中国已经成为非洲最有经济增长潜力的合作伙伴，经济距离上也有合作优势，资源互补性非常强，但在市场准入上仍然面临挑战，且基础设施配套的瓶颈问题仍然较为突出。

最后，开放经济下的产业特征是经济地理价值的关键。从地理和社会发展角度看，产业集聚和区域聚合发展是全球化程度日益加深的一个重要特征，会形成新的全球发展网络节点，成为跨境投资的落脚地。在开放经济条件下，我们对中国经济的分析视角从贸易部门转向非贸易部门，可以考虑采用小国开放模型①。当全球总需求上升，则贸易盈余增加，增加其海外投资能力，但如何获得境外资产的收益，取决于不同地区经济地理条件下的产业特征。在国内消费和投资相对固定的前提下，宏观冲击主要取决于全球供求关系的影响，反映为贸易部门的盈余变化，这一点对当前中国所处的宏观环境来说较为适合。我们知道，企业“走出去”过程中商业利益可持续主要取决于跨境贸易的可持续，因为投资是为贸易服务的，没有销售则产业投资“无以为报”。所以，中国金融所支持的“走出去”是指扩大中国企业在全球的投资，提高原产地的加工业水平，构建符合中国企业跨国发展的产业集聚和区域聚合网络节点，加强对双边乃至多边经济地理关系的优化，形成与中国市场经济体系相关联的跨境贸易格局，以解决国内经济所面临的内部冲击问题。哈·麦金德认为，他的目的不是去“预测这个国家或那个国家的广阔未来，而是制定一个能适应任何政治平衡的地理公式”。他相信世界的未来取决于边缘地区和膨胀的内部力量之间的力量平衡。② 对此，笔者表示认同。但不同区

① 在开放经济条件下，小国开放模型是一种极致条件下的近似理论分析，便于进行推导。如果采用大国开放模型，则从宏观角度看会成为一个封闭经济框架，无助于理论分析。同时，中国对外开放程度仍然落后于发达国家，这也符合小国开放模型的条件。

② 哈·麦金德．历史的地理枢纽［M］．北京：商务印书馆，1985：12.

域由于产业特征的不同，其经济地理环境所具有的冲击效果对小国开放模型来说是不一样的，因而在经济地理价值上与中国之间的相关度也有所不同。

三、金融地理驱动

金融地理是从地理因素来考察金融要素的资源配置路径和模式，寻找规律性的演进机制，形成对金融地理布局的客观认识。从历史演进看，国际金融中心的形成体现了金融地理的集聚与辐射作用，如市场经济发达程度、金融要素集聚程度、交通便利程度、时空交替衔接性等。在这里，我们重点研究地理因素是如何驱动开发性金融要素在全球范围进行资源配置的，探讨其如何推动中国企业在“走出去”过程中处理与当地社会的经济地理关系，分析开发性金融的地理驱动力构成因素。

在过去十多年里，中国开发性金融之所以在全球范围内取得快速发展，不仅仅是因为有效利用了中国香港、南非、圣保罗等区域金融中心的辐射作用，还因为其充分挖掘了金融资源配置效率的地理差异化发展特征及内生性需求，尤其是对于发达国家一时间难以形成绝对竞争优势的地区进行了深入开发。

总体而言，经济地理布局的运作需要金融地理的驱动力，以实现资源的优化配置，这是金融地理驱动之所以能够形成的内因。

首先，金融地理是经济地理中具有核心价值的要素之一，体现为对要素资源配置的引导和推动，可以有效盘活存量和激发增量，形成资源要素的空间集聚。从历史经验看，一定的人口密度对于文明的发展似乎是必需的，根据哈·麦金德的判断，发展文明的两个有利条件是人口稠密和交通方便。① 这说明，如果没有与人相关的经济社会活动，单纯的地理布局不足以形成文明的积累，而且越是人口密度较高且交通便利的地区，通过经济地理布局的运作形成产业集聚和区域聚合的可能性越大，对金融资源的潜在需求也越大。

其次，金融资源存在稀缺性特点，可以杠杆放大，尤其是对于存在金融缺陷的地区，其边际效益更大。在比较优势理论中，劳动力（生产率）的相对优势是形成跨区域贸易的关键。但在金融地理驱动的理论分析中，则主要

① 哈·麦金德．历史的地理枢纽［M］．北京：商务印书馆，1985：40.

以各地区自然要素和经济体所具有的客观优势评估整体信用空间，金融缺陷地区由于缺乏自有资金来源，市场信用量较弱，具有高风险收益特征，因而对于引入外部融资供给具有显著正效应。

最后，经济地理布局的产业集聚与扩散效应要依托次区域金融中心的支撑，单纯依靠单一区域的经济体难以实现跨区域的资源整合。“移民从一个中心扩散出去，直到他们遇到天然的障碍或者其他离心聚落的反对才会停止”①，因此，中心—外围模型对于次区域金融中心的金融地理驱动因素具有借鉴作用。如南非对于非洲，圣保罗对于南美洲，莫斯科对于俄罗斯、东欧及中亚，中国香港地区、中国上海对于中国及东南亚等都具有跨区域的金融资源配置能力。哈·麦金德认为，欧亚大陆心脏地带是世界的枢纽地区，俄罗斯掌握了东欧就具备了战略优势，如果中国不与俄罗斯合作，则无法将大陆优势和海上优势相结合，也就无法对世界产生重大影响②。

中国开发性金融的地理驱动主要通过以下三个方面来分析：一是以与中国经济发展瓶颈领域具有高度相关性的资源开发国家为优先布局对象，构建跨领域综合资源合作平台；二是以中国产业转型升级为主导力量下的全球贸易合作国家为重点布局对象，构建符合发展中国家利益诉求的产业金融合作平台；三是以提升中国对外开放核心竞争力为最终目的推动下的全球技术合作国家为有序布局对象，构建符合国际通行规则的跨国技术金融合作平台。下文将进一步对这三方面的金融地理驱动理论进行深入分析。

第二节　金融地理三层次理念

金融地理的驱动力可以通过金融地理三层次理念进行分析，其分析框架实际上来自经济地理的密度、距离、分割三层次理念。从实际效果看，有必要在此基础上进一步结合开发性金融“走出去”的实践，形成在开发性金融领域的金融地理三层次理念框架，即开发性金融要素如何促进经济密度、经济距离、市场分割（或市场准入）的融合发展。

① 哈·麦金德．历史的地理枢纽［M］．北京：商务印书馆，1985：34.

② 哈·麦金德．历史的地理枢纽［M］．北京：商务印书馆，1985：63.

一、理论框架思路

金融要素作为金融地理学的一个研究对象，并不能简单理解为金融机构的地理分布，而是要研究分析金融要素作为经济发展的资源配置手段在经济地理上的推动和影响作用。从本质上讲，金融地理驱动力是要解决资源配置的效率问题，通过提升经济密度，缩小经济距离，开拓市场准入空间，谋求更多的商业利益价值。那么，经济密度、经济距离和市场分割三者之间的内在关系是什么呢？三者与金融之间的关系又是什么呢？简单看，三者之间是互相平衡和制约的关系，经济密度是基础，经济距离是约束条件，市场分割是外部环境，金融是这一平衡关系中的催化剂。

从目前看，金融地理包括了对上述三者的描述，但是没有形成系统的分析，缺乏理论视角，而且几乎没有这方面的文献。金融地理不仅包括金融机构，更主要是指金融要素对经济密度、经济距离和市场分割的影响。首先，金融要素可以促进经济密度提升，越是需要形成规模报酬递增效应的地方，就越需要高效率的金融资源配置；其次，经济距离的改善必须依靠基础设施，但这种基础设施往往都是跨国界、长周期、回报偏低的，需要开发性金融要素引导商业金融资源给予共同支持；最后，市场分割条件的解决，要靠金融资源来破解市场的制度障碍，提升区域一体化在货币金融领域的融合程度。

开发性金融地理三层次理念的总体框架思路是：分别从金融地理的驱动力对经济密度、经济距离、市场分割（或市场准入）的直接或间接影响这三个不同层面进行深入分析，进而寻找与中国发展具有“一致性”利益关系的地区和国家①，强化这种合作过程中的商业利益保障和风险控制，进而实现对全球经济政治秩序的重新整合。

开发性金融“走出去”的目标是致力于打造中国经济金融的国际合作网络，构建符合中国发展合作利益的“中心—外围”合作格局。实体经济的商业利益要靠金融地理三层次理念机制来保障，主要是通过金融手段实现对经济密度、经济距离和市场分割状况的改善，构成一系列采用“中心—外围”

① 这里的一致性是指在中长期战略合作需求、经济利益互补性、产业贸易分工体系、政治外交合作伙伴、全球地缘政经格局等领域都具有一致性，构成以中国发展合作网络为核心的国际新经济政治秩序。

合作模式的项目，加快区域经济一体化进程。从地理层面看，资源开发合作就好比农业部门生产，主要依靠世界各地的自然资源分布，可以视同生产的均衡分布，不存在产业集聚的可能性；相比于自然资源，制造业部门由于产业内贸易的日益增强，更可能形成产业集聚与专业化分工，进而产生符合“中心—外围”模型的运作框架。

具体来讲，首先，经济密度体现为单位土地面积的经济产出，包括了资源禀赋、劳动力、技术和金融等要素的整合，重点构建“中心—外围”模型形成的基础条件。开发性金融支持中国及与中国发展具有较高一致性的地区在双边投融资合作过程中双向同步提升经济密度，通过各自领域的专业化分工，在世界不同地区形成一系列具有中心辐射作用的产业增长极，形成不同层次的“中心—外围”格局。

其次，经济距离体现为单位距离运输的经济成本，或者说一个产品从原材料供应地到达最终消费市场的周期及相关成本。开发性金融支持使商品流通周期缩短和运输经济成本下降的商业项目，而运输成本（经济距离）下降，可以激发规模报酬递增的效应，从而形成“中心—外围”模型的基础条件，如中俄能源管道、亚洲互联互通基础设施等。

最后，市场分割体现为地理范围内的市场准入条件不同，反映了一个产品进入到世界消费市场的具体准入门槛，包括货币、税收、监管、配额等制度成本或交易成本。开发性金融支持中国企业加强双向及多边投资互动，通过加快上海自贸区建设和有力推进“一带一路”建设，加快形成沿边开发开放新格局，进一步提升中国对外开放程度，扩大市场准入的政策空间，有效减少世界经济对发展中国家市场的分割与限制。同时，开发性金融还支持中国与其他相关国家的跨境基础设施合作，使其尽快以区域经济一体化的合作方式对资源、产品和服务进行工业化改造，并进入到中国及世界其他市场。

总而言之，金融地理三层次理念模型的构建对评估开发性金融的金融地理价值含量、给予相关政策配套的考量等都具有指导意义，需要形成一个可解释的理论框架。

二、理论模型分析

国家开发银行之所以能在短时间内实现开发性金融“走出去”业务的快

速发展，成为中国最大的对外投融资合作银行①，关键在于对金融资源配置的全球地理分布进行了前瞻性的规划和推进，构建了内外部一体化运作的合作平台，对分支机构的境内外业务进行统筹管理。为此，本书建立了一个包含密度、距离、分割因素的金融地理分析模型，试图对这一历史过程及未来发展趋势进行理论分析。

（一）前提假定

人民币相对自由兑换，全球自然资源分布下的开发活动视同农业部门的生产，开发性金融所支持的其他商业活动视同制造业部门的生产。

（二）因变量和自变量

因变量：金融地理的价值总量 $V(G)$ ，即地理因素驱动下的金融资源配置效率所产生的经济社会价值。

自变量：经济密度 D_i（单位土地面积 GDP 或资源产出量）、经济距离 T_i（单位距离运输成本）、市场分割与准入成本 MD_i（投资保护协定、双边协议等）、开发性金融融资总量 F_i 、开发性金融融资成本 I_i 。

（三）理论模型框架

从理论分析角度看，开发性金融的金融地理价值总量与合作国经济密度、开发性金融融资总量成正比，与经济距离（合作国与中国及世界其他市场）、市场分割与准入成本（合作国与中国及世界其他市场）、开发性金融融资成本成反比②，即

$$金融地理价值总量 = \sum_{i=1}^{n} \frac{开发性金融融资总量}{开发性金融融资成本} \times \frac{经济密度}{经济距离 \times 市场分割与准入} \times 地区调整系数$$

其中，地区调整系数 β_i 反映的是根据世界不同地区对中国经济发展的重要性程度，如合作国与中国之间的双边贸易投资总量（比例）及增长趋势等，设定不同的权重。由此：

① 2008 年 11 月，时任中共中央总书记、国家主席胡锦涛同志出访拉美时，向时任秘鲁总统阿兰·加西亚介绍国家开发银行时称其为“中国最大的对外投融资合作银行”。

② 需要说明的是，这里的经济密度、经济距离和市场分割（或市场准入）都是指中国开发性金融活动推进过程中所涉及的相关项目。

$$
\begin{aligned}
V(G) &= \sum_{i=1}^{n} \mathrm{Var}(F_i,\ I_i,\ D_i,\ T_i,\ MD_i,\ \beta_i) \\
&= \sum_{i=1}^{n} \frac{F_i}{I_i} \cdot \frac{D_i}{T_i \cdot MD_i} \cdot \beta_i \\
&= \sum_{i=1}^{n} \frac{F_i}{I_i} \cdot \alpha_i \cdot \beta_i
\end{aligned}
\tag{4-1}
$$

从分析角度看，我们可以将 $\frac{D_i}{T_i \cdot MD_i}$ 定义为金融地理驱动因子 α_i ，即基于地理分布的不同市场准入条件下单位距离的经济或资源产出乘数（经济或资源产出相对于运输成本的倍数）。三个自变量中都暗含了开发性金融活动的影响，反映为经济密度、经济距离和市场分割与准入方面开发性金融在风险加权利率水平上的作用程度，如开发资源矿产提高双边合作的经济密度、建设互联互通基础设施缩减经济距离、扩展大宗商品贸易融资改善贸易与投资的市场分割与准入状况等。实际上，从内涵看，金融地理驱动因子 α_i 和地区调整系数 β_i 分别是中国开发性金融“走出去”过程中所对应合作国的开发性金融融资总量的杠杆乘数和权重比例，并在一个合理区间内按照对应合作国的开发性金融总体融资成本进行贴现，从而得到某一合作国相对于中国的开发性金融地理价值量 $V(G_i)$ ，加总后得出中国开发性金融在全球范围内的金融地理价值总量 $V(G)$ 。

接下来，我们重点讨论“中心—外围”模型的形成条件，这是开发性金融地理驱动模型之所以能够建立和实现商业利益价值的前提。根据藤田昌久、克鲁格曼和维纳布尔斯的共同研究①，列举一个只有垄断竞争的制造业部门 M 和完全竞争的农业部门（或可视为资源部门）A 的两部门经济体，这两部门分别仅使用一种劳动力资源，即工人和农民。假定各部门的要素供给量不变，地区数为 R；世界上的农民数量为 L^A ，且每个地区的资源禀赋即农业劳动力份额是既定的外生变量，记为 φ_r ；制造业劳动力随时间变化，用 L^M 表示全世界的工人数，用 λ_r 表示地区 r 在任何时点上的制造业劳动力份额；适当选择单位可使得 $L^M = \mu$ ，$L^A = 1 - \mu$ 。由于资源的地理分布由外生因素和内生因素

① 藤田昌久，保罗·克鲁格曼，安东尼·J. 维纳布尔斯．空间经济学——城市、区域与国际贸易［M］．北京：中国人民大学出版社，2011：48.

共同决定，则根据“冰山”原理①可知，如果1单位工业制成品由地区 r 运往地区 s ，只有 $1/T_n$ 单位产品可以运抵目的地，农产品运输则假定是无成本的（便于模型简化）。鉴于农产品运输免费且规模报酬不变，所以各地区农民的工资率相同，记为 $w_r^A=1$；但各地区制造业工人的名义工资和实际工资都可能会有差异，因此将 w_r 和 ω_r 分别定义为地区 r 制造业工人的名义工资和实际工资。能够同时满足4R方程的解即可作为确定该经济体在瞬间均衡状态下是否会成为“中心—外围”模型的判断依据。具体情况如下：

1. 总体假设

所有消费者都具有相同偏好，效用由柯布—道格拉斯（Cobb-Douglas）函数表示为：$U=M^{\mu}A^{1-\mu}$ 。其中，M 为制成品消费量的综合指数；A 为农产品消费量的综合指数；μ 是常数，表示制成品的支出份额。设 $m(i)$ 为每种可得制成品的消费量，n 为制成品种类的范围，ρ 为消费者对制成品多样性的偏好程度，σ 为任意两种制成品之间的替代弹性，令 $\sigma\equiv 1/(1-\rho)$ ，G 为工业制成品价格，p^A 为农产品价格，则 M 符合不变替代弹性函数（CES）：

$$M=\left[\int_0^n m(i)^{\rho}\mathrm{d}i\right]^{1/\rho},0<\rho<1 \tag{4-2}$$

我们研究的目标是：

$$\max U=M^{\mu}A^{1-\mu} \qquad \text{s.t. } GM+p^AA=Y$$

即在总收入一定的条件下，如何使消费者收入在全球工业制成品和农产品之间的分配效用达到最大化，得到如下的非补偿消费需求函数：

农产品为 $A=(1-\mu)Y/p^A$ ；每种制成品为 $m(j)=\mu Y\dfrac{p(j)^{-\sigma}}{G^{-(\sigma-1)}}$ ，$j\in[0,n]$ 。

2. 收入方程

假设各地区农民工资相同，且设度量单位为1。则地区 r 全体工人和农民的收入为：

$$Y_r=\mu\lambda_r w_r+(1-\mu)\varphi_r \tag{4-3}$$

① “冰山”运输技术原理是由萨缪尔森（1952）正式提出的，不过冯·杜能（1826）假设谷物运输成本主要是由拉车的马在路上消耗的谷物构成的。因此，也可将冯·杜能模型看成是冰山运输技术原理的先驱。该原理是指如果把1单位农产品（或任何一种制成品）从地区 r 运到地区 s ，则只有其中一部分（$1/T_{rs}^A$ 或 $1/T_{rs}^M$）能够到达，其他的都在运输途中损耗掉了，可以看作运输成本。

3. 价格指数方程

假设地区 s 制造业工人数为 $L_s^M=\mu\lambda_s$，制造业厂商数目（恒等于制造业的产品种类数）为 $n_s=\frac{L_s^M}{\mu}$，产品出厂价为 $p_s^M=w_s^M$，各类制成品需求弹性为 σ，则工业制成品的价格指数方程为：

$$
\begin{aligned}
G_r &= \left[\sum_{s=1}^{R} n_s\,(p_s^M T_{sr}^M)^{1-\sigma}\right]^{1/1-\sigma}\\
&= \left[\frac{1}{\mu}\sum_{s=1}^{R} L_s^M\,(w_s^M T_{sr}^M)^{1-\sigma}\right]^{1/1-\sigma}\\
&= \left[\sum_{s}\lambda_s\,(w_s T_{sr})^{1-\sigma}\right]^{1/1-\sigma}
\end{aligned}
\tag{4-4}
$$

由式（4-4）可知，若需求弹性 σ 大于 1，与地区 r 之间运输成本较低的地区制造业份额越高，则地区 r 的工业制成品价格指数（物价水平）越低，进而对制造业工人越具吸引力，即前向关联。这是经济地理和金融地理驱动的力量源泉之一，因为制造业工人的集聚将有助于降低劳动力成本并提升全要素生产率，进而实现产业资本与劳动力资本的集群效应，扩展市场消费需求空间，吸引资金供给集聚，降低资金成本，增强投资回报率，形成规模报酬递增效应，从而促进区域经济一体化，扩大金融地理驱动力的资源配置范围。

4. 名义工资方程

假设地区 r 固定成本投入为 F，变动成本投入为 c^M，厂商利润为 $\pi_r=w_r^M[q_r^M c^M/(\sigma-1)-F]$，则厂商零利润时的产出水平（均衡产出和均衡劳动力投入）变为 $q^*=l^*=\mu$（其中，$q^*\equiv F(\sigma-1)/c^M$，$l^*=F+c^M q^*=F\sigma$）。此时，边际产出偏好等于边际成本投入，即 $p_r^M((\sigma-1)/\sigma)=c^M w_r^M$ 或 $p_r^M=c^M w_r^M/\rho$。考虑从地区 r 到地区 s 的运输成本因素，有 $q^*=\mu\sum_{s=1}^{R}Y_s\,(p_r^M)^{-\sigma}(T_{rs}^M)^{1-\sigma}G_s^{\sigma-1}$，即 $(p_r^M)^{\sigma}=\frac{\mu}{q^*}\sum_{s=1}^{R}Y_s(T_{rs}^M)^{1-\sigma}G_s^{\sigma-1}$，则可得 $w_r^M=\left(\frac{\sigma-1}{\sigma c^M}\right)\left[\frac{\mu}{q^*}\sum_{s=1}^{R}Y(T_{rs}^M)^{1-\sigma}G_s^{\sigma-1}\right]^{1/\sigma}$。因此，在地区 r 使制造业收支相抵的名义工资 w_r 为：

$$w_r = \left[\sum_s Y_s T_{rs}^{1-\sigma} G_s^{\sigma-1} \right]^{1/\sigma} \tag{4-5}$$

由式（4-5）可知，若需求弹性σ大于1，与地区r之间运输成本较低的地区其总体收入越高，则地区r的名义工资也较高，因为接近较大规模的市场体系，相对而言工人能够得到更高工资，即后向关联，构成了基础-乘数模型①，进一步强化前述的前向关联，增强经济地理和金融地理的驱动。

5. 实际工资方程

假设生活费用指数为$G_r^{\mu}(p_r^A)^{1-\mu}$，且实际工资可用名义工资除以生活费用指数得到，各地农产品价格均为单位价格，由于工业制成品在工人支出中的占比为μ，则地区r的工人实际工资ω_r为：

$$\omega_r = w_r G_r^{-\mu} \tag{4-6}$$

由式（4-6）可知，若生活消费指数增高，则名义工资上升，实际工资下降。

6. 举例说明

为了更进一步描述“中心—外围”模型的形成条件，我们可以考虑仅有两个地区的情况，令T为两地之间的运输成本，无下标的λ为地区1的制造业份额，$1-\lambda$为地区2的制造业份额，则有如下4R方程可以描述瞬时均衡状态下的“中心—外围”模型：

收入方程：

$$\begin{cases} Y_1 = \mu\lambda w_1 + \dfrac{1-\mu}{2} \\ Y_2 = \mu(1-\lambda) w_2 + \dfrac{1-\mu}{2} \end{cases} \tag{4-7}$$

价格指数方程：

$$\begin{cases} G_1 = [\lambda w_1^{1-\sigma} + (1-\lambda)(w_2 T)^{1-\sigma}]^{\frac{1}{1-\sigma}} \\ G_2 = [\lambda (w_1 T)^{1-\sigma} + (1-\lambda) w_2^{1-\sigma}]^{\frac{1}{1-\sigma}} \end{cases} \tag{4-8}$$

---

① 若将一个地区的出口活动看成是“经济基础”，则出口部门收入X中会有一定比例乘数a用于当地非出口部门的消费，导致第二轮收入aX，照此循环往复，则该地区总收入$Y=[1/(1-a)]X$。根据普雷德（Pred，1966）的观点，收入用于当地支出的份额并非不变，而是取决于当地市场规模，所以，随着该地区经济扩张和市场体系规模的扩大，乘数a也将增大，使得总收入Y加速增长。

名义工资方程：

$$\begin{cases} w_1 = [Y_1 G_1^{\sigma-1} + Y_2 G_2^{\sigma-1} T^{1-\sigma}]^{\frac{1}{\sigma}} \\ w_2 = [Y_1 G_1^{\sigma-1} T^{1-\sigma} + Y_2 G_2^{\sigma-1}]^{\frac{1}{\sigma}} \end{cases} \tag{4-9}$$

实际工资方程：

$$\begin{cases} \omega_1 = w_1 G_1^{-\mu} \\ \omega_2 = w_2 G_2^{-\mu} \end{cases} \tag{4-10}$$

我们可以将 4R 方程进行分别迭代，最终通过 $\omega_1 - \omega_2$ 与 λ 的关系图来分析“中心—外围”模型的形成条件。为了便于分析，我们通过数值示例来观察结果，设定 $\sigma = 5$，$\mu = 0.4$，运输成本 T 分别取高（2.1）、中（1.7）、低（1.5）三种情景。

如图 4-1 所示，在运输成本 $T = 2.1$ 的情况下，经济在 $\lambda = 0.5$ 时实现对称均衡（为实心圆点），制造业在两地区之间平均分布，因而不能实现“中心—外围”的瞬时均衡。

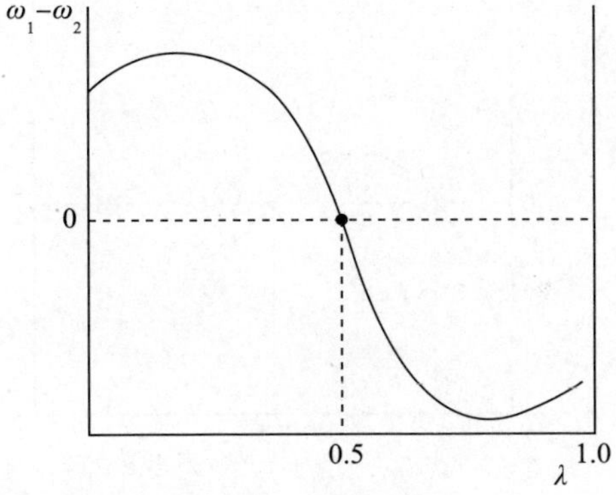

图 4-1　实际工资差额，$T = 2.1$[①]

如图 4-2 所示，在运输成本 $T = 1.5$ 的情况下，经济在 $\lambda = 0$ 或 1 时实现“中心—外围”的瞬时均衡（为实心圆点），制造业在两地区的其中之一实现集中，在 $\lambda = 0.5$ 时则无法实现对称均衡（为空心圆点）。

① 藤田昌久，保罗·克鲁格曼，安东尼·J. 维纳布尔斯. 空间经济学——城市、区域与国际贸易［M］. 北京：中国人民大学出版社，2011：51.

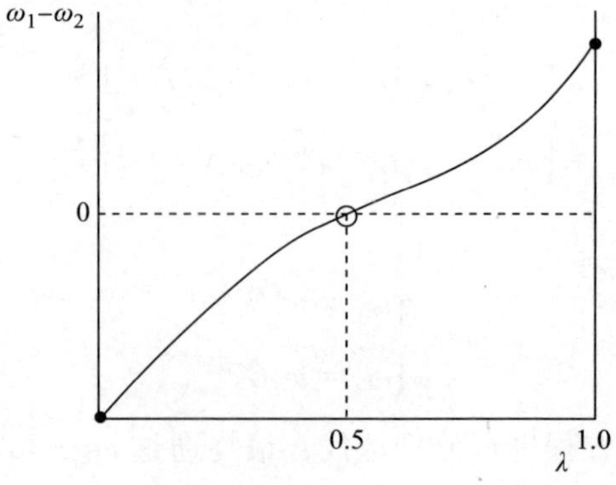

图 4-2　实际工资差额，T = 1.5 [①]

如图 4-3 所示，在运输成本 T = 1.7 的情况下，经济在 λ = 0 或 1 时实现“中心—外围”的瞬时均衡（为实心圆点），制造业在两地区的其中之一实现集中，在 λ = 0.5 时则实现对称均衡（为实心圆点），并且在其两边各自出现一个不稳定均衡（为空心圆点）。

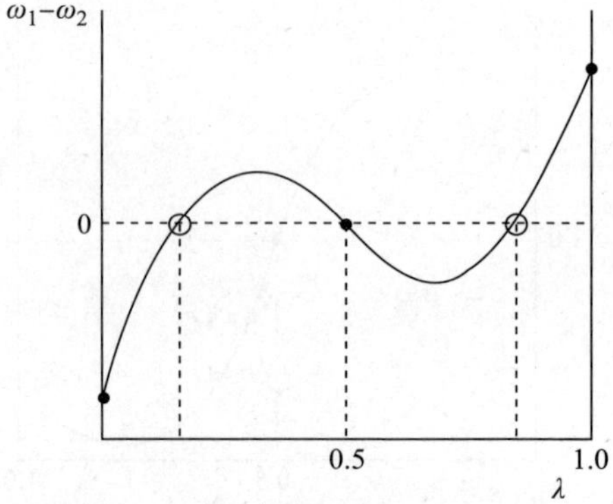

图 4-3　实际工资差额，T = 1.7 [②]

如图 4-4 所示，我们将前述三种情景下的实际工资差额曲线都反映在一个分别以运输成本 T 和地区 1 制造业份额 λ 为横轴、纵轴的框架图内，表明

① 藤田昌久，保罗·克鲁格曼，安东尼·J. 维纳布尔斯. 空间经济学——城市、区域与国际贸易［M］. 北京：中国人民大学出版社，2011：51.

② 藤田昌久，保罗·克鲁格曼，安东尼·J. 维纳布尔斯. 空间经济学——城市、区域与国际贸易［M］. 北京：中国人民大学出版社，2011：52.

了各类均衡是如何随着运输成本变化而变化的，并揭示在何种条件下将保持“中心—外围”均衡模式。

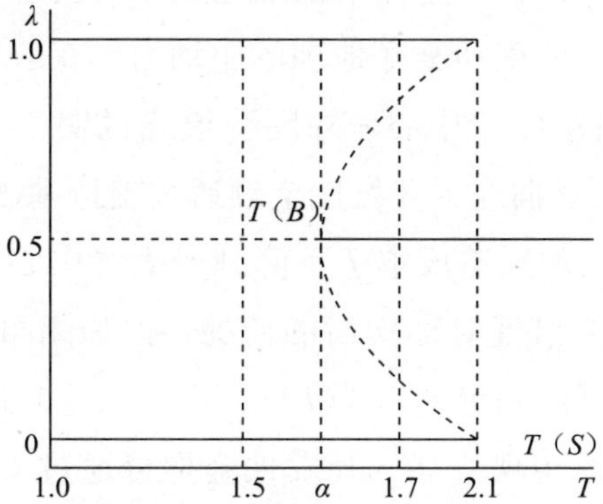

图 4-4　“中心—外围”分岔

（1）运输成本 T 很高的情况下，经济将存在唯一的稳定均衡（$\lambda=0.5$ 时的右端实线，即对称均衡），制造业在两地区平均分布，不存在“中心—外围”均衡模式。

（2）当运输成本 T 下降到 2.1 以下时，经济出现 3 个稳定均衡（$\lambda=0$ 或 1 时的“中心—外围”瞬时均衡，$\lambda=0.5$ 时的对称均衡）和 2 个不稳定均衡（即对称均衡），如 $T=1.7$ 的情景。在这里，我们将 $T=2.1$ 称为支撑点 $T(S)$，表明一旦确立“中心—外围”模式，其瞬时均衡就能保持下去，但也不排除出现对称均衡情景的可能性，即存在两种均衡模式的状态。

（3）当运输成本 T 下降到 α 以下时，经济出现了 2 个稳定均衡（$\lambda=0$ 或 1 时的“中心—外围”瞬时均衡），而对称均衡则是不稳定的，制造业不可能保持在两地区平均分布，如 $T=1.5$ 的情景。在这里，我们将 $T=\alpha$ 称为突变点 $T(B)$，表明“中心—外围”模式将得以稳定存在。

（4）我们可以将支撑点 $T(S)$ 和突变点 $T(B)$ 分别看成是“中心—外围”模式的必要条件和充分条件，两点的运输成本 T 之间则是可能存在“中心—外围”模式的时空区间（我们可以称之为产业形成区域集聚的“缓冲区”，存在动态均衡变动的情况）。

综上所述，“中心—外围”模式将以“战斧式分岔”方式存在于经济发展过程之中，其发生作用的时空区间（运输成本 T 为从 1 到支撑点 $T(S)$，包括“缓冲区”）到底有多大将取决于经济密度、经济距离和市场准入与分割等因素。

开发性金融在“走出去”过程中正是通过影响上述“中心—外围”模式的产生条件，确保经济地理和金融地理的驱动力，获取相应的商业利益。以“缓冲区”为例，不稳定的“中心—外围”模式说明了支撑点、突变点的位置，在支撑点 $T(S)$ 开始向左，开发性金融通过支持基础设施领域项目建设，使得中国与合作国之间的运输成本 T 下降到产生“中心—外围”模式，但这还不够稳定，仍然可能出现对称均衡的情况，但如果可以进一步提升效率，使得运输成本 T 继续下降到突变点 $T(B)$ ，则进入稳定的“中心—外围”模式。同时，为了更好地实现发展，开发性金融可通过支持合作国重大资源、产业类项目提升地区 1 的制造业份额 λ 和制成品支出份额 μ ，加强区域经济密度（收入 Y 和价格指数 G ），进而扩大可能产生“中心—外围”模式的运输成本 T 的范围，即“缓冲区”，若 $\sigma > 1$，由公式（4-5）反推即可得 T 值，收入 Y 和价格指数 G 上升，则符合条件的运输成本 T 上升。伴随“中心—外围”模式下市场体系的规模报酬递增效应扩大，对于那些属于替代弹性 σ 较小的制造业领域来说，则更有利于扩大运输成本 T 的范围（因为 T 的要根据 σ 大小开根号）。这也解释了为何中国要优先选择一些相对比较成熟且替代弹性 σ 较小的制造业领域（如劳动密集型产业、高铁产业等）向海外进行扩张，再逐步过渡到中高端产业。但是，我们并不能一味要求运输成本 T 无限制地下降，而要在市场分割与准入的基础上考虑金融的开拓功能。因此，为促进贸易与投资，开发性金融可以借助于中国市场的巨大消费内需潜力，发挥市场准入因素下的金融地理驱动作用，优先推动合作国在替代弹性 σ 较小的制造业领域与中国开展合作，形成互利共赢的合作格局。

（四）理论内涵逻辑

开发性金融在“走出去”过程中，要实现各方共同的商业利益，就要明确到底在何种条件下“中心—外围”模式均衡可以稳定存在。这种稳定代表了以中国发展合作网络为核心的经济地理和金融地理驱动力所构建的区域一体化机制究竟能否保持足够的市场激励效果，从而形成一个具有商业利益共享基础的合作格局。同时，从产业上看，开发性金融促进下的运输距离 T 的下降要有利于这种市场微观结构的稳定存在，为开发性金融引导商业金融指明合适的方向，使得制造业在工资水平和经济距离之间取得产业集聚的均衡布局，促进市场资源配置最优化。

根据前文，有以下一个递进的逻辑关系：人口地理分布（资源地理分布）→不同经济密度（经济产值/单位面积=经济密度，反映为人口密度）→不同经济距离（与人口与经济集聚中心之间的距离，反映为运输成本）→“中心—外围”模型（不同的规模报酬递增效应）→不同产业集聚（不同经济地理价值量及金融风险）→不同市场准入条件（国际贸易与投资分工体系）→不同金融地理格局（多样化的金融地理驱动模式）→全球经济金融新秩序（开发性金融助推中国因素）。

基于城镇化与国际化之间的关系，可以将上述逻辑关系进一步发展为：金融地理驱动力↑→国际化程度↑→经济距离↓→制造业集聚↑→农业人口↓→城市化率↑→经济密度↑。同理，也可反推出：城市化率↑→经济距离↓；经济密度↑→经济距离↓。

因此，可以按如下顺序推进开发性金融“走出去”：①先确定广义资源的地理分布，寻找与中国发展相关度高的地区（可以构建经济地理模型来分析）；②分析产业发展关系，寻找具有大额融资空间的行业，寻找中国因素具有竞争力的地方（要明确中国因素的具体体现是什么）；③从国际竞争和“中心—外围”模式角度出发，寻找能够降低运输成本和提高经济密度的企业合作平台；④从市场准入角度出发，构建不同的合作模式，包括贸易融资、买方卖方信贷，以及直接投资下的融资与并购安排。

三、实践的理论解读

基于上述理论逻辑，我们可以进一步解构开发性金融实践。首先，开发性金融“走出去”解决的就是经济密度问题，提高中心地区（包括中国及各主要大洲的战略利益一致性国家）的单位 GDP 产值（包括资源利用、技术合作、产业联合等）。在这个环节，可以对“中心—外围”模式做进一步分析，研究其理论上的构成基础和条件，看与实际案例的接近程度如何。其次，开发性金融“走出去”要解决的是缩短经济距离，也即降低运输成本的问题，这是“中心—外围”模式构成的基础条件，即运输成本足够低时会出现“中心—外围”

模式的专业化分工，形成区域的中心集聚。这一条在亚洲周边及非洲的跨境基础设施方面尤其有效，可以大幅降低海外投资的风险，否则中国在很多地方的海外投资都是高风险行为，当然，其周期较长。最后，要解决市场准入问题，这是制度层面的障碍。中国开发性金融企业“走出去”，实际上要突破投资或贸易垄断行为，以中国市场需求来带动国际贸易分工格局的调整，使其有利于确保中国海外投资的商业利益，进而保证开发性金融的商业利益。

以中国的亚洲周边外交战略为例，周边互联互通建设关键是要在经济、贸易、文化、人才、货币、海关、基础设施等方面实现互联互通，不单单是基础设施。因此，从战略角度考虑，贸易行为导向下的市场开发深度是促进互联互通建设实施的关键因素。基础设施在缩短距离、降低运输成本上要发挥关键性作用，不是依靠一味地加大投资，因为如果投资额太大，但经济需求量有限，反而使投资成本都转嫁到运输成本上，导致贸易行为得不到大幅提升，降低互联互通效果。因此，从“中心—外围”模式的基础性作用看，要一方面扩大使得该模式成立的运输成本 T 的范围，形成专业化分工格局，实现规模报酬递增效应；另一方面切切实实地降低运输成本 T，使得“中心—外围”模式能够真正实现稳定均衡。从金融地理三层次理念看，“中心—外围”模式使得“密度、距离和分割”三层次在一个体系内得到了很好的论证，尤其是区域经济一体化选择方式，要求我们必须在经济密度、经济距离和市场准入等方面设计相应的组合策略，实现开发性金融资源的全球性国际地理布局配置。

第三节　国际地理布局机制

开发性金融“走出去”必须要做好全球资源配置的地理布局，那么，到底如何建立符合“中心—外围”模式的布局机制呢？为此，我们必须分析国际地理特征，研究地理布局模式，坚持正向规划方法，构建合适的开发性金融国际地理布局，形成可持续的发展机制。

一、分析国际地理特征

（一）中国金融资源的总体国际地理特征

通过观察，我们可以发现，中国在发达国家的金融资源配置主要以有价证券等流动性较好的资产为投资对象，如果是融资行为，则大多数情况下采用跟随战略，更多参与服务企业“走出去”的并购活动，但受制于发达经济体资金更充裕的情况及同业竞争度较高，获利空间不大；中国在发展中国家的金融资源配置主要以与中国自身实体经济发展需求密切相关的产业或资源为投融资对象，在金融资源供给相对不足的情况下，能够在确保双赢前提下获得相对较高的收益及主导定价权，但需要不断创新风险控制手段；中国在新兴市场国家的金融资源配置主要以有助于加强双方实体经济互补性发展的产业或资源为投融资对象，在多方共赢的前提下获得相对中高等收益及一定的定价权，风险控制手段则要考虑合作国的可接受程度。

（二）开发性金融“走出去”的国际地理特征

开发性金融“走出去”的国际地理特征主要是根据“金融地理三层次”理论寻找“中心—外围”模式的可能性，重点选择发展中国家、新兴市场国家和部分发达国家，构建不同层级的地理布局。对此，我们可以先观察当前世界市场准入情况的地理分布①。

1. 发展中国家面临最为严重的边界分割

非洲、拉美、亚洲、中东等发展中国家的地区边界分割现象明显，这与既有的民族独立和国家发展历史有关，也反映出固有的地缘政治影响长期存在所导致的边界冲突或隔离，亟待加快区域一体化进程，打破国界限制，构建和谐统一的市场基础，形成合理的国际产业分工格局。

2. 市场规模和市场准入因区域不同而相异

与美国的市场规模和市场准入情况相比，西欧地区最为接近，加拿大、北欧、中国等紧随其后，印度、中东、北非、东南亚、加勒比地区等则再次之，非洲、南美、俄罗斯及中亚、大洋洲等则相对差异较大，表明了不同区域的市场体系发展成熟度及市场准入的内在限制或约束。

3. 对世界毗邻地区进行简单的市场化归类

根据世界银行《2009 年世界发展报告：重塑世界经济地理》，我们可以将世界各国按照融入世界市场的程度大致分为四类：北美洲、西欧、大洋洲、

① 世界银行 . 2009 年世界发展报告：重塑世界经济地理［M］. 北京：清华大学出版社，2009：31.

日本等高收入国家，俄罗斯、中东欧、北非、中东、加勒比地区等接近世界市场的国家，亚洲（中国、印度、蒙古、东南亚等）、拉美、南非等远离世界市场的大国，中部非洲、中亚、南太地区等远离世界市场的小国。

由此可见，开发性金融在“走出去”过程中，主要以提升中国在世界市场中的影响力为目标，首先将亚洲、非洲、拉美等地的发展中国家作为自身金融地理布局的对象，开展全面深入合作，构建互惠互利的新型市场合作体系，减少跨区域市场分割状态；其次选择俄罗斯、中东欧等新兴市场国家，开展基础设施、金融、能源合作；最后以英国、法国、瑞典等西欧、北欧部分发达国家为合作伙伴，加强科技、金融、环保等领域的互补合作。

例如，欧亚大陆是全球面积最大的大陆和地缘政治中轴，也是能源和矿产资源较为丰富的地区，在国际政治和经济舞台上地位日益提升。上合组织成员国作为大陆的地缘中心，是连接两大洲的纽带和桥梁。不断深化上合组织成员国的多双边经贸合作，既是以经促政、实现中国外交战略的需要，也是反恐反独、维护国家安全的需要，更是延长中国发展战略机遇期、缓解资源瓶颈、实现中国经济社会全面可持续发展的需要。①

二、坚持正向规划方法

正向规划是指按照客观规律，从顶层设计高度出发对事物发展方向及路径进行计划和安排，形成一系列的运作模式、机制和制度，并以规划的方式组织落实。开发性金融“走出去”过程中也采取了这种正向规划方法，对金融资源的全球地理布局进行前瞻性引导和规划。

（一）基本原理

中国金融“走出去”的商业利益基础在于巨大的成本优势，这种成本优势不是纯粹金融概念下的资金成本，而是全要素效率下的产业成本竞争优势所形成的金融活动利润空间（实体经济发展是金融业的利润基础），而且这种规模效应在国际上同样具有较好的可复制性，甚至可能具有更为可观的基层

① 国家开发银行．深耕上合、辐射五洲［J］．开行国际，2012：11（40）．

自主性①，形成全球一致性发展区域，强化规模报酬递增优势。开发性金融“走出去”要坚持“中国发展需求—全球资源配置—重点国家（地区）规划咨询—系统策划构造重大国际项目—组织企业‘走出去’推动实施”的正向规划战略思维，从顶层设计和战略利益互换模式入手，形成新的理论模型框架，以国际合作大项目作为基础，促进双边、多边经贸投资交流。

何谓一致性发展区域？基于“中心—外围”模型基础下的金融地理“三层次”理论，我们可以看到市场规模报酬递增对区域经济一体化的促进作用，但从更为广泛的国际地理空间看，市场体系的规模扩张效应是在一系列具有一致性相关利益关系的区域之间形成的，这与各自区域地理中心的经济密度、经济距离和市场分割与准入条件形成内在嵌入式关联，因此由于规模因素影响在某个或某些方面形成内部的一致性发展关系（如市场准入条件、规模报酬递增、产业集群效应、资本配置效率等）的两个地区或多个地区即为一致性发展区域。

当然，对于国际合作而言，符合条件且与中国发展具有一致性的区域，要在某些大趋势之下才会存在，“可遇不可求”。当前，这个“可遇”的概率比较大，因为我们已处于这样的大趋势之中。这有两方面原因：一是中国下一个三十年的工业化进程将伴随城市化内涵深化与加快进入转型升级阶段；二是中国与外部世界的关系将在对外开放新时期逐步实现完全的重新建构。这些都同基于分布式计算技术与中国巨量人口的结合而形成的独特的产业整体进化方式有关。分布式自主动员机制在现有人口基数上发挥乘数效应，实现超大规模的边际成本优势和规模报酬递增优势，而且这种机制在国际范围内由于中国因素而得到进一步的广泛复制。这种产业整体进化方式，形成了一个恒定的“成本洼地”，就是说制造业成本不仅取决于传统因素（如企业内部成本、外部产业配套成本等），还取决于全新的非传统因素——在整体进化过程中，彼此形成统一的市场合作机制，加快效率提升，通过大幅度改善传统成本项目的作用效率而实现成本优势。例如，尽管非洲有 10 亿人口，但分布在 50 多个国家，10 亿人口这个规模就没有多大意义，市场体系被人为地分

① 基层自主性是指这些具有一致性利益关系的地区不是由于政治原因形成的，在很多情况下是在市场因素自发推动下形成的。

割，只能通过国家规划和跨国规划两个方式在这些地区与中国之间构建统一的内在一致性。在此条件下，市场规模不仅是个数量指标，而且成为测定事物不同性质的关键指标，不同地区的一致性利益市场规模使事物性质发生改变。当前，中国和美国都处在市场规模的最高水平上，有着迥异于其他国家和地区的产业特征，而对中国而言，这个规模效应，就是制造业“成本洼地”和巨大的市场内生需求。

（二）合作形式

1. 国家规划咨询

以国家为单位进行全方位规划合作与咨询，围绕双方合作重点领域谋划可以合作的项目、模式、机制和金融安排，形成一系列的重大合作成果。自2009年以来，国家开发银行先后与委内瑞拉、津巴布韦、老挝、缅甸、坦桑尼亚、瑞典、斐济、澳大利亚等50多个国家签订规划合作协议，开展国家规划咨询。其中，与瑞典、印度、委内瑞拉等国家的规划合作已纳入双方政府间的高层对话合作机制，与委内瑞拉、老挝等国家的规划合作都上升到了国家战略合作层面，成为推动中国与这些国家开展长期、重大战略合作的基础性规划框架，内容涉及基础设施、农业、矿产、能源、民生、金融等多个方面，体现了“商业利益为基础、国家利益为导向、合作国利益为共赢”的基本原则。

2. 跨国规划咨询

以大洲为主要研究对象提供跨国界综合性项目的规划咨询与合作，围绕能够提升中国及合作国经济密度、促进区域经济一体化和打破市场分割因素的跨境交通基础设施、能源资源综合开发、跨国电力输电网络、洲际交通骨干网络等，提出具有前瞻性、战略性和综合性的规划咨询建议，形成一批重大项目，提升地区经济地理中心的区域辐射能力，推动建立与中国之间具有良好沟通合作及贸易投资关系的利益一致性地区。例如，在亚洲周边跨境交通基础设施、非洲跨境电力合作网络、“丝绸之路经济带”“21世纪海上丝绸之路”等方面，国家开发银行都在积极推进相关国家与中国之间开展跨国规划咨询合作。

（三）运作流程

1. 明确合作重点

在深入研究全球地缘政治与区域经济地理中心格局基础上，与合作国政府（包括地方政府）签订规划合作协议，建立合作沟通机制，根据与合作国之间的地理资源优势和互补性因素选择合作的重点领域，如农业、能源资源、基础设施、旅游、科技、金融等。

2. 规划合作模式

针对不同类型国家的特定合作需求，外聘国内一流研究机构的专家，对合作重点领域进行研究，并提出客观科学的发展规划、合作模式和金融综合服务方案，结合中国企业“走出去”需求，设计符合外方合作要求的运作框架，同时根据一些发展中国家的要求，提供类似中国五年发展规划的咨询服务。

3. 建立合作机制

通过与合作国政府建立紧密对接机制，搭建中方企业与合作国政府、企业的交流合作平台，组织内外部专家赴合作国进行实地考察，了解当地政府、企业的实际需求及潜在风险情况，寻找可能的商业利益合作切入点，形成专业科学的前瞻性判断。

4. 形成合作项目

为了实现双赢或多赢合作目标，根据规划咨询的初步成果，围绕合作重点领域，与合作国政府共同举办规划项目推荐交流会，与两方企业共同谋划一批重点合作项目，并根据开发性金融“走出去”战略要求提供相应的配套金融服务。

三、构建金融地理布局

开发性金融“走出去”业务布局经历了从全面铺开到重点突出的发展历程，但最初并没有采取常规的并购模式推动国际业务，而是在全球范围内加强对各国发展情况和需求的调研了解，依托国内各分支机构人力资源支持，以内外结合的方式推动国际业务合作。那么，到底如何才能真正构建符合时代要求的开发性金融全球地理布局呢？

（一）做好内外结合

开发性金融“走出去”的地理布局要坚持内外结合的原则，这是实现长期可持续发展的关键。在传统观念中，我们通常认为国际业务和国内业务是两个体系，面临不同的市场环境和客户需求，应该分别管理，条线分开，如中国银行。但是在开发性金融领域，由于面对中长期发展战略需求，必须基于金融地理三层次理念构建“中心—外围”模式。因此，有必要将城镇化与国际化进行统筹考虑，设计内外结合的“走出去”业务模式，以免顾此失彼、事倍功半。首先，正向规划方法已经指明了与各国开展国际合作的方向和重点，但切入点在于双方企业的合作项目，这意味着必须熟悉中国与合作国的情况及客户需求，如果将国际业务与国内业务分离管理，两者之间的信息不对称性将加剧，不利于国际合作的统筹安排。其次，国内、国际在对外开放新时期的自然分割界限已经被打破，中国内陆省份、沿海省份都在加快对外开放，很多企业已经不再局限于单一的国内运营或国际运营，而是更多转为国内外一体化的跨国运营，这必然要求开发性金融在全球化基础上考虑业务布局，形成“一行对全球，一国对全行”的合作模式①。最后，伴随人民币国际化进程推进，中国金融机构在全球货币资源配置上将具有一定的话语权，但这种影响力的基础在于其他国家和区域经济体愿意接受人民币作为结算工具，市场主体也能使人民币在全球范围内实现自由流动循环，包括形成国内回流的正常金融安排，这需要明确开发性金融的区域功能目标，构建全球内在一体化机制。

为此，有必要根据开发性金融“走出去”的全球区域功能目标，重点在三方面做好内外部结合：一是业务内外结合，即基于全球经济地理的内生性关系寻找国内、国际两块业务相结合的切入点；二是机构内外结合，即将海外分支机构作为全行的功能性平台，充分发挥在当地的区域辐射能力，增强对国内分支机构的引导；三是人员内外结合，即在做好海外分支机构本地化人才管理的同时，加强现有的分行派驻工作组模式，坚持跨境内外一体化运作机制建设。

① “一行对全球，一国对全行”是指中国国内企业面对开发性金融当地分支机构就能开展全球业务合作，在国际上，各国政府与中国开发性金融机构合作都是面向其全行客户的，而不是局限于某些地区的客户。

（二）明确区域功能

1. 亚洲地区

构架亚洲地区“点面结合”的地理中心网络功能，以上海国际金融中心为基础，加强服务“一带一路”建设桥头堡功能培育，加快沿边、沿海开放战略实施，重点推动亚洲周边互联互通、上合组织银联体、东盟银联体、亚太经合组织公私合营（PPP）金融合作、“丝绸之路经济带”“21世纪海上丝绸之路”等功能性项目合作。

2. 非洲地区

助力以南非为代表的非洲区域金融中心建设，开拓跨国规划合作空间，以中南部非洲（含撒哈拉以南非洲）、东部非洲、西部非洲等为战略合作对象，开展跨国界的交通基础设施、能源电力网络、通信网络设施、农业综合开发、矿产资源开发等功能性项目合作，重点着眼于加强非洲地区不同国家之间经济社会领域关键项目的联合运作。

3. 拉美地区

推动以巴西、智利为代表的拉美区域金融中心建设，开拓巴西、古巴、厄瓜多尔、墨西哥、哥斯达黎加等重点国家的国际规划合作空间，以能源资源开发、基础设施建设、农业合作等为重点，开展大宗商品贸易平台、跨境交通基础设施、跨境通信电力网络等功能性项目合作，重点着眼于促进跨洋、跨洲的经贸投资与物流体系建设。

4. 欧洲、大洋洲地区

加快中欧、亚太战略互补经贸投资桥梁建设，选择一些在连接欧亚大陆桥、“丝绸之路经济带”“21世纪海上丝绸之路”等战略合作上积极性较高的欧洲、大洋洲地区国家，开拓俄罗斯、法国、德国、捷克、波兰、英国、澳大利亚等重点国家的国际规划合作空间，以高新技术、装备制造、能源资源开发（含新能源）、环保减排、基础设施、金融合作等为重点，开展大宗商品贸易与投资、高新技术合作平台、节能减排综合利用、金融中心联动等功能性项目合作。

（三）加强市场开拓

过去，开发性金融之所以能够在没有海外业务网点与机构优势的前提下使"走出去"业务得到快速发展，原因在于抓大项目、抓国家战略、抓整体合作对接。今后仍要坚持这一总体方向，同时也要随着中国金融体系对外开放和改革深化，加强分支机构设立、兼并收购等综合手段的运用，进一步开拓市场。

1. 金融地理考量

一是提高以中国及若干发展中国家（新兴市场国家）为代表的经济密度，形成一个新的经济互助合作的空间网络；二是主要通过基础设施建设，缩短发展中国家与中国这个发展中的高经济密度国家的经济距离；三是围绕中国发展为核心的合作网络新国际市场体系，打破原有的世界经济格局中对广大发展中国家的经济分割，放宽其融入中国发展合作体系的市场准入限制。

2. 机构布局模式

根据战略重点，有序推进开发性金融的全球机构布局，优先选择亚洲周边、南部非洲、拉美、中东欧、英国、澳大利亚等地区或国家设立分支机构，目前，国家开发银行已经分别在中国香港、埃及开罗、俄罗斯莫斯科、巴西里约热内卢、英国伦敦等地设立分行及代表处。伴随国际业务的日益扩大，国家开发银行还可借鉴花旗银行在20世纪20年代早期国际化初级阶段的业务模式，选择在制造业及原材料基地设立分支机构，在消费者市场终端进行兼并收购的策略①，即在亚洲周边、非洲、拉美、大洋洲等地区设立分支机构，在欧洲、北美等地区采用兼并收购的模式。

3. 区域功能培育

为实现开发性金融在全球的功能布局，可以通过机构建设进一步强化区域金融中心的辐射能力，重点考虑在中国香港、中国上海、英国伦敦、南非约翰内斯堡、巴西圣保罗、澳大利亚悉尼等地建立具有区域金融辐射功能的重点分支机构，在海外资金筹集（包括人民币）和金融交易撮合等方面发挥引导市场资源配置作用，依托区域经济地理中心，构建符合中国发展战略的"中心—外围"模式。

① 花旗银行在20世纪20年代初期进行国际化发展时，选择在拉美等原材料基地设立分支机构，在亚洲等消费者市场进行兼并收购，实现了国际业务的快速扩张和发展。

第四节　案例分析：亚洲周边互联互通建设

开发性金融基于经济地理因素和金融地理驱动成功实现“走出去”的案例有很多，这里我们着重对中国亚洲周边外交及互联互通建设进行分析。尽管这一战略实施仍然处于初级阶段，成功案例不多，但可以根据前述理论分析，对部分实践情况进行总结，提出前瞻性的建议。

一、案例概况

2013 年 10 月 8 日，亚太经合组织第 21 次领导人非正式会议在印度尼西亚巴厘岛举行，中国国家主席习近平出席并发表讲话，提出构建覆盖太平洋两岸的亚太互联互通格局①。习近平主席指出，亚太经合组织要顺应潮流，做好互联互通这篇大文章：一要构建覆盖太平洋两岸的亚太互联互通格局，以此带动各次区域经济走廊建设，进而打造涵盖 21 个经济体、28 亿人口的亚太大市场，保障本地区生产要素自由流通，稳步提升太平洋两岸成员协同发展水平，实现一体化。二要打通制约互联互通建设的瓶颈，建立政府、私营部门、国际机构广泛参与的投融资伙伴关系。中国愿意积极探索拓展基础设施建设投融资渠道，倡议筹建亚洲基础设施投资银行。三要在区域和国际合作框架内推进互联互通和基础设施建设。各成员应该秉持互利互惠、优势互补理念，坚持开放透明、合作共赢原则，加强沟通交流，积极参与合作。四要用互联互通促进亚太地区人民在经贸、金融、教育、科学、文化等领域建立更紧密联系，加深彼此间的了解和信任。

习近平主席将“互联互通”概念引入亚太地区总体合作框架并使之成为亚太经合组织主要议程之一，标志着中国“互联互通”具体构想与“一带一路”倡议将在新时代的对外开放新格局下更加紧密地融合在一起，有了更为广阔的舞台，开始追求更为宏大的目标。互联互通是一项民心工程，致力于以中国发展为集聚平台，打造立足周边、辐射亚太的更为便捷、顺畅、发达

① 互联互通是中国在处理与东盟关系时提出的概念，发端于中国—东盟自由贸易区谈判和昆明至曼谷国际公路、昆明至新加坡高速铁路规划建设，近几年广泛用于描绘中国与周边国家基础设施建设合作蓝图。

的交通、航运、信息、资本流通、服务网络及相关配套产业链，为本地区各种区域、次区域合作提供更扎实的软硬件基础，归根结底就是要通市场、通繁荣、通文化、通人心。

为了找准同亚洲国家利益契合点，中国政府提出构建丝绸之路经济带，21世纪海上丝绸之路、中印缅孟经济走廊、中巴经济走廊等重大倡议，加快推进中泰高铁合作、中国老挝铁路建设，重点推动筹建亚洲基础设施投资银行，以解决大通道建设融资瓶颈。这些都是开发性金融“走出去”的重点方向和领域。据亚洲开发银行估计，2010—2020年，亚洲地区需要新投入8万亿美元基础设施资金，才能支撑目前的经济增长水平。以东南亚的中南半岛为例①，根据其地理经济特征及对于东南亚国家的合作价值，区域内互联互通的综合运输通道将规划形成“四纵四横”的主通道格局（包括东盟泛亚铁路），仅估算交通基础设施投资就将高达数千亿元人民币。如果从中国周边接壤国家看，有新疆、内蒙古、云南等9个省份与沿边14个国家在陆地上相邻，再考虑到交通、通信、电力、能源、文化等其他相关互联互通项目，预计总投资达上万亿元人民币，投资回报周期可能长达数十年。因此，亚洲周边互联互通建设要始终坚持商业可持续原则，否则将会导致潜在金融风险，而且在具体实施过程中要对双边或多边经济合作有好处，根据经济地理特征优先考虑合作国的经济可行性，吸引其积极参与，从“我要做”变为“要我做”。

以东盟泛亚铁路为例，其将规划建设东、中、西三个通道，承担中国与东盟相邻国家（老挝、缅甸、越南、新加坡、马来西亚、柬埔寨、泰国等东盟七国）的贸易货物交流和人员交流。其中，中国与越南和缅甸间的贸易货物交流和人员交流分别拟定由泛亚东通道（全长5212千米）和泛亚西通道（全长4360千米）承担；中国与老挝、新加坡、马来西亚、柬埔寨、泰国五国间的贸易货物交流和人员交流拟定由泛亚中通道（全长3563千米）承担。从建设条件和地缘政治综合角度考虑：①西通道可以由云南瑞丽经缅甸曼德勒至皎漂港，成为中国通往印度洋的最便捷运输通道，且向南经缅甸内比都、

① 中南半岛包括越南、老挝、柬埔寨、缅甸、泰国及马来西亚西部，是世界上国家第二多的半岛。面积206.5万平方公里，占东南亚面积的46%。海岸线长1.17万千米，多重要港湾。地势北高南低，多山地和高原，北部是古老高大的掸邦高原，海拔1500~2000米。众多山脉自南向北呈扇状延伸，形成掸邦高原及南部山、谷相间分布的地形格局。

泰国曼谷、马来西亚吉隆坡至新加坡，对促进缅甸经济发展和扩大中国与非洲、中东等地的贸易往来具有极为重要的作用；②中通道由云南磨憨经老挝万象、泰国曼谷、马来西亚吉隆坡至新加坡，是经过东南亚核心地区最顺直的通路，将形成区域内铁、公、水三种运输方式并重的协调发展格局，对开发老挝、泰国、马来西亚内生资源，打通五国经济命脉，加强和深化多边经贸合作具有重要意义；③东通道由云南河口经越南河内、柬埔寨金边、泰国曼谷、马来西亚吉隆坡至新加坡，且可由金边至西哈努克港，对促进地区经济一体化和东盟自由贸易区的发展将起到十分重要的作用；④泰国曼谷至新加坡铁路为三通道共线部分，途经马来西亚，全长约2186千米，以米轨铁路为主。

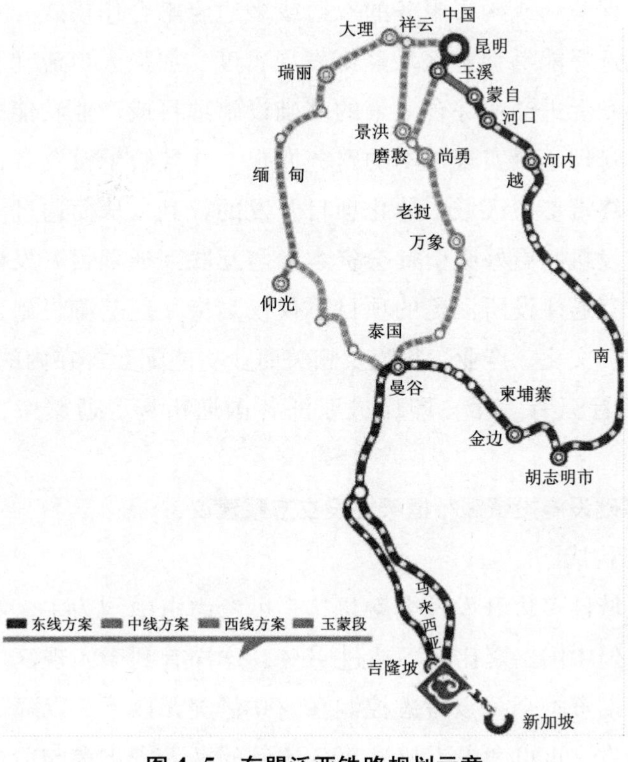

图4-5　东盟泛亚铁路规划示意

资料来源：百度图库。

二、总体模式

考虑到当前还没有成熟的亚洲周边互联互通建设案例，我们将基于以往开发性金融支持周边国家基础设施项目的案例框架，结合中国发起设立亚洲基础设施投资银行的建议，设计和提出相应的总体模式。

（一）运作架构

1. 总体思路

由亚洲基础设施投资银行作为牵头行，组建国际银团并承销相关国际债券，采用BOT模式为公私合营PPP模式的基本模型，构建由有关亚洲国家政府给予相应担保契约或购买服务的双边或多边金融合作模式。基于商业可持续原则，优先选择能够促进区域经济发展密度、加强人口流动与集中、创造更多就业机会和促进产业综合集聚的基础设施项目或产业功能配套项目，尽量通过项目自身现金流实现基本的财务回报，并且给予投资者在跨境基础设施沿线或相关终端参与区域一体化项目开发的权利，从而通过一定的利益补偿和市场化开发机制更好吸引社会资本参与互联互通项目开发建设。需要注意的是，互联互通建设所涵盖的项目不仅仅是指交通基础设施建设，还应包括能源、通信、文化、产业、物流及相关商业功能配套等在内的多元化项目，项目建设的宗旨只有一个，即促进亚洲各国通市场、通繁荣、通文化、通人心。

2. 亚洲基础设施投资银行框架性设立方案建议

（1）股东构成

定位于区域性多边开发性金融机构；可考虑由中国为主，亚洲各主要国家共同出资，但中国出资比例不超过40%，这样有利于实现区域间政治博弈平衡；银行首期资本金可以考虑控制在500亿美元以下，以降低筹集资本难度，若条件允许，也可考虑不超过20%比例的私人资本参与股权出资，单一私人资本股权比例不超过5%。

（2）业务模块

以互联互通项目为主要业务对象，涵盖信贷、资金（交易）、投资、并购、证券化、结算及规划咨询等综合性业务。除了基本信贷和结算业务外的其他业务中，资金（交易）、投资、并购、证券化业务是为支撑互联互通项目的商业化运作创造条件；规划咨询业务则是充分发挥金融对市场资源配置的引导作用，加强对亚洲各国互联互通项目规划及配套投融资规划的咨询服务。

（3）集团构架

设立母子公司架构，允许亚洲基础设施投资银行在子公司层面发起设立有关基础设施投资母基金（吸引中长期战略投资人）和商业化保险公司（以财产和信用保险为主），并且在特定条件下由母公司向有关重点互联互通项目提供软贷款（资本金贷款）业务。

（4）筹资方式

资金来源主要考虑采取发行债券方式，包括人民币、美元等多币种债券，优先面向亚洲地区投资者，各股东国政府给予担保承诺或者允许其购买政策性信用保险，可以考虑通过特定购买方劣后投资的证券化结构安排，使其债券筹资享受国际AAA级信用评级，从中长期筹资目标考虑则可尝试发行永续债券、熊猫债券等，待条件成熟时可以吸收信贷对象存款，并考虑以子公司上市融资等方式进一步筹集资本。

（5）公司治理

采用国际通行的理事会（代表各国政府决定重大事项）、董事会（代表股东结构决定重大运营战略事项）和监事会为公司治理机制的基础，理事会赋予每个创始成员国一票投票权，非创始成员国拥有的投票权效力高低则根据加入时间长短来确定。设立国际顾问委员会，加强与世界各主要经济体的合作交流，尤其是与不同类型开发性金融机构的共同协作。

（二）融资模式

由亚洲基础设施投资银行牵头组建国际银团，吸收包括中国开发性金融机构在内的各国商业银行共同参加，通过BOT模式为项目融资。合作国政府对互联互通项目给予特许经营权，允许其在一定年限内通过运营获得收益，并就项目融资出具相应的安慰函或担保承诺。项目公司由中国企业联合体与合作国企业联合体共同出资组建，与具体运营商、MIGA① 或中信保、商业保险公司、工程总承包商分别签订运营合同、政治风险保险合同、商业保险合同、EPC 合同。同时，合作国政府授权项目公司参与互联互通项目的配套商业开发，与有关合作伙伴签订商业开发合同，从而获得一定的开发收入，用于弥补在运营周期较长情况下容易出现的前期现金流相对较少的潜在融资风险。

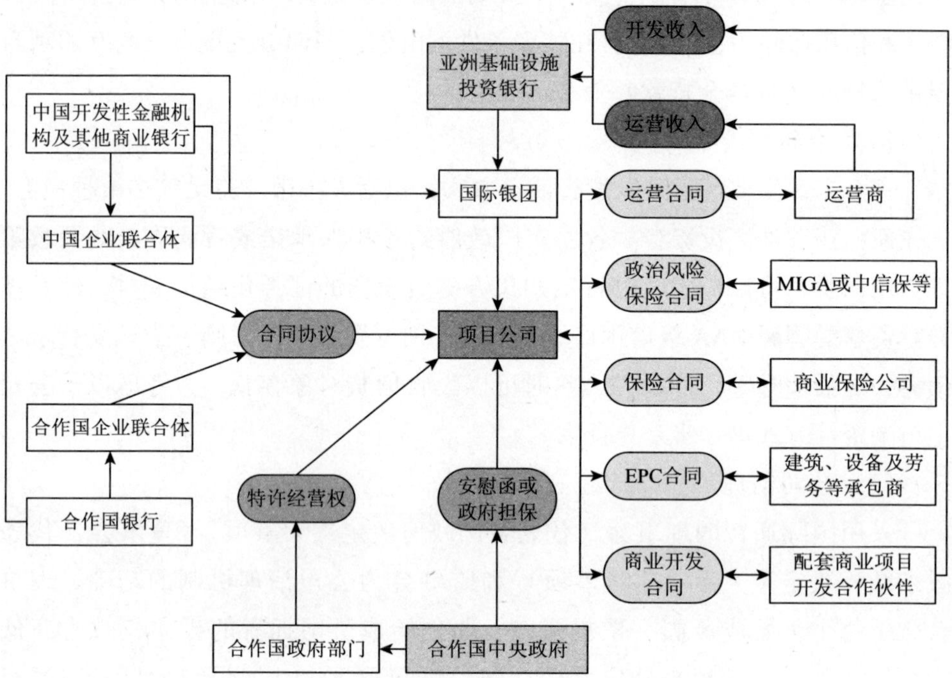

图 4-6　周边互联互通项目 BOT 投融资运作模式

① 多边投资担保机构（Multinational Investment Guarantee Agency，MIGA）成立于 1988 年，按章程法定资本为 10 亿特别提款权（SDR），分为 10 万股，每股面值 1 万特别提款权，是世界银行集团里成立时间最短的机构，于 1990 年签署第一笔担保合同。中国虽然是发展中国家，但在 MIGA 里，中国是第六大股东，拥有 3138 股股份，仅次于美国、日本、德国、法国和英国。多边投资担保机构的宗旨是向外国私人投资者提供政治风险担保，包括征收风险、货币转移限制、违约、战争和内乱风险担保，并向成员国政府提供投资促进服务，增强成员国吸引外资的能力，从而推动外商直接投资流入发展中国家。作为担保业务的一部分，多边投资担保机构也帮助投资者和政府解决可能对其担保的投资项目造成不利影响的争端，防止潜在索赔要求升级，使项目得以继续。多边投资担保机构还帮助各国制定和实施吸引和保持外国直接投资的战略，并以在线服务的形式免费提供与投资商机、商业运营环境和政治风险担保有关的信息。

由图 4-6 可见，BOT 投融资模式可以将社会资本有效纳入互联互通项目的整体运作框架，合作国政府对项目的特许经营权授权，并给予一定商业开发利益补偿，从而大幅降低双边或多边政府的直接财政债务负担压力，使短期投入巨大的资金需求与长期回报增长潜力可观的运营收入之间达到平衡。需要说明的是，作为互联互通项目的必要组成部分，配套商业开发项目是很重要的，通过给予投资者一定的商业利润空间，有利于吸引社会资本参与。同时，亚洲基础设施投资银行作为一个国际认可的金融合作平台，可以对中国开发性金融机构、各有关国家商业金融机构等进行资源整合，实现合作共赢。

以云南瑞丽至缅甸皎漂港的泛亚铁路西通道支线项目为例（以下简称“瑞丽—皎漂港”铁路项目）①，该项目合作方为中国铁路总公司及下属机构与缅甸铁道运输部，可考虑与缅甸国内企业共同投资建设，以 BOT 方式进行投融资运作。同时，作为联合开发伙伴，可以允许项目公司部分参与皎漂港开发建设，尝试建立“资源开发+基础设施”联动开发机制。在具体融资环节方面，可以考虑由亚洲基础设施投资银行与中国国家开发银行联合牵头组建国际银团，吸引缅甸、中国及其他国际商业银行共同参与。

（三）还款来源

互联互通项目的还款来源具有多样化特点，但基本上是要通过双边或多边经济活动过程中使用互联互通项目并进行付费的方式作为主要还款来源。例如，在互联互通基础设施建设过程中，跨境铁路运营收入、跨境高速公路收费、跨境电网运营收入、跨境能源管道收费、跨境通信设备运营收入等都是可靠的还款来源，需要合作国政府与中国政府共同签订跨境互联互通项目特许经营权委托协议，在海关、物流、税收、司法等各方面给予相应的商务便利，保障还款来源可得性。在“瑞丽—皎漂港”铁路项目中，可以将铁路运输收入、皎漂港开发收益、铁路沿线相关配套项目开发收益等作为还款来源。

---

① 2011 年 5 月 27 日，中缅铁路运输系统项目谅解备忘录补充协议签订仪式在人民大会堂举行。中国中铁董事长李长进作为中方代表，与缅方代表签署了《关于缅甸木姐—皎漂铁路运输系统项目谅解备忘录补充协议》。由中国中铁承建的中缅铁路运输系统项目，北起中国在建的大理至瑞丽铁路瑞丽东站，由中国瑞丽口岸出境连接缅甸木姐，南抵兰里岛至规划的印度洋深水良港皎漂港，全线新建线路长约 810 千米。

（四）信用结构

互联互通项目采用以政府特许经营权构成的应收账款账户质押为主的信用结构，同时，可以考虑由合作国政府给予适当的偿债风险补偿机制安排，在出现短期偿债风险时，由政府财政给予一定的流动性支持。此外，在建设过程中，互联互通项目的在建工程也要作为抵押品成为信用结构的组成部分。在“瑞丽—皎漂港”铁路项目中，可以将铁路运输收入设立专户进行质押，将在建工程进行抵押，并请有关政府部门给予相应安慰函或担保承诺，在出现流动性风险时给予补偿。

（五）资金用途

互联互通项目可以将信贷资金用于固定资产投资、公益性项目建设、产业配套项目开发、购买设备和引进技术等。例如，铁路建设方面可以用于原材料采购、基建、机车、设备和技术转让等；产业开发项目方面可以用于园区基建、厂房改造、设备、招商配套等；文化项目方面可以用于基建、设备、版权和人员培训等。在“瑞丽—皎漂港”铁路项目中，我们可以用信贷资金进行基建、运营、设备采购和配套项目开发建设等。

三、主要特点

（一）商业利益是促成合作的基础

从互联互通项目的商业可持续角度看，要想单纯依靠国家战略利益推进各区域项目其实难度很大。因为，从本身商业投资回报看，互联互通项目往往投资额巨大、回报周期超长，尤其是基础设施领域，在短期内缺乏足够用户支撑的情况下，“大干快上”反而会由于较低的财务回报而造成难以为继的局面。因此，在项目选择、实施路径和先后时序上必须始终坚持“商业运作、国家导向、合作共赢”的原则，将互联互通项目本身所具有的商业利益作为投资决策的基础和依据。例如，在泛亚铁路建设过程中，西通道比中通道相对更加重要；但从商业利益角度出发，中通道最短、投资量相对较小，且涉及国家之间的内部争议较小，愿意共同以商业原则开展合作，因此，可以优先推进中通道。相对而言，尽管“瑞丽—皎漂港”铁路项目对中国的市场价值和意义较大，但从目前看其对缅甸经济带动作用还不明显，当然这不排除缅甸政府在军事方面存在困惑和担心，因此并没有将其与自身国家的交通路网进行连接。要消除这种顾虑，就必须寻找中缅两国在该项目上的商业利益合作基础，例如，我们可以不仅仅将该项目看成中国的西向出海口通道，还是缅甸政府自身建立国际性海滨港区的重要干线，有助于打造以首都内比都为核心的中部地区陆海相连经济带，与南部仰光地区形成南北呼应和联动，增强对北方少数民族的经济与政治辐射力。

（二）地理因素是选择项目的重点

互联互通项目在战略布局的选择上要优先考虑地理因素，不是单纯地计算资源运输的成本费用，而是要基于项目本身在地理范围内的区域一体化带动作用考虑项目开展的先后次序。互联互通项目建设就像一个大家庭修建与邻里之间相互串门的走廊，选择哪些途径作为切入点和门廊是有讲究的，一旦选错位置，就会招致邻居的误解，产生嫌隙，甚至造成矛盾。所以，必须几家人一起坐下来共同商讨，详细规划，明确分工，落实资金，分清先后，循序渐进，才能做到“互通有无，和谐共生”。例如，开发性金融“走出去”选择东盟泛亚铁路作为重点支持对象，主要是基于对区域经济地理因素的考虑，有利于推动东盟区域经济一体化进程，使其更快成为沟通“两洋”经济的陆海桥梁，将太平洋西岸和印度洋东岸纳入同一个亚洲市场体系内，同时发挥中国西南部地区在东南亚区域经济中心建设中的服务支撑作用。

（三）组合模式是运作成功的关键

我们强调BOT模式运作，并不是要否定政府在投资上的积极作用，而是要说明政府在投资引导过程中需要重点关注如何构建互联互通项目的组合模式，以充分吸收社会资金，形成亚太地区公私合营（PPP）模式的典范，这是运作互联互通项目成功的关键。单一依靠运营收入为基础的普通BOT模式往往会造成项目投资回报周期过长，对投资额巨大的互联互通项目而言，这将是一种致命的缺陷，一旦出现政策变化或经济波动，可能直接引发项目本身的偿债风险。将BOT运营和相关配套项目开发联合在一起，可以有效均衡项目整体现金流，熨平经济波动过程中的不确定性风险，并在投资收益回报上对社会投资者产生一定的吸引力。“瑞丽—皎漂港”铁路项目尽管还未竣工，但已经考虑允许中国企业参与皎漂港的开发建设，因此，如果能够让项目公司也参与其中，并建立“资源开发+基础设施”组合模式，使其能连接更多的沿线开发功能项目，将降低互联互通项目本身债务风险，树立公私合营模式的典范。

（四）信用资源是融资的杠杆

亚洲国家本身储蓄率较高，亚洲互联互通项目建设似乎应该不缺资金，但为何多年来跨境基础设施项目进展缓慢的首要原因就是资金瓶颈呢？主要原因就在于政府能够动员的社会信用资源有限，尤其是缺少开发性金融机构的政策引导和资金杠杆作用，这其中既有政府财力的问题，也是因为市场体系发展不健全。因此，亚洲基础设施投资银行作为具有政府信用支持的开发性金融机构，在设立与运营过程中也要注重构建互联互通项目的信用资源基础，一方面通过自身信用引导其他开发性金融机构和商业银行的资金配置，另一方面加强与合作国政府沟通以争取对互联互通项目给予足够的政府担保承诺和信用资源。例如，东盟泛亚铁路建设要筹集大量长期资金，单纯依靠亚洲基础设施投资银行并不能解决所有资金瓶颈问题，各国政府可以参考美国和中国铁路建设经验，发行铁路建设长期债券，设立跨境铁路投资发展基金和铁路专项保险资金投资计划，进行铁路信贷资产证券化运作，尤其是可以充分运用包括中国国家开发银行等开发性金融机构在内的长期低成本资金筹集优势，最大化发挥社会信用资源的资金杠杆作用。

四、理论分析

（一）经济密度是核心基础，仍存在明显不足

按照中国《中长期铁路网规划》，2020 年前将有三条连接中国与东南亚的高铁线路建成通车，中国将拥有直达印度洋出海口的高速通道。三条“高铁”的中方起点都设在云南省会昆明，这是中国向西开放战略的“桥头堡”。因此，从理论上讲，昆明要成为西南地区的区域经济中心，只有加快提升经济密度，才能真正实现“中心—外围”模式。但从图 4-7 可以看出，1993—2012 年，尽管昆明 GDP 增长迅速，经济密度（单位面积 GDP）从 1993 年的 92. 19 万元/平方公里上升到 2012 年的 1402. 27 万元/平方公里，增长了约 15 倍（包含通货膨胀因素），但在人口密度上明显不足，近五年始终维持在 250

人/平方公里左右的水平①，这会限制其在区域经济辐射中的地位和作用。为此，有必要通过加快实施新型城镇化战略，促进西南地区人口向昆明的阶段性集中，包括吸引东南亚地区各国人口在符合条件的情况下自由进出昆明，使其成为西南地区的国际性区域大都市，为中高端产业集聚和人口结构调整创造良好的外部条件，提升区域经济密度。

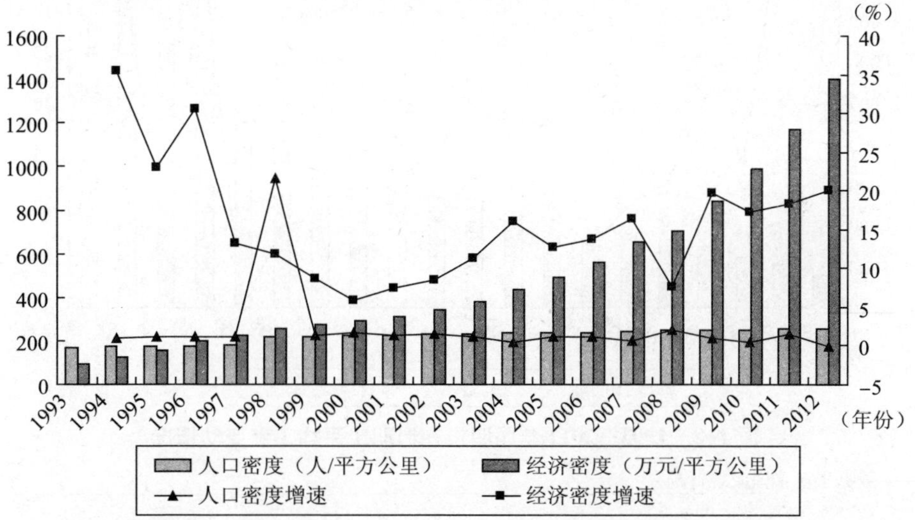

图 4-7 1993—2012 年昆明市人口密度和经济密度变化情况

数据来源：国家统计局。

同时，根据“中心—外围”模型，名义工资和实际工资都是重要的影响因素，从图 4-8 中可以看出，1993—2012 年，昆明市在岗职工平均工资始终处于上升通道，但年度工资增速却处于不稳定状态，时高时低，这也对其成为西南地区的跨境制造业中心造成不利影响。我们知道，一个中心辐射地区的经济密度与该地区对劳动力及产业资本的吸引力是密切相关的，而且，如果没有足够的经济密度，也无法支撑该地区在基础设施上的巨大投入所形成的必要消费需求（因为基础设施使用量，构成了收费基础）。因此，在开发性金融“走出去”过程中，有必要在中国西南部地区沿边国家中选择若干与昆明具有良好互联互通效应的境外利益一致性地区，构建相应的区域经济密度

① 昆明市面积为 21473 万平方公里。

较高的节点城市，与昆明在经济、贸易及金融上形成紧密合作关系，共同提升各方的经济密度，为互联互通项目建设创造可靠的经济基础。

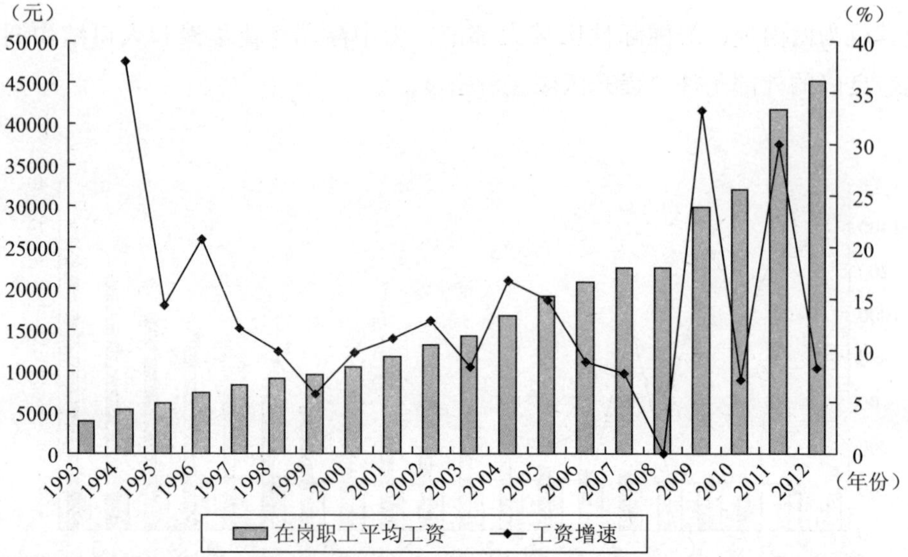

图 4-8　1993—2012 年昆明市在岗职工平均工资变动情况

数据来源：国家统计局。

（二）经济距离存在障碍，要有大格局、大突破

从东南亚经济一体化的大格局出发，我们可以看到，中国经济作为带动区域发展的龙头，必须构建中国西南地区通向南亚及印度洋的陆上交通通道，形成中国向西开放的整体发展趋势，有效降低中国在能源、资源、经贸交流等方面的经济成本和不确定性。为此，有必要做好东南亚及南亚地区的跨国规划工作，与有关国家政府通力合作，共同扩大规范统一的市场体系，做好软硬件配套，加快缩短经济距离。从地理上看，从云南昆明到南亚的陆上通道主要有三条：①北线是中国腾冲—缅甸密支那—印度雷多；②南线是中国瑞丽—缅甸曼德勒—缅甸若开山脉—缅孟边境—孟加拉国吉大港；③中国西南出海通道是中国瑞丽—缅甸曼德勒—缅甸内比都（原称“彬马那”）—缅甸皎漂港。相对而言，皎漂港由于地理区位特殊，有必要对其加大开发力度，使其成为与缅甸首都内比都互为呼应的节点城市，为缅甸构建连接“两洋”（印度洋和太平洋）通道大格局实现战略突破。

同样，昆明经老挝到泰国的中通道也不仅限于铁路建设，中国已开始建设第一条国际高速公路大通道。昆曼公路于2008年12月建成通车，从昆明到中老边境的磨憨仅需要10小时左右，从昆明到曼谷的行程也从40多小时缩短到20多小时，但由于与老挝、泰国边境大桥未通，存在“通而不畅”问题①。2013年12月，中国援建连接老挝、泰国的会晒—清孔跨湄公河大桥建成②，实现了昆曼公路全线陆路贯通，行车时间进一步缩短，其中会晒—清孔通关时间预计减少3小时左右。据商务部门统计，2013年，云南省与老挝和泰国的贸易额均稳定增长，从昆曼公路运输的货物占比平均增加20%。当然，除了交通，我们也要注重周边国家跨区域智能电网建设进程，适时实现互联互通。

（三）市场空间潜力巨大，需要营造良好氛围

随着泛亚铁路计划正式实施，中亚、中俄、中缅油气管道开通，巴基斯坦瓜达尔港运营权移交中方，以及上海合作组织铁路、航运合作取得重要进展，一个涵盖中国周边主要区域的互联互通格局初具雏形。尽管这种格局仍处于起步阶段，但可以预见未来跨国市场合作空间潜力巨大，要从地理特征入手进一步加强通关力度，简化手续，扩大双边本币结算使用范围，鼓励亚洲周边国家将人民币纳入本国储备货币，加强中国市场对亚洲地区，尤其是东南亚地区的开放力度，建立“以进口为优先，出口为辅助”的区域性自由贸易区合作框架，“以市场开放换产业转型升级”，改变过去以亚洲国家向中

---

① 昆曼公路（昆曼高速公路）是中国的第一条国际高速公路，是亚洲公路网编号为AH3公路中的一段。由中国、老挝、泰国和亚洲开发银行合资建设。昆曼公路起于昆明市，途经玉溪、思茅、西双版纳进入老挝境内南塔、波乔省，经会晒进入泰国清孔，在泰国境内经清莱、清迈最后抵达首都曼谷。全程行车里程1800多公里，全部路段均设计为高速（高等级）公路，并连接马来西亚、新加坡公路网，被亚洲开发银行称为“亚洲公路网中最激动人心的一个路段”。昆曼公路共分为三段：中国段、老挝段和泰国段。中国境内云南段由昆明起至磨憨口岸止为688公里；出中国境后由老挝磨丁至会晒止，全长247公里，为老挝段；由老挝会晒跨过湄公河进入泰国边境城市清孔后，由清孔至曼谷，全长813公里，为泰国段。

② 老挝会晒—泰国清孔跨湄公河大桥是湄公河上第四座老泰跨境大桥。该大桥全长480米，加上引桥约700米，宽14.7米。大桥建设施工方是泰方的泰国交通部公路厅与老方的国家工程与运输部道路厅。根据协议，该项目由老泰两国各承担50%的建设资金，其中老方资金由中国政府提供，计2000万美元。经过国际招标，中国中铁五局与泰国KT公司组建的联合体负责承建该工程，具体分工为：泰国境内连接会晒大桥的5公里道路由泰国公司修建，会晒大桥和老挝境内连接会晒大桥的7公里道路由中铁五局修建。

国出口初级产品为主的贸易结构，加强中国对其工业化升级的引导作用，促进制造业的区域分工新格局与产业集聚，为增强互联互通的经济可行性营造良好氛围。我们可以通过图 4-9 看到这种发展趋势。从 1993 年以来，昆明旅客和货物运输量经历了两轮上升周期，第一次是 1997—1998 年，但受到亚洲金融危机影响，之后十年只维持着相对平稳的走势，直到 2009 年开始，旅客运输量进入新的上升通道，货物运输量则从 2011 年开始快速跳升，上升了近 70%。

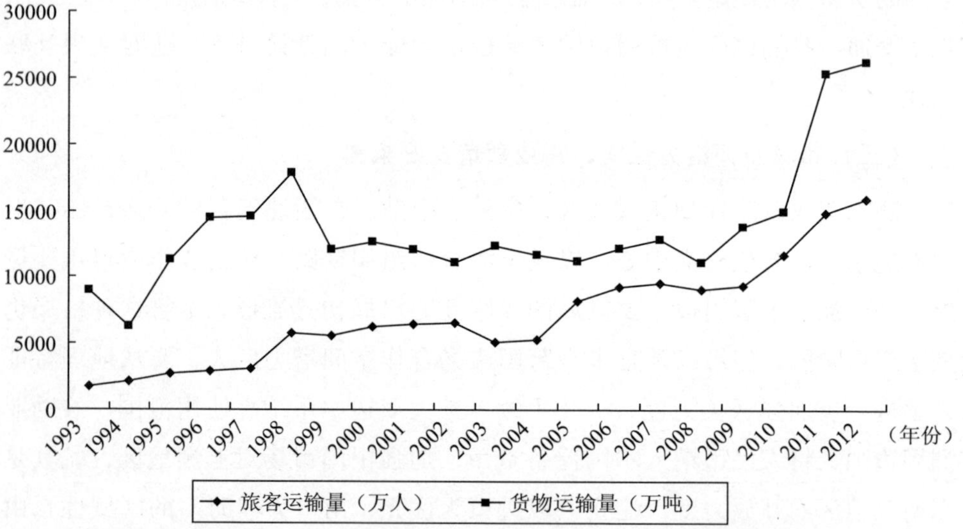

图 4-9　1993—2012 年昆明市旅客运输量和货物运输量变动情况

数据来源：国家统计局。

与此同时，如图 4-10 所示，昆明市货物进出口总额从 2004 年以来也始终处于上升通道，只有在 2009 年受全球次贷危机影响而有所下降，但随之在 2010 年快速反弹，上升了近 80%，达 101. 09 亿美元，2012 年则又快速上升了 67. 16%，达 200. 95 亿美元，相比 2004 年的 26. 15 亿美元上升了近 7. 68 倍。但其年度增速并不稳定，常处于跳跃状态，尚未形成稳步快速增长趋势。这其中孕育着巨大的潜在市场机遇，需要通过互联互通项目促进其加快形成稳步增长趋势。

当然，相比各种“有形联通”，更需要通过加强制度建设和构建合作机制框架形成众多软性领域的“无形链接”。中国与南亚在物理联通方面确实取得了一些重大进展，有效缩短了经济距离，初步形成“中心—外围”模式，但两地民间往来、人文交流、思想互动等“虚拟联通”犹待加强。这些虚拟互联互通项目的资金投入并不巨大，回报周期也不是很长，可以说是“花小钱，办大事”，有利于发挥“四两拨千斤”作用。只有亚洲各国更加重视感情层面的互联互通，通过民间友好组织、青年、妇女、媒体、非政府组织等渠道，充分挖掘中国与南亚各国相通的文明底蕴和历史友好往来，加强人文领域的交流合作，才能加深彼此了解，营造良好舆论环境，通过市场化合作与双向互利互惠开放，夯实睦邻友好的社会基础，同步加强“以基础设施和交通运输为基础的‘硬件’建设和以制度和情感互联互通为基础的‘软件’建设”①。

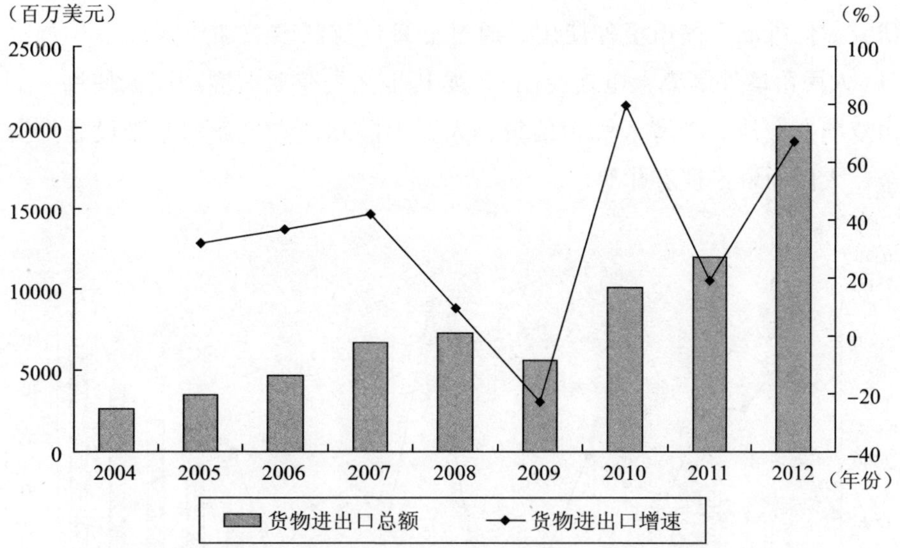

图 4-10　2004—2012 年昆明市货物进出口总额及增速变动情况

数据来源：国家统计局。

（四）融资推动是动力源，需要加强区域金融中心建设

周边互联互通项目建设的核心要素需求是对金融资源的高效率配置，相

① 2011 年 8 月 23 日，外交部部长助理刘振民在“中国—东盟互联互通战略研讨会”上指出，双方应加强以基础设施和交通运输为基础的“硬件”建设和以制度和情感互联互通为基础的“软件”建设。

比于发达国家的区域一体化进程，亚洲国家不可能采取类似的发展模式，必须依靠自身的资金供给。因此，如何形成稳定可靠、高效有序的融资配置合作是关键，直接构成互联互通项目的动力源。从金融地理区位看，昆明目前并不具备成为东南亚地区金融中心的充分条件，但从互联互通大格局要求看，又必须在中国西南地区构建区域金融中心，增强对当地周边国家的资金供给与配置辐射能力。从图 4-11 可以看到，1993—2012 年昆明市城乡居民储蓄年末余额持续增长，从 1993 年的 85.75 亿元增加到 2012 年的 2967.02 亿元，增长了约 34.6 倍，其中 2003 年和 2008 年增速较快，但整体看年度增速波动性较大。为此，我们有必要从东中西部联动角度出发，构建以上海国际金融中心为龙头的亚洲周边互联互通跨境项目金融资源合作网络，加强上海与昆明、乌鲁木齐、哈尔滨等沿边开发开放战略区域节点城市之间金融资源互动，重点研究如何推动人民币境外使用，通过上海自贸区政策加快人民币“外来外用”（人民币境外筹集、境外使用），尤其是优先在亚洲周边国家使用，如人民币双向资金池、跨境人民币信贷、人民币国际债券、亚洲基础设施投资母基金、人民币资产证券化等。

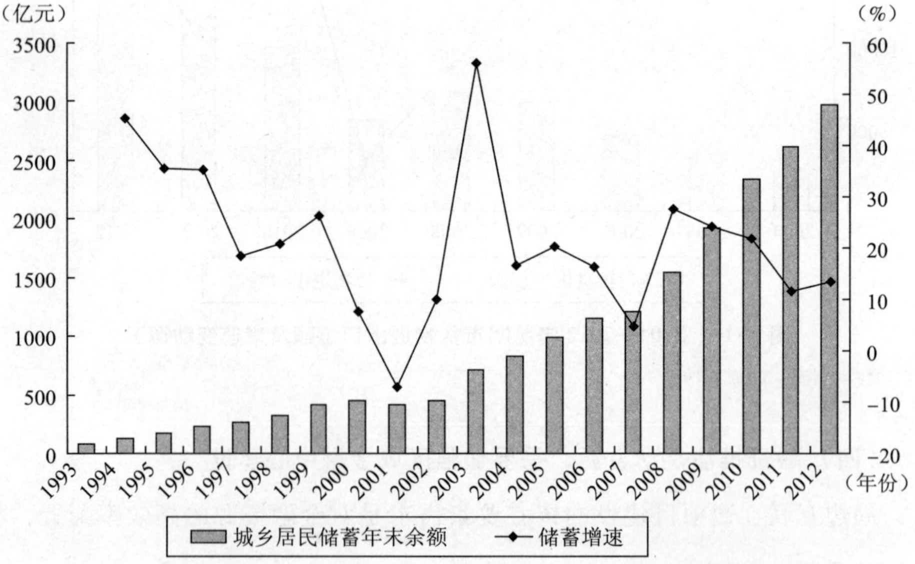

图 4-11　1993—2012 年昆明市城乡居民储蓄年末余额及储蓄增速变动情况

数据来源：国家统计局。

2010 年召开的第 17 届东盟领导人会议通过了《东盟互联互通总体规划》，确定了以基础设施建设、机制构建和人文交流为主体的互联互通建设蓝图，是东盟旨在实现经济共同体、政治安全共同体和社会文化共同体的重大举措，不仅关系到东盟在地区经济合作中的主导地位，还关系到东盟内部的稳定团结和经济增长。2011 年，时任中国政府总理温家宝在印度尼西亚巴厘岛出席第十四次中国与东盟领导人会议时倡议成立中国一东盟互联互通合作委员会。可以预见，如果没有区域性国际金融中心建设，为互联互通项目筹集足够的中长期资金，充分发掘亚洲国家自身储蓄率高的战略资源优势，一批重大互联互通项目将难以落地实施。以中缅油气管道为例①，该能源跨境通道已于 2013 年 9 月 30 日实现全线贯通，原油管道和天然气管道的起点分别位于缅甸西海岸的马德岛和皎漂港，在缅甸境内途经若开邦、马圭省、曼德勒省、掸邦，从云南瑞丽进入中国境内，在贵州安顺实现油气管道分离，分别通往重庆和广西。其中，原油管道在缅甸境内段长 771 公里，在中国境内段干线长 1631 公里；天然气管道在缅甸境内段长 793 公里，在中国境内段干线长 1727 公里。中缅油气管道竣工后每年可向中国输送 2200 万吨原油和 120 亿立方米天然气。总投资额 25.4 亿美元，其中原油管道投资额为 15 亿美元，天然气管道投资额为 10.4 亿美元。为此，国家开发银行共提供本外币贷款折合 26.63 亿美元，支持中缅油气管道及上游气田开发建设②。作为能源互联互通项目，中缅油气管道克服各种不利因素如期完工，不仅是两国结成休戚与共的“命运共同体”的重要指标，也是两国联手推动地区跨境经贸投资合作网络成形的重大战略性举措，对该地区未来发展与繁荣意义重大，体现了东亚、南亚两大市场优势互补、相互衔接的必然趋势。

根据《国务院关于支持云南省加快建设面向西南开放重要桥头堡的意见》（国发〔2011〕11 号），明确提出要把昆明建设成为面向东南亚、南亚的区域性金融中心，从而使云南桥头堡战略上升为国家战略，把云南建设成为中国沿边开放试验区和边疆繁荣稳定的示范区。桥头堡战略的核心和实质就是要解决中国面向印度洋开放的问题，印度洋沿岸的五大区域一共有 108 个

① 中缅油气管道是继中亚油气管道、中俄原油管道、海上通道之后的中国第四大能源进口通道。

② 为民服务 为国奉献 以开发性金融助力云南经济社会发展［EB/OL］. 和讯网（刊载在《金融时报》上），http：//news. hexun. com/2013-09-12/157958326. html.

国家，占联合国成员国的56%，总共有23亿人口，占全球人口的1/3，经济体量以GDP表示，合计约12万亿美元，仅次于美国。2013年11月21日，经国务院批复同意，人民银行等11个部委联合印发《云南省、广西壮族自治区建设沿边金融综合改革试验区总体方案》，这是继上海自由贸易试验区之后，国家批复的第二个区域性综合改革试验区方案，也是十八届三中全会之后首个获批的专项金融综合改革方案。2014年，云南省推进“一心两区”联动发展，以昆明区域性国际金融中心为龙头，以沿边金融综合改革试验区、昆明金融产业中心园区为载体，全面推进沿边金融综合改革试验区建设各项试点政策先行先试，实现重点突破。

昆明作为建设中的东南亚区域性金融中心，将努力吸引国内外各类金融机构进驻云南，逐步建成区域性国际跨境人民币金融服务中心、区域性国际跨境人民币投融资结算中心、区域性国际货币交易中心、区域性国际票据交易中心。目前，昆明已成为东南亚国家在中国设立总领事馆数量最多的城市。2013年，云南省人民币跨境结算591.01亿元，同比增长30.8%，自2010年7月启动以来累计约达1300亿元，位居全国沿边省份前列；2014年推动组建50亿元“人民币国际投贷基金”，成为继上海市之后第2个获准开展人民币国际投贷基金业务省份，促使2014年人民币跨境结算规模突破800亿元，推动本土和地方金融机构、民间资本“走出去”，使云南加快成为人民币国际化的重要通道之一①。

① 2013年7月底，云南省参与跨境人民币结算的交易主体已达989家，较2011年末增长78%；办理跨境人民币结算业务的银行业分支机构达231家，较2011年末增长71%。同时，人民币跨境使用范围也不断拓展，截至2013年7月底，与云南省开展跨境人民币结算的国家和地区从2012年末的47个增至54个。在东盟国家市场的基础上，云南省还在进一步开拓与南亚国家的跨境人民币结算业务，2013年以来，加大了与南亚国家的业务来往，当年1—7月业务量较上年同期增长了874%。

第五章

开发性金融“走出去”的战略利益互换机制

中国在加快国际化进程中面临错综复杂的跨洲、区域性和次区域合作格局，有必要从国家利益出发，引导企业商业利益与合作国利益，达到三方平衡。要发挥国家战略利益互换的引致作用，形成“四两拨千斤”效果，扩大合作博弈的总体收益。开发性金融“走出去”要以服务国家外交战略、服务能源资源安全、服务企业“走出去”为主要目标，以国家战略利益互换为合作基础，在合作博弈过程中寻找使双方或多方战略合作价值最大化的均衡收益分配结果。

第一节　战略利益互换的核心问题

要清楚了解我们的研究对象，就有必要深入了解什么是战略利益，如何理解战略利益互换，战略利益互换的核心内容是什么，如何发挥国家利益的双重引导作用做好战略利益互换，如何通过战略利益互换促成开发性金融资源的有效配置，这些都是战略利益互换的核心问题。

一、战略利益互换的定义

战略利益是指影响到国家中长期发展战略的切身利益，包括经济、政治、文化等综合因素，要从国家安全角度给予制度性安排。战略利益互换是指以国家利益为总体目标，将中国战略利益与合作国战略利益进行平等交换的行为过程，涉及经济、金融、政治、地缘等领域，需要通过一系列博弈过程达成一致。本书的战略利益互换特指在开发性金融机构参与情况下所形成的战略利益交换行为，包括这一过程的总体对价和结果分配分析。

为了更好地理解这一过程，我们通过举例方式加以说明。在中国亚洲周边互联互通建设实施过程中，中国的战略利益是谋求一个更为长久稳定、友好互通、持续增长的外部环境，在资源供给安全、市场合作机制、金融瓶颈约束和区域产业分工等方面形成与合作国之间的战略利益互换机制。因此，中国与东盟国家之间将基础设施建设及其配套资金安排作为双方战略利益互换的切入点。中国的战略利益是建立与东南亚国家的友好经贸政治合作环境和中国通向印度洋的出海口，东盟国家的战略利益是获得更为通畅便利的出口市场和区域内产业一体化升级的分工格局，双方通过战略利益交换增加东盟国家的外部利益，促进其内部合作联盟的有效性，进而扩大中国在亚洲地区的整体合作利益，成为区域主导发展经济体之一。

二、战略利益互换的核心内容

战略利益互换的核心内容是在明确双边或多边战略利益目标的前提下，就各方的战略利益互换对象以等价交换为原则进行谈判磋商，形成符合共赢要求的合作契约，并明确开发性金融资源配置的定位、功能和运作模式，建立稳定、有效、风险可控的合作博弈框架。

（一）目标、对象和范围

战略利益互换的总体目标是确保国家利益发展符合既定的要求，能够解决中国自身中长期发展战略的难点问题。从互换对象看，可以将资源供给、基础设施、农业保障、市场开放、产业升级、民生发展、文化交流和金融合作等纳入战略利益互换内容。在具体合作过程中，利益互换所涉及的当事人包括两国政府部门、合作企业、参与的金融机构等。

（二）基本原则

首先，等价交换是核心原则。在互换过程中，基于双方平等互利的总体要求，就战略利益对象进行等价交换符合国际合作惯例和商业道德规范的基本要求。如果无法做到等价交换，则基于战略利益互换的合作博弈均衡将无法达成，导致整体合作效益为零，甚至为负。

其次，信息透明是保障原则。尽管在实际商务合作中信息不对称是经常现象，但由于战略利益互换是涉及双方国家利益的长期合作，在信息资源共享方面要比一般国际合作项目具有更高的透明度，否则，在一系列相对漫长的互换合作谈判过程中将无法保障信息封锁的有效性，进而导致谈判中断或失败。

最后，开放互动是激励原则。战略利益互换涉及当事人并非一成不变，尤其是在企业、金融机构等层面，受合作对象自身约束条件影响，可能一时无法达成相对统一的合作博弈均衡，这时候就需要通过开放互动的方式，引入其他合作对象，在双方政府指导下构建更切合实际的合作模式，形成正向激励。

（三）主要模式

开发性金融作为政府与市场之间的沟通桥梁，在战略利益互换过程中的总体定位是作为实施国家“走出去”战略的催化剂和垫脚石，通过发挥规划先行、信用构建、资金融通、交易撮合和市场引导建设等功能，形成一定的合作模式，即用中国的优势要素（生产和市场）换取“走出去”的各项战略利益，同时实现对方的互补性战略利益，在合作模式上重点由政府发挥组织优势进行协调，在要素分配、定价、交换、流转等方面进行谈判博弈，达成长期合作契约。具体可按不同战略利益目标进行大的横向分类，再选择不同要素作为利益互换手段在纵向上进行分类，以此总结出几种常用的合作模式和谈判博弈焦点，明确相应的策略机制。

表 5-1　开发性金融“走出去”战略利益互换的主要模式

国家战略利益目标	战略利益互换的方式					
	市场开放	基础设施	民生发展	产业转移	文化输出	金融合作
资源能源安全	√	√	√			√
产业转型升级	√	√		√		√
农业保障安全	√	√	√			√
高新技术合作	√		√			√
文化融合发展		√			√	
市场合作秩序	√		√			√

从表 5-1 中可以看出，开发性金融“走出去”主要为国家在资源能源安全、产业转型升级、农业保障安全、高新技术合作、文化融合发展、市场合作秩序①等方面的战略利益目标的实现而服务，主要采用市场开放、基础设施、民生发展、产业转移、文化交流、金融合作等方式，针对合作国的互补性战略利益诉求，将不同合作手段加以组合形成合作框架。从已有案例看，战略利益互换模式主要有以下几种：

1. **市场开放换能源资源安全**

该合作模式主要是将中国市场需求向合作国开放，选择若干具有高度互补性的合作国进行大宗能源资源进口，形成稳定的中长期能源资源供给协议，并根据情况由中国企业提供相关配套基础设施建设或民生项目建设（包括联合开发等），由于有开发性金融的参与，又称为“贷款换资源”模式，如中巴石油合作、中俄能源合作、中委能源合作等。该模式中，双方战略利益互换的主要内容是“中国能源资源安全战略利益=合作国能源市场多元化战略利益”。相比于其他领域，中国作为能源消费大国，在能源产业上下游构建稳定、可靠、长期的联盟合作关系是一项重要战略，涉及宏观经济大局稳定的总体目标。从互换角度看，合作博弈主体主要包括两国政府、能源生产企业、能源加工与销售企业、双方合作金融机构等六方（见图 5-1）。

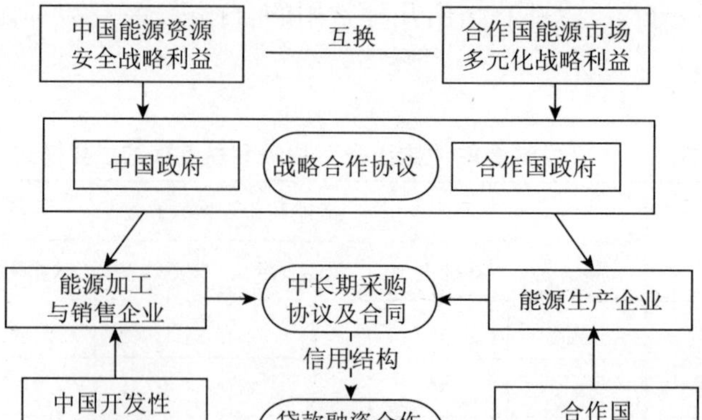

图 5-1 市场开放换能源资源安全模式

① 市场合作秩序主要是指建立中国与合作国之间新型经济贸易合作关系，形成符合国际发展趋势的新经济秩序，如自由贸易区建设等。

2. 基础设施换产业转型升级

该合作模式主要是向合作国政府提供中国在基础设施领域的建设优势，通过市场开放和产业转移等手段，改变中国自身产业转型升级的重点和方向，形成中长期的新型产业国际分工格局，由于开发性金融的参与，又称为“基础设施换产业项目”模式，如中国—东盟泛亚铁路合作、丝绸之路经济带、21世纪海上丝绸之路等。该模式中，双方战略利益互换的主要内容是“中国产业转型升级战略利益=合作国基础设施升级战略利益”，主要反映了中国在当前及今后一段时期内的主要挑战，即产业国际竞争力，如果没有一个具有前瞻性的新型产业转型战略布局，将失去在全球制造业大国时期所积蓄的核心竞争优势。为此，中国有必要通过跨境、跨洲的基础设施合作、产业转移和市场开放层级的增加，形成更为稳固的产业合作框架，为促进自身与合作国的产业转型升级创造良好条件，实现产业强国的战略目标，也为合作国加强基础设施的综合带动作用提供可持续的财政税源基础。从互换角度看，合作博弈主体主要包括两国或多边政府、产业转型升级企业、基础设施投资建设企业、基础设施建设运营企业、产业转移承接开发区、双方合作金融机构等。

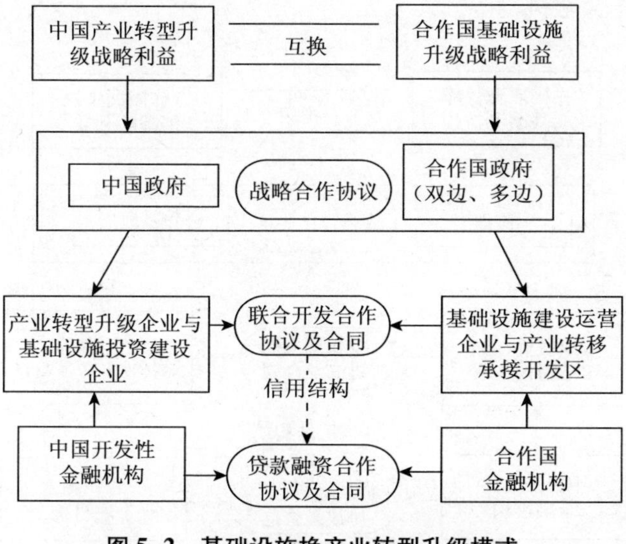

图 5-2　基础设施换产业转型升级模式

3. 民生发展换农业安全保障

该合作模式主要是将中国市场需求向合作国开放，根据农业在全球的地理资源分布特征，选择若干在战略农业资源领域具有高度互补性的合作国（尤其是新兴市场国家和发展中国家），通过联合开发和产业技术创新等方式建设具有稳固合作关系的农业生产基地，根据市场需求签订中长期农产品购销协议，并根据情况由中国企业提供相关配套基础设施建设或民生项目建设，由于开发性金融的参与，又称为“民生发展换农业项目”模式，如中非农业合作（马拉维棉花生产基地等）、中巴农业合作、中乌农业合作等。该模式中，双方战略利益互换的主要内容是“中国农业保障战略利益=合作国民生发展战略利益”。应该看到，作为一个发展中的大国，中国人口城镇化必然受制于粮食安全保障的瓶颈约束，单纯依靠国内耕地，无法从根本上解决所有问题；而新兴市场国家和发展中国家在自身工业化过程中则需要实现民生发展目标，提升农业经济的规模化水平。这意味着联合推进农业生产基地建设，不仅可以改善中国农产品供给的整体国际平衡状况，还可以缓解一些发展中国家自身所面临的粮食危机，并通过中国企业在当地的农产品加工项目促进其民生发展。从互换角度看，合作博弈主体主要包括两国政府、土地所有者、农业生产企业、农业投资、加工与销售企业（含基础设施、民生项目投资等）、双方合作金融机构等。

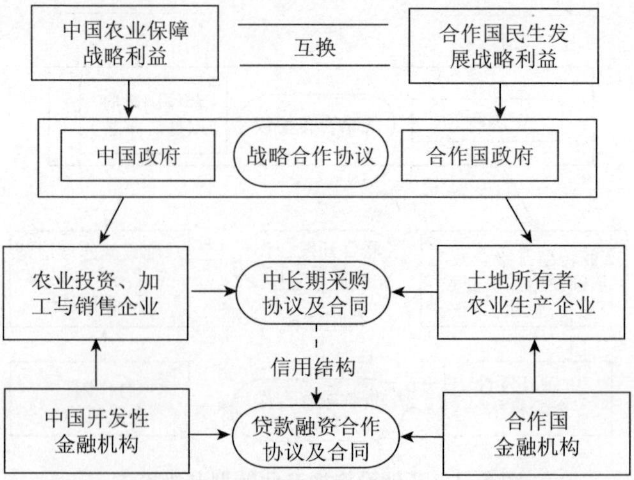

图 5-3 民生发展换农业安全保障模式

此外，开发性金融在实现高新技术合作、文化融合发展、市场合作秩序等国家战略利益目标过程中，发挥作用的空间也很大，可以形成一些新的合作模式，有待于通过不断探索，搭建新的合作机制，增加合作博弈的总收益。

三、发挥国家利益的双重引导作用

国家利益虽然至关重要，但却无法定量化，即便是定性分析也很难掌握具体尺度。我们应该如何来认识国家利益？如何看待其与战略利益互换的关系？如何发挥国家利益的双重引导作用呢？

首先，国家利益作为战略利益互换的核心价值具有巨大能量。从全局角度看，国家利益对全体国民的中长期发展战略目标起到基础性作用，如国家安全、政治稳定、经济活力、民生和谐等，往往牵一发而动全身，构成了国家发展的核心竞争力。在中国加快市场化改革开放的大趋势下，国家利益将与社会各阶层的发展利益结合得更加紧密，这意味着其内在能量的发挥空间巨大。具体而言，国家利益在战略利益互换过程中的价值主要体现在三个方面：一是对发展中国家的产业合作优势，可以将中国在制造业领域的优势资源进行输出；二是对新兴市场国家的市场合作优势，可以将中国内生性市场需求与新兴市场国家的工业化升级进行对接；三是对发达国家的合纵连横优势，可以将中国的自贸区建设战略与不同类型发达国家的双边贸易协定目标和诉求结合起来。

其次，国家利益的双重引导是实现战略利益互换的内在动力。仅仅分析国家利益在战略利益互换中的作用是不够的，更重要的是要理解国家利益对商业利益、合作国利益的引导作用是如何体现的，又是如何成为战略利益互换的内在动力的。我们看到，互换的基础是国家利益，若要形成战略互换需求，则还要有平等的定价机制，而国家利益对这一机制形成过程的双重引导作用体现在三个方面：一是国家利益对商业利益的补偿机制通过符合国际规则的市场化定价权安排，解决了单纯依靠商业机构难以实施中长期战略项目的难题；二是国家利益项目的广泛市场参与性，使得上下游产业链合作框架得以在战略利益互换过程中形成，促进对商业利益的深度挖掘；三是合作国在产业合作瓶颈领域存在信用缺陷，但由于国家利益的信用增级机制，使得开发性金融等中长期资金可以承担市场化风险。因此，从内生动力看，以国家利益为主导的战略利益互换机制符合可持续发展目标，有助于提高双方社会福利价值，通过价值互补与等价互换形成现金流良性循环，达到以双赢目标为基础的较高价值均衡，实现金融定价的可靠性与准确性。

最后，对于国家利益的认知、评估和分析是实现引导的关键。战略利益互换的定价机制在于锁定各自国家利益所赋予的战略利益价值目标，最大化自身国家利益，因此，如果无法对国家利益进行准确认知、评估和分析，就无从评估战略利益互换的价值量，更不用说引导商业利益与合作国利益。要充分发挥政府组织优势，对两国或多边战略利益互换行为进行整体评估分析，权衡利弊，将金融要素作为其中一个重要参数。例如，在中国开发性金融“走出去”过程中所参与的能源资源保障价值与合作国战略利益价值的合作博弈，政府组织优势是其重要因素之一。开发性金融的功能在于能够通过合理定价和构建信用结构来确保最大化总体价值（商业利益+国家利益+合作国利益）。为此，若要提供可靠的博弈均衡解，需要比较不同的市场因素，将商业利益、合作国利益都纳入国家利益的统筹考虑范畴，从而相对准确地评估国家利益双重引导作用的有效性，形成相应的引导策略和运作模式。

四、互换模式下的开发性金融资源配置

开发性金融在战略利益互换模式下的资源配置方式主要是在政府组织优势协调下，提供中长期资金安排，构建市场化信用结构，促进战略利益等价交换，减少博弈过程中的负面效果，提升整体合作博弈的总收益。

首先，坚持让市场起决定性作用的配置导向。开发性金融在利益互换过程中的定价决策、运作模式和风控机制都是市场化的，不是行政化的安排。一般看来，由于战略利益互换以国家利益为主要基础，会让人误以为其融资的资金成本会低于市场价格，由政府行政力量予以限定。但实际上，中国开发性金融机构在运作过程中主要根据筹资成本采取符合国际通行规则的定价基准（如 LIBOR 利率等），并不会低于普通的国际商业银团借款成本，运作模式则通过信用结构安排增强锁定中长期战略利益互换的项目合约的还款现金流，并以设立还款资金归集专户的方式加强风险控制。

其次，充分做好开发性金融的资金动员机制。战略利益互换项目往往存在投资金额大、融资期限长、涉及面较广、收益回报不高、交易结构相对复

杂等特点，具有“政策性业务，商业化运作，市场化管理”的综合特征，是体现“政府与市场”关系的典型案例。相比于一般商业项目，涉及的保密性信息可能较多，但对参与其中的开发性金融机构而言，反而具有较高的信息对称性，可以利用政府组织协调优势，形成开发性金融筹集资金特有的方式、渠道和引导机制。为此，开发性金融在“走出去”过程中可以通过市场购汇、央行转贷款、境内外发债（包括自贸区）等方式筹集中长期本外币资金，牵头引导国内外商业银行共同组建银团，形成俱乐部合作机制，充分动员各方面资金供给。

最后，有效应对合作博弈过程中的谈判焦点。在战略利益互换项目的整体合作架构谈判过程中重点解决资金定价、融资期限、信用结构安排、现金流管理等博弈问题，这些都是落实开发性金融资源配置要求的关键。例如，将信贷资金价格与战略利益互换的交易合约定价相挂钩，形成对项目现金流稳定可靠的预测，重点落实对抵押品或质押方式的要求，对利益互换的合约期限和交易价值量进行综合评估，将跨领域、上下游产业整合及资源带动效应也一并纳入分析判断框架，为形成准确可靠的定价模式提供谈判依据。所以，合作博弈的对象和目标是分析评估参与者各自收益及各方总收益的比较情况，研究开发性金融如何促进联盟形式的合作均衡形成。这种资源配置模式的独特性在于将市场内生力量与政府组织优势在一个整体框架内加以组合，依靠信息对称性的提高降低交易成本，增加整体利益，促进合作博弈均衡，形成双方或多方共赢的机制。

第二节　战略利益互换的理论分析

为了更为准确地研究战略利益互换过程中的开发性金融作用，引入合作博弈的理论进行分析，通过两个不同阶段博弈过程的对比，提出符合客观情况的动态博弈结果对收益分配的影响。

一、合作博弈概念

合作博弈亦称为正和博弈，是指通过协议或契约的实质性约束，博弈双方的利益都有所增加，或者至少有一方的利益增加，而另一方利益不受损害，从而使整体社会利益有所增加。因此，合作博弈采取的是一种合作方式，或者说是一种妥协，重点研究在达成合作时如何分配合作得到的收益，即在特定时点上的收益分配问题。其实，合作博弈能够产生一种合作剩余①，至于这种剩余在博弈各方之间如何分配，取决于博弈各方的力量对比和技巧运用，必须经过博弈各方的讨价还价，达成共识，形成妥协，进行合作。在这里，合作剩余的分配既是妥协的结果，也是达成妥协的条件。

合作博弈存在的两个基本条件是：①对联盟来说，整体收益大于其每个成员单独经营时的收益之和；②对联盟内部而言，应存在具有帕累托改进性质的分配规则，即每个成员加入联盟后获得的收益都能比不加入时多一些。如何保证实现和满足这两个条件，取决于合作博弈的本质特点。也就是说，联盟内部成员之间的信息是可以相互交换的，所达成的协议必须执行，这些与非合作博弈中每个局中人独立决策、没有义务去执行某种共同协议等特点形成了鲜明对比。在社会现实生活中，能够使合作存在、巩固和发展的一个关键性因素是可转移支付（收益）的存在，即按某种分配原则，通过一些特定工具或方式，可在联盟内部成员间重新配置资源、分配收益，形成符合新形势要求的合作机制，这就必然包含了内部成员 i 和 j 之间的利益调整和转移支付。因此，可转移支付函数的存在是合作博弈研究的基本前提之一。

当然，从不合作博弈到合作博弈，实际上是对不同阶段决策行为的理性分析，在关注所得出的最终博弈均衡结果之前，微观上可能有一系列的不合作博弈行为，构成不同的策略选择（微观行为）。但随着信息沟通的加深，在特定承诺发生后，通过契约的方式，将形成利益分配的解，即构成合作博弈均衡解。所以，从战略利益互换角度看，开发性金融的参与使这一互换成为两种博弈都须经历的一个发展过程，各方在推动合作过程中都有从不合作到

① 合作剩余是当代道德哲学家常使用的一个概念，指合作者通过合作所得到的纯收益（扣除合作成本后的收益或者减少损失额）与不合作或竞争所能得到的纯收益（扣除竞争成本后的收益或者减少损失额）之间的差额，一般是通过市场交换中人们之间的诚信合作和商业信用来实现的。在现代市场经济中，一切合作（包括交换、交易和联合做生意等）所得都可以被视作某种合作剩余。例如银行贷款给企业，银行赚利息，企业赚利润，这些利息和利润实际上就是一种银行与企业间合作所得的剩余。

合作的情况，开发性金融在其中发挥何种作用，就是我们研究的对象和问题。

二、合作博弈模型

从合作博弈角度看，中国开发性金融的资金具有大额、长期、成本相对低的优势，而国际战略合作恰好需要中长期低成本资金，却缺少这样的资本市场，尤其是债券市场，国开行资金筹集特点正好解决了国际战略合作过程中缺乏类似长期资本市场功能、具有债券类信用特征的贷款资金供给问题。

（一）理论分析

1. 开发性金融促成战略利益互换项目

在这里，我们可以用一个 2 阶段讨价还价博弈模型进行分析，将中国与合作国两个国家作为两个博弈方，在合作契约形成过程中，通过开发性金融的参与，增加双方共同的合作剩余，扩大谈判成功的共同区间。首先，第 1 阶段是没有开发性金融参与的情况（之前多轮谈判可以统一为 1 个大的阶段），由合作国先出价（假设中国要买东西，通常先由卖方报价，这符合商品交易规则），但中国没有同意。其次，第 2 阶段是有开发性金融参与的情况，由中国出价（合作国接受），这个价格包含了一个双方都拥有的自变量，即开发性金融的资金价格与融资期限，直接影响到合作国的收益（因为融资成本下降），也间接影响到战略利益互换对象的价格（因为中国购买东西的价格下降），双方都拥有了更多的谈判自由度空间。这里，双方第 2 阶段博弈结束的前提条件是开发性金融的融资行为具有可持续性和内在激励。当前，开发性金融在国际业务上的资金收益率要高于美国国债收益率，且支持“走出去”战略要求，同时，国内信贷业务的利润也可以抵补汇兑损失（当然由于利率市场化，这种“以内补外”的操作空间在收窄）。尽管从中远期看，国内融资利率由于利率市场化而将趋于下降，但是国际合作项目融资利率由于涉及中长期战略利益互换却仍可保持一定高位，即高于国际通行的借贷利率水平。作为补充，人民币借贷利率随着人民币国际化程度加深，也为境外人民币贷款提供了更为充足的低成本人民币资金，扩大了开发性金融在战略利益互换项目中的可持续收益空间。从中远期看，人民币汇兑损失空间随着升值预期下调也会逐步收窄。

2. 开发性金融创造新增总体合作剩余

从正和博弈角度看，在开发性金融参与情况下的新增总体合作剩余体现为融资成本下降后所产生的战略利益互换项目利润空间。因为相比于没有这部分长期资金的情况，原有的合作剩余总量有限，难以符合双方各自的最低收益预期。但有了这笔资金后，在风险总体可控的商业化运作模式下，由于合作国的借贷资金成本下降和中国的战略利益保障度提高，合作剩余总量出现了上升。那么，这部分新增的合作剩余总量如何分配呢？主要是通过中国开发性金融机构的国际业务融资利息收益在两国之间进行分配，即双方按照中国提出的价格成交，合作国由于融资成本下降，新增了一部分战略利益互换项目的利润（合作国自身筹资利率与中国开发性金融利率之间的差额），新增合作剩余扣除这部分利润后，将其余的部分通过利息方式支付给中国开发性金融机构，确保了中国战略利益互换项目的交换价格符合心理预期，而原有的合作剩余可按照第 1 阶段分配规则进行优化安排。是否有别的第三方可以替代中国开发性金融机构呢？从合作博弈角度看，基本不可能。因为开发性金融的融资利息收益也在中国的总体合作剩余范畴内，而且具有合作框架下的政府组织优势和信息对称性，因而，基本上中国与合作国之间不会选择其他第三方，而是需要由中国开发性金融机构主导组织其他金融机构共同构成第三方。

（二）模型分析①

1. 前提假设

设两国合作框架形成时所创造的总体合作剩余为 π , v_A 为合作国对自己合作剩余分配比例的心理预期值, v_B 为中国对自己合作剩余分配比例的心理预期值。假定双方预期是理性的，即 $v_A + v_B \leqslant 1$, v_A 和 v_B 为两国各自的私人信息，两国分别预计各自的心理预期值 v_A 和 v_B 服从 $[a,\ b]$ 区间上的均匀分布，$0 \leqslant a \leqslant 1, 0 \leqslant b \leqslant 1$，且 $a \leqslant b$ 。这表明双方在博弈过程中可以根据对方每一

① 李群峰．知识型企业合作剩余分配讨价还价模型博弈分析［D］．首都经济贸易大学，2011：53-59.

次出价和行为的信息，不断改变对博弈对手合作剩余分配比例预期的估计，即若合作国第一次出价为 v_A^{ε} ，则中国可以修正对 v_A 的初始估计，认为其服从 $[a, v_A^{\varepsilon}]$ 区间上的均匀分布。

2. 模型构建

假设两国开始对战略利益互换项目轮流出价。在第 1 阶段，合作国出价要求得到 v_A^1 的合作剩余分配比例，中国可以选择接受或者拒绝。如果中国接受，则博弈结束，合作国得到 v_A^1 合作剩余分配比例，中国得到 $(1 - v_A^1)$ 合作剩余分配比例，双方讨价还价博弈的各自收益为 $[(v_A^1 - v_A)\pi, (1 - v_A^1 - v_B)\pi]$ 。如果中国拒绝，则博弈进入第 2 阶段，此时中国出价要求得到 v_B^1 的合作剩余分配比例，合作国也可以选择接受或拒绝。若合作国接受，则博弈结束。假设存在时间贴现因子 σ_A 和 σ_B ，$0 \leqslant \sigma_A \leqslant 1, 0 \leqslant \sigma_B \leqslant 1$，实际上即为讨价还价的时间机会成本。若第 2 阶段博弈结束，则双方讨价还价博弈的各自收益为 $[\sigma_A(1 - v_B^1 - v_A)\pi, \sigma_B(v_B^1 - v_B)\pi]$ 。若合作国拒绝中国的出价要求，则进入第 3 阶段，以此类推。

假设博弈进行了 n 个阶段。若 n 为偶数，则第 n 阶段由中国出价 $v_B^{\frac{n}{2}}$ ，且不管合作国拒绝或接受出价，双方博弈都在此阶段结束。如果合作国接受出价，则中国在讨价还价博弈中得到收益为 $\sigma_B^{n-1}(v_B^{\frac{n}{2}} - v_B)\pi$ ，合作国在讨价还价博弈中得到收益为 $\sigma_A^{n-1}(1 - v_B^{\frac{n}{2}} - v_A)\pi$ 。若合作国拒绝，则双方谈判失败，各自讨价还价博弈的收益均为 0。若 n 为奇数，则第 n 阶段由合作国出价 $v_A^{\frac{n+1}{2}}$ ，且不管中国拒绝或接受出价，双方博弈都在此阶段结束。如果中国接受出价，则合作国在讨价还价博弈中得到的收益为 $\sigma_A^{n-1}(v_A^{\frac{n+1}{2}} - v_A)\pi$ ，中国在讨价还价博弈中得到的收益为 $\sigma_B^{n-1}(1 - v_A^{\frac{n+1}{2}} - v_B)\pi$ 。若中国拒绝，则双方谈判失败，各自讨价还价博弈的收益均为 0。以上博弈过程可以通过博弈树来表示（见图 5-4）：

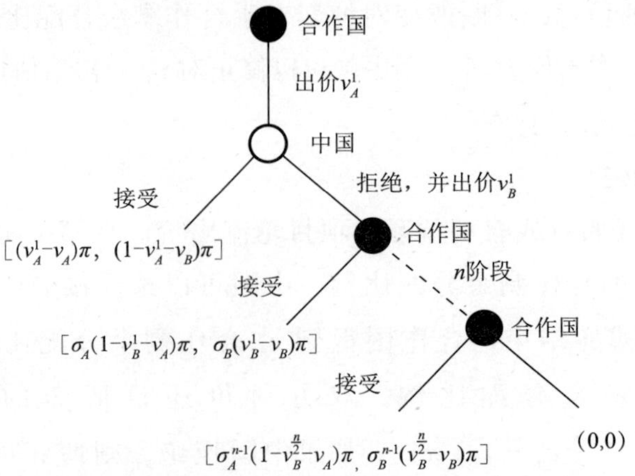

图 5-4　战略利益互换项目讨价还价博弈的 n 阶段博弈树（n 为偶数）

资料来源：李群峰．知识型企业合作剩余分配讨价还价模型博弈分析［D］．首都经济贸易大学，2011：54.

3. 模型求解

为了简化分析，我们只对合作国先出价的 2 阶段讨价还价博弈用逆向归纳法求解，重点研究第 2 阶段双方的理性博弈策略。先看第 2 阶段合作国的选择，对其而言，由于这是最后机会，博弈即将结束，如果拒绝则双方所得收益为 0。因此，只要 $1 - v_B^1 - v_A > 0$，则合作国一定会选择接受，此时合作国在讨价还价博弈中的收益为 $\sigma_A(1 - v_B^1 - v_A)\pi$。再看第 2 阶段中国的出价情况，由于已了解合作国在第 2 阶段的策略选择，即合作国将 $1 - v_B^1 - v_A > 0$ 是否成立作为自己策略选择的底线，因此，中国判断合作国预期的合作剩余分配比例此时服从 $[a, v_A^1]$ 区间上的均匀分布，会选择出价 v_B^1 使得自身期望利润最大化。即

$$\max[\sigma_B(v_B^1 - v_B)\pi P_{ha} + 0 \times P_{hr}] \tag{5-1}$$

其中，P_{ha} 和 P_{hr} 分别为合作国接受和拒绝 v_B^1 的概率，有：

$$P_{ha} = p\{v_B^1 \geqslant v_A\} \text{ 和 } P_{hr} = p\{v_B^1 < v_A\} \tag{5-2}$$

根据中国对合作国所要求的合作剩余分配比例预期的判断，有：

$$P_{ha} = p\{v_B^1 \geqslant v_A\} = \frac{v_B^1 - a}{v_A^1 - a} \tag{5-3}$$

$$P_{hr} = p\{v_B^1 < v_A\} = \frac{v_A^1 - v_B^1}{v_A^1 - a} \tag{5-4}$$

将上述等式代入
$$\max_{v_B^1}[\sigma_B(v_B^1 - v_B)\pi P_{ha}] \tag{5-5}$$

得到
$$\max_{v_B^1}\left[\sigma_B(v_B^1 - v_B)\pi\frac{v_B^1 - a}{v_A^1 - a}\right] \tag{5-6}$$

在最大化条件下对 v_B^1 求导，得到：

$$v_B^1 = \frac{a + v_B}{2} \leqslant v_B \tag{5-7}$$

式（5-7）表明，中国在第 2 阶段使自己能得到最大收益（或最小损失）时的出价 v_B^1 不会超过对自身合作剩余分配比例的心理预期值 v_B。由于中国已经意识到若双方谈判进入到第 2 阶段，则自己能得到的最大收益（或最小损失）为 $[\sigma_B(\frac{a - v_B}{2})\pi]$，从数值上看为零或负值，即意味着要使给予合作国的收益让渡尽量最小化，表现为通过开发性金融支持给予合作国相应的新增合作剩余，并以收取利息的方式得到一定补偿。

相反，若中国在第 1 阶段就接受 v_A^1，则其充分条件为第 1 阶段所得收益应大于第 2 阶段的收益，即

$$\sigma_B(\frac{a - v_B}{2})\pi < (1 - v_A^1 - v_B)\pi \tag{5-8}$$

由此可得：
$$v_B < \frac{2 - \sigma_B a - 2v_A^1}{2 - \sigma_B} \tag{5-9}$$

式（5-9）表明，若中国在第 1 阶段就接受 v_A^1，则对自己合作剩余分配比例的心理预期值 v_B 不能过高，有一个上限值。合作国在得到关于中国各阶段的理性策略信息后，鉴于理性经济人假设，将会选择 v_A^1 使得自身期望收益最大化，即

$$\max_{v_A^1}\left[(v_A^1 - v_A)\pi P_{za} + \sigma_A\left(1 - v_A - \frac{a + v_B}{2}\right)\pi P_{zr}\right] \tag{5-10}$$

其中，P_{za} 表示中国在第 1 阶段接受 v_A^1 的概率，则：

$$P_{za} = p\left\{v_B \leqslant \frac{2 - \sigma_B a - 2v_A^1}{2 - \sigma_B}\right\} = \tag{5-11}$$
$$\frac{(2 - \sigma_B a - 2v_A^1)/(2 - \sigma_B) - a}{b - a} = \frac{2 - 2v_A^1 - 2a}{(2 - \sigma_B)(b - a)}$$

P_{zr} 表示在合作国第 2 阶段接受 v_B^1 条件下，中国在第 1 阶段拒绝 v_A^1 的概率，则：

$$\begin{aligned} P_{zr} &= p\left\{v_B > \frac{2 - \sigma_B a - 2v_A^1}{2 - \sigma_B} \mid v_B^1 \geqslant v_A\right\} \\ &= p\left\{v_B > \frac{2 - \sigma_B a - 2v_A^1}{2 - \sigma_B}\right\} / \frac{v_B^1 - a}{v_A^1 - a} \\ &= \frac{b - (2 - \sigma_B a - 2v_A^1)/(2 - \sigma_B)}{b - a} / \frac{v_B^1 - a}{v_A^1 - a} \\ &= \frac{2b - b\sigma_B - 2 + \sigma_B a + 2v_A^1}{(2 - \sigma_B)(b - a)} / \frac{v_B^1 - a}{v_A^1 - a} \end{aligned} \tag{5-12}$$

将上述等式代入合作国的期望收益最大化公式可得：

$$\max_{v_A^1}\left[\begin{array}{l}(v_A^1 - v_A)\pi\dfrac{2 - 2v_A^1 - 2a}{(2 - \sigma_B)(b - a)} + \\ \sigma_A\left(1 - v_A - \dfrac{a + v_B}{2}\right)\pi\dfrac{2b - b\sigma_B - 2 + \sigma_B a + 2v_A^1}{(2 - \sigma_B)(b - a)} / \dfrac{v_B^1 - a}{v_A^1 - a}\end{array}\right] \tag{5-13}$$

由于 $v_A + v_B \leqslant 1$，$v_B^1 \leqslant v_B$，$a \leqslant v_A \leqslant b$，$a \leqslant v_B \leqslant b$，代入式（5-13）可得：

$$v_A^1 = \frac{\sigma_A(2 - \sigma_B)(b - a) + 4v_A + 4 - 2\sigma_A - 4a}{4(2 - \sigma_A)} \tag{5-14}$$

由式（5-14）可得，若合作国首先出价，在不完全信息条件下，2 阶段讨价还价博弈均衡为：

（1）合作国第 1 阶段先出价为：

$$v_A^1 = \frac{\sigma_A(2 - \sigma_B)(b - a) + 4v_A + 4 - 2\sigma_A - 4a}{4(2 - \sigma_A)}$$

（2）当 $v_B < \dfrac{2-\sigma_B a-2v_A^1}{2-\sigma_B}$ 时，中国会接受合作国的出价 v_A^1，否则拒绝。

（3）中国对合作国提出的合作剩余分配比例服从 $[a, v_A^1]$ 上的均匀分布。若在第 1 阶段中国拒绝合作国出价 v_A^1，则第 2 阶段中国出价为 $v_B^1=\dfrac{a+v_B}{2}$。

(4) 如果合作国对未来所得到合作剩余分配比例的预期 v_A 小于或等于 v_B^1，合作国会选择接受中国第 2 阶段提出的分配方案，否则拒绝。

三、合作博弈结果

（一）数值举例

为了更加直观地看到这一分析结果，我们可以假设合作国认为中国在合作剩余分配中的份额不可能高于 0.8，而中国认为自己在合作剩余分配中的份额不可能低于 0.2，即双方对于战略利益互换项目的单方面认知区间为 [0.2, 0.8]，即 $a=0.2$，$b=0.8$。由于每次就合作剩余分配谈判，双方都要耗费巨大精力，我们设定每一轮谈判双方贴现因子分别为 0.8 和 0.9，即 $\sigma_A=0.8$，$\sigma_B=0.9$。对于战略利益互换项目的合作剩余分配比例，合作国认为自己应得比例为 0.4，低于该比例，则无法与中国合作；中国认为自己应得比例为 0.7，合作国应得比例为 0.3，高于该比例，合作也无法达成，需要寻找其他合作伙伴。因此有 $v_A=0.4$，$v_B=0.7$。

由此，我们可得合作国先出价的讨价还价博弈均衡为：

（1）合作国第 1 阶段先出价为

$$v_A^1=\frac{\sigma_A(2-\sigma_B)(b-a)+4v_A+4-2\sigma_A-4a}{4(2-\sigma_A)}=0.7767$$

（2）当满足 $v_B < \dfrac{2-\sigma_B a-2v_A^1}{2-\sigma_B}=0.2424$ 时，中国会考虑接受合作国的出价 v_A^1，否则拒绝，双方进入下一轮谈判，或者谈判破裂。

（3）如果进入第 2 阶段谈判，中国对合作国剩余分配比例的范围估计调整为服从区间 $[0.2, v_A^1]$ 上的均匀分布，在第 1 阶段拒绝合作国出价 v_A^1 后，中国在第 2 阶段出价 $v_B^1=\dfrac{a+v_B}{2}=0.45$，则获得最大收益（或最小损失）为

$[\sigma_B(\frac{a-v_B}{2})\pi]$，即-0.225。

（4）如果 $v_B^1=0.45$，即 $1-v_B^1=0.55>v_A=0.4$，则合作国会考虑接受，其获得的最大收益（或最小损失）为0.316（其中，在第1阶段就谈判成功的收益为0.0266，在第2阶段才谈判成功的收益为0.2894）。

综上所述，如果没有中国在第2阶段的出价和让渡收益，由于开发性金融中长期资金支持而新增的合作剩余，合作国与中国合作谈判不可能成功，也无法构建合作框架，以获得更多的收益，增加自身所分配的合作剩余。而中国获得的好处在于通过让渡部分收益和开发性金融资金供给，在使合作过程中损失最小。

（二）结果分析

从博弈角度看，尽管战略利益互换项目中有着政府、企业、金融机构等多方存在，但主要还是中国与合作国之间的两方博弈。通过讨价还价模型，我们看到两国之间在谈判之初就达成一致的概率较小，只有在开发性金融介入之后才出现了合作博弈均衡解。因此，从理论分析看，战略利益互换作为一个大的两方博弈，开发性金融是其中的一个重要参与方，且这个参与方是原来两方的重要内生参数（博弈自变量），使得双方在战略利益互换的（广义）价格谈判区间上找到了合作的交集，从不合作博弈转化为合作博弈。这一博弈过程中的基本因素就是开发性金融所带来的资金成本降低与中长期资金供给稳定性，使得中方进入合作框架的收益在谈判价格上不高于其不进入时的情况，合作国进入合作框架的代价（成本）在谈判价格上不低于其不进入时的情况。合作国自身的资金成本因为开发性金融因素而下降（因为其缺乏中长期战略资金），开发性金融获得了比国内更多的收益（这个是假定，不仅限于财务收益，还综合了国家与社会效益）。

在美元国内筹资成本较高的情况下，中国开发性金融在国际业务上以美元资金为基础会导致资金成本较高，利润空间受制于美元利率走向，存在“以内补外”情况，因为定价权不在中国金融机构手上，开发性金融只能去一些美元融资成本或本国融资成本较高的国家（如亚非拉国家），在发达国家只能选择一些技术合作类项目。但是，从长远看，随着人民币资金跨境使用进一步推进，境外人民币资金成本将先上升后降低，一旦合作国考虑运用人民币作为国际结算工具之一，中国开发性金融机构将获得比在国内更多的财务收益。因此，对于开发性金融而言，不断扩大的境外人民币资金需求也是重要的战略储备资源，可以降低汇率风险，在当前人民币汇率波动幅度扩大到2%的条件下，短期内的人民币贬值预期可以进一步扩大境外机构对人民币的融资需求规模。

第三节　政府组织优势的作用

通过博弈关系分析，我们可以看到政府在推动双边或多边合作过程中发挥了重要的引导作用，可以将之描述为政府组织优势，并进一步分析其在开发性金融“走出去”过程中对战略利益互换机制的内在作用。

一、政府组织优势的定义

政府组织优势在学界并没有一个统一规范的定义，但从实践角度看，我们可以将其定义为以政府及政府相关机构的职能范围为核心，发挥其组织协调的综合功能，为联盟构建合作博弈的契约基础，发挥推动发展的整体优势，提高经济社会活动管理效率。具体来讲，政府组织优势主要包括三个方面：一是主导性优势，政府在推动合作过程中可以在整体导向、关键问题和难点、时间推进节点、资源配置及利益分配格局等方面起到主导作用，保持合作方向沿着正确的道路推进，这不是对市场配置资源决定性作用的否定，而是引导市场力量发挥真正的激励作用；二是全局性优势，政府在促进合作各方博弈联盟形成过程中可以着眼于宏观全局对问题的症结进行把控，避免市场力量各自为政，有利于形成整体合作、综合协调、统筹兼顾的大局，引导市场机构形成合力，提升国际竞争力；三是动员性优势，政府具有广泛的社会动员基础，可以将财政资源和社会资源进行搭配组合，引导市场机构参与到符合国家战略利益目标的大型项目之中，在双边或多边合作过程中为商业利益与合作国利益提供相应的保障性支持。

二、政府组织优势的作用分析

开发性金融理论作为一种实践性理论总结，已经成为一个越来越值得重视的学术领域。政府组织优势正是开发性金融理论的核心内涵之一，通过搭建政府与市场之间的桥梁，实现对实体经济的金融引导作用。这里，我们重点探讨政府在开发性金融“走出去”过程中在组织协调、联盟构建、组织增信、市场引导四个方面发挥的优势作用。

首先，政府组织协调优势是指引导有关产业部门、企业、金融机构、监管机构等单位共同协同参与推进战略利益互换项目，就重点问题进行沟通协调，避免出现相互矛盾、同质竞争、无序运作的情况。由于这类项目涉及两国战略的切身利益，在初期要经历相对漫长的谈判过程，对企业、金融机构而言，参与过程中的信息不对称性较强，容易出现一些矛盾和困难，若没有政府在其中进行组织协调，单纯依靠企业与企业之间、金融机构与金融机构之间的合作博弈，无法真正促成战略性合作，契约的稳定性和持久性难以保障。开发性金融利用政府组织协调优势，将参与各方都纳入一个信息相对透明的合作框架内，提升了谈判的有效性，促进战略利益互换项目在较短时间内实现阶段性成果。

其次，政府联盟构建优势是指通过推动双边投资协定谈判、自贸区谈判等方式为战略利益互换项目构建外部合作基础，并与企业、金融机构针对具体项目推动形成某种合作框架的协同机制，统一对外解决项目在双边、多边合作上的难点问题。在联盟构建过程中，政府作为博弈参与主体之一，主动提供公共品服务，发挥其正外部效应，促进多方协作的有效性，让合作参与者积极加入合作框架。开发性金融利用政府联盟构建优势，将国家利益与商业利益、合作国利益都纳入一个统一的合作博弈体系内，减少了不合作博弈过程中的动态不稳定性，使得博弈各方可以加强信息沟通，在一个相对紧密的合作机制内形成战略利益互换项目，为联盟运行的有效性创造客观条件。

再次，政府组织增信优势是指为战略利益互换项目提供包括财政资源、信用支持承诺在内的多种形式的信用增级措施，加强外界和金融市场对该项目的信心，便于降低金融机构的融资成本。这不同于传统的政府担保，也不计入政府债务，实际上此类项目的大额、长期等特征也使政府无法全额承担其还款责任。但政府可以通过组织协调自身财政资源或安排相应的市场机构提供信用支持承诺和还款差额风险补偿机制，避免市场力量“用脚投票”，对战略利益互换项目采取不参与或无信心的态度。开发性金融利用政府组织增信优势，面向市场机构筹集大额、长期的本外币资金，可以有效降低社会筹资成本，尤其是在国际资本领域发行债券需要一定的国家信用支撑，可以考虑面向合作国市场筹集一部分中长期资金，将社会储蓄有效转化为战略发展资本。

最后，政府市场引导优势是指对市场机构及社会资本参与战略利益互换项目的相关配套合作进行引导和规划，激发社会资源参与项目的自主性和有序性，增强开发性金融与商业金融的整体合作协调性，深化国家利益的双重引导效果。相比于传统的国际合作，战略利益互换项目的内涵与外延扩展性较强，在产业链上有一个相对较大的合作空间，需要政府通过搭建开放式服务配套的合作平台，来引导市场机构参与此类项目，使博弈过程的正外部效应可以惠及更多社会资源，提升双方社会资本参与战略合作的积极性，这也是提前防控此类项目的中长期市场风险。若只有特定机构参与，战略利益互换项目在长跨度的经济周期内可能面临市场出现剧烈波动的潜在风险，从而无法完全覆盖互换期间存在的收益与偿债之间不匹配的风险敞口。开发性金融利用政府市场引导优势，也为市场机构和社会资本提供相应的配套融资服务，并引导更多商业金融机构加入其中，为战略利益互换项目的特定机构创造更大的市场化合作空间，降低经济周期波动风险，使国家利益的市场效应最大化。

三、政府组织优势下的信息对称性

我们知道，现实社会中信息不对称往往是普遍的，在金融领域这一因素还容易造成信贷配给的情况，使得交易成本上升，风险也同样上升。实际上，如果在战略利益互换项目中没有两国政府的介入和推动，单纯是商业合作行为，则开发性金融机构可能面临潜在的逆向选择和道德风险。因此，在战略利益互换过程中，开发性金融需要发挥政府组织优势，在特定范围内公开项目所涉及的信息，降低信息不对称性，使得融资风险定价趋于合理化，进而降低交易成本，减少信贷配给现象，提高合作博弈的效率。

（一）信息不对称与信贷配给模型①引述

Stiglitz 和 Weiss（1981）进行了信息不对称和信贷配给问题的经典研究，

① 张维迎．博弈论与信息经济学［M］．上海：上海人民出版社，1996：562-569.

他们认为，由于银企之间的信息不对称会引起逆向选择和道德风险问题，所以银行贷款供给不一定是贷款利率的单调增函数，这样在竞争均衡下可能出现信贷配给。这里隐含一个有趣推论，即当市场上存在不同类型的借款者时，有些类型的借款者可能会因为信息不对称，无论愿意支付多高的贷款利息，仍被排斥在信贷市场之外，而其他借款者却能得到贷款，这就是所谓的“界定现象”（Red-lining），如目前的中小企业融资难就是其具体表现形式。但是，由于战略利益互换项目属于国家利益范畴，涉及面较广，运作周期较长，如果没有政府的组织协调，则项目信息不对称程度较高，缺乏一定透明度，也容易产生界定现象。

1．逆向选择——简单模型分析

第一，假定有连续多个投资项目，每个投资项目有两种可能的结果，即成功或失败，成功时的收益为 $R > 0$，失败时收益为 0。进一步，假定给定贷款种类中的所有投资项目具有相同的收益均值 T，并且银行知道 T。那么，如果 $p(R)$ 是给定项目成功的概率，则 $p(R)\ R = T$，即成功时的收益 R 越高（高产出），成功的概率 p 越低（高风险）。

第二，假定每个投资项目需要的资金都为 1，企业没有自有资金，银行是唯一的资金供给者，贷款利率为 r。如果企业得到贷款，项目得以进行，成功时企业的利润为 $[R-(1+r)]$，失败时为 0。

因此，企业的期望利润为：

$$y = p[R-(1+r)] + (1-p)0 = p[R-(1+r)] \tag{5-15}$$

如果企业不投资，则期望利润为 0。因此，存在一个临界值 $R^* = 1+r$，当且只当 $R \geqslant R^*$ 时，企业才会申请贷款投资。因为 $p(R)\ R = T$，则上述结论则意味着，存在一个临界成功概率 p^*，当且只当 $p \leqslant p^*$ 时，企业才会申请贷款。这里 p^* 的经济意义是：若 $p > p^*$（低风险），则由于风险与收益对等（低风险对应低收益），企业的 $R < R^*$，因而不会申请贷款。将 p^* 定义为：

$$p^* = T/R^* = T/(1+r) \tag{5-16}$$

假定 p 在 [0, 1] 区间上的密度函数为 $f(p)$，分布函数为 $F(p)$，那么所有申请贷款的项目的平均成功概率为：

$$\bar{p}(r)=\frac{\int_0^{p^*} pf(p)\,\mathrm{d}p}{\int_0^{p^*} f(p)\,\mathrm{d}p}=\frac{\int_0^{p^*} pf(p)\,\mathrm{d}p}{F(p^*)} \tag{5-17}$$

因此：

$$\frac{\partial\bar{p}}{\partial r}=\frac{\frac{\partial p^*}{\partial r}p^*f(p^*)F(p^*)-\frac{\partial F(p^*)}{\partial r}\int_0^{p^*} pf(p)\,\mathrm{d}p}{F^2(p^*)}$$

$$=-\frac{f(p^*)}{F^2(p^*)}\frac{T}{(1+r)^2}\left[p^*F(p^*)-\int_0^{p^*} pf(p)\,\mathrm{d}p\right]<0 \tag{5-18}$$

也就是说，利率越高，申请项目的平均质量越低，违约的概率越大。直观地讲，在有限责任制下，借款人的收入不可能小于零，他可以享受成功的好处，但不用承担失败的全部损失，存在违约动机。给定项目的收益后，较高的利率则意味着成功时较低的利润，而只有那些成功时收益较高的项目才会被申请；但是，给定期望收益相同时，较高的成功收益则意味着较低的成功概率（较大的风险）。与旧车市场上低质量车驱赶走高质量车的现象一样，高风险的项目也会驱赶走低风险的项目，而较高的利率就意味着较大的违约风险。这就是信贷市场上的逆向选择。

2. 贷款利率与银行期望收益的关系

银行的期望收益不仅取决于贷款利率，还取决于借款人的还款概率。利率的增加对银行期望收益的影响一般来说不可能是单调的。如果银行满足所有借款人的要求，每单位贷款的期望收益为：

$$\bar{\pi}(r)=\frac{\int_0^{p^*}(1+r)pf(p)\,\mathrm{d}p}{\int_0^{p^*} f(p)\,\mathrm{d}p}=\frac{(1+r)\int_0^{p^*} pf(p)\,\mathrm{d}p}{F(p^*)}=(1+r)\bar{p}(r) \tag{5-19}$$

即银行的期望收益等于没有违约时的收益 $(1+r)$ 乘以不违约的平均概率。对上式求导得：

$$\frac{\partial\bar{\pi}}{\partial r}=\bar{p}(r)+(1+r)\frac{\partial\bar{p}}{\partial r} \tag{5-20}$$

其中，等号右边第一项为正，代表提高利率的（直接的）收入效应：利率每提高一个单位，期望收益增加 $\bar{p}(r)$ 个单位。第二项代表提高利率的（间接的）风险效应：利率每提高一个单位，借款人违约的概率上升 $|\partial\bar{p}/\partial r|$ 个单位，从而期望收益下降 $(1+r)\partial\bar{p}/\partial r$ 个单位（$\bar{\pi}$ 与 r 的关系类似垄断企业的收益函数与价格的关系）。如果收入效应大于风险效应，则 $\partial\bar{\pi}/\partial r>0$；反之，则 $\partial\bar{\pi}/\partial r<0$。特别地，当 $r\to0$ 时，$p^*\to1$，$(1+r)\partial\bar{p}/\partial r\to0$，因此，$\partial\bar{\pi}/\partial r>0$；当 $r\to\infty$时，$p^*\to0$，$(1+r)\partial\bar{p}/\partial r\to-x$（$x\geqslant0$），因此，$\partial\bar{\pi}/\partial r\leqslant0$。存在某个 r^*，使得当 $r\leqslant r^*$ 时，$\partial\bar{\pi}/\partial r\geqslant0$；当 $r\geqslant r^*$ 时，$\partial\bar{\pi}/\partial r\leqslant0$，银行期望收益 $\bar{\pi}(r)$ 达到顶点 G（见图 5-5）。当然，$\bar{\pi}(r)$ 可能不是单峰的，就是说，满足 $\partial\bar{\pi}/\partial r=0$ 的 r^* 不止一个。此外，在以上模型中，如果 p 在［0，1］区间上是均匀分布的，则 $\bar{\pi}(r)=T/2$，独立于 r。正如买车人不一定能通过降低价格增加效用一样，银行也不一定能通过提高利率来增加利润，因为风险也可能同步增加。这就是银行宁肯实行信贷配给而不愿提高利率的内在原因，取决于其管控风险和获取内外部对称性信息的能力。

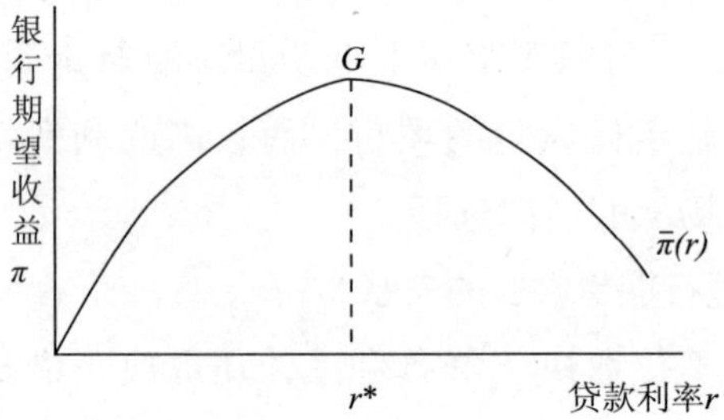

图 5-5　贷款利率与银行期望收益的关系

资料来源：张维迎．博弈论与信息经济学［M］．上海：上海人民出版社，1996：563.

3. 信贷配给的市场均衡结果

现在我们用图 5-6 来说明信贷配给为什么作为均衡结果而出现。对贷款的需求 D 取决于贷款利率 r，而信贷的供给 S 取决于银行的期望收益 $\bar{\pi}$。

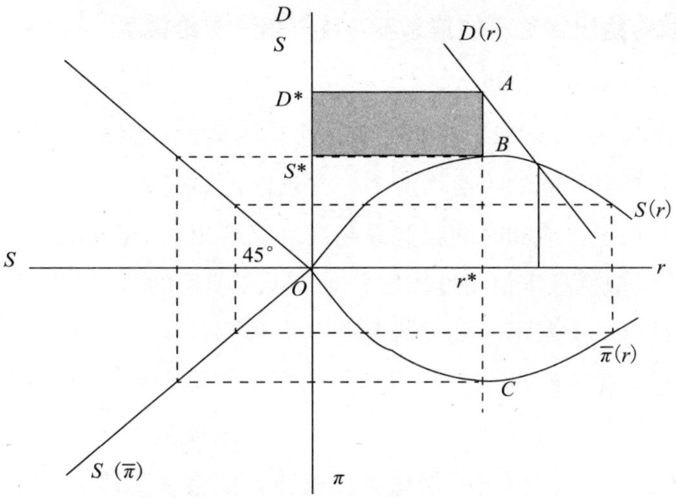

图 5-6　信贷配给市场均衡

资料来源：张维迎．博弈论与信息经济学［M］．上海：上海人民出版社，1996：568.

在图 5-6 中，需求曲线 $D(r)$ 在右上方象限，与通常的需求曲线的形状没有什么不同。为了得到供给曲线，我们在右下方象限画出 $\bar{\pi}$ 与 r 的关系，在左下方象限给出资金供给 S 与 $\bar{\pi}$ 的关系（如果资金市场是完全竞争性的，$\bar{\pi}$ 等于存款人的存款利率），左上方象限是 45°直线，通过这三个象限中描述的函数关系，我们得到信贷的供给 S 与贷款利率 r 的关系，即右上方象限的供给曲线 $S(r)=S[\bar{\pi}(r)]$。

给定上述关系，瓦尔拉斯均衡利率（即需求等于供给的利率）为 r_m，但实际的市场均衡利率为 r^*。因为 $D(r^*) > S(r^*)$，银行将实行资金配给 D^*S^*BA（图中阴影部分即为得不到贷款的申请人），即在所有贷款申请中只有一部分申请得到满足。得不到贷款的申请人可能愿意支付更高的利率，但较高的利率将降低银行的期望收益，从而降低资金供给，银行不会选择这样做，从而导致“界定现象”（Red-lining）的发生。因此，在没有政府介入和推动情况下，即便战略利益互换项目能够提供较高市场利率，但受制于经济周期风险与信息不对称等因素，也不能获得相应的贷款。

（二）政府组织优势下的信息不对称与信贷配给模型

1. 模型前提假设的变动

Stiglitz 和 Weiss（1981）模型中有一个前提假设：假定给定贷款种类中的所有投资项目具有相同的收益均值 T，并且银行知道 T，$p(R)\ R = T$。这一假设的经济意义在于：成功时的收益 R 越高（高产出），成功的概率 p 越低（高风险）。但是，银行从审慎角度出发，对于投资项目的风险与收益评估总是相对保守的，且由于信息不对称，容易低估总体平均的项目收益均值和单个项目的风险水平。在政府没有参与推动战略利益互换项目的情况下，这种低估是难以消除的。但反过来考虑，若是政府发挥组织协调优势，促进项目各方加强信息交流，并提供相应的信用增级措施，则会大大缓解信息不对称的程度，减少错误评估项目的情况，使逆向选择问题得到逐步改善，表现为战略利益互换项目可能重新获得青睐，这一点说明政府组织优势是至关重要的。

从理论上分析，模型的前提假设出现了两个变动：一是由于政府组织协调使信息对称性增强，加之政府组织增信措施的落实，战略利益互换项目的风险水平估计将适当调低，$p(R)$ 上升①；二是通过政府合作框架构建和市场引导优势的发挥，战略利益互换项目的总体收益均值将会提高，因为 $p(R)\ R = T$，$p(R)$ 上升，且 R 不变，则 T 上升，而相对而言，银行对于单个项目收益的估计一般是客观且审慎的，因此 R 不变。

2. 贷款利率与银行期望收益关系曲线的变动

贷款利率与银行期望收益的关系可用式（5-19）表示，该曲线的斜率由式（5-20）决定，即 $\partial\bar{\pi}/\partial r$ 由收入效应 $\bar{p}(r)$ 与风险效应 $(1+r)\partial p/\partial r$ 之和来共同决定。同时，式（5-16）中临界成功概率 $p^* = T/R^* = T/(1+r)$，假定 p^* 为一定值，若 T 上升，则 r 也将上升。现在，我们分别来观察收入效应 $\bar{p}(r)$ 随着 r 的上升而提高，且为正值，而风险效应 $(1+r)\partial p/\partial r$ 则由 r 和 $\partial p/\partial r$ 来共同决定。从式（5-18）中我们可以得出 $\partial p/\partial r$ 的变动情况：由于 p^* 为一定值，$p(R)$ 上升，则

① 有人或许会提出，部分项目风险水平的估计会升高，即 $p(R)$ 下降。但笔者认为，由于银行存在审慎动机，因此风险水平估计应该是偏低的，不会过于乐观。即便有项目风险被低估，也应该是极个别的。

$p^*F(p^*)-\int_0^{p^*}pf(p)\mathrm{d}p$ 将减小，但仍为正值；T、r 均上升，则 $T/(1+r)^2$ 保持相对不变；而其他各项均为常数项；由此可得，$\partial p/\partial r$ 将减小且为负值，风险效应 $(1+r)\partial p/\partial r$ 将减小或保持相对不变①。至此，我们不难得出结论：贷款利率与银行期望收益关系曲线的斜率 $\partial\bar{\pi}/\partial r$ 将上升，并且使 $\partial\bar{\pi}/\partial r=0$ 的 r（图 5-7中 r_1^*）要比原来的 r^* 大。这也就意味着，银行期望收益曲线 $\bar{\pi}(r)$ 的顶点 C 将上升②。

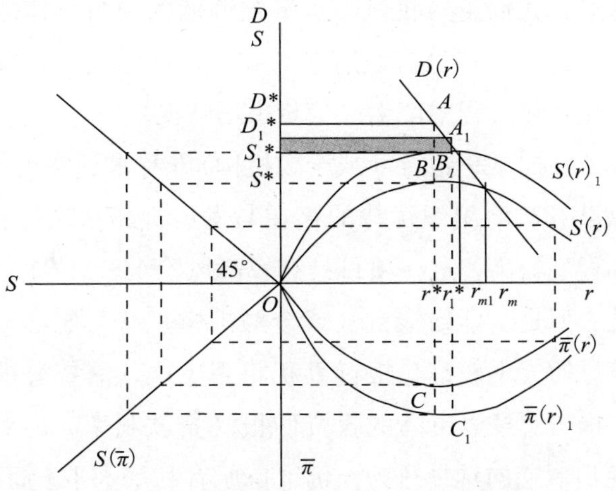

图 5-7　政府组织优势下信贷配给的市场均衡变动

3. 信贷配给的市场均衡变动

通过上述分析，我们得出两个结论（见图 5-7）：一是信贷市场中实际的市场均衡利率将上升，从 r^* 到 r_1^*；二是银行期望收益曲线 $\bar{\pi}(r)$ 的顶点 C 将上升，从 C 点下移至 C_1 点，也即 $\bar{\pi}(r)$ 向下移动至 $\bar{\pi}(r)_1$。相应地，依据图形所示的对应变动关系，信贷供给曲线 $S(r)$ 向上移至 $S(r)_1$，在信贷需求曲线不变的条件下，形成了新的信贷配给 $D_1^*S_1^*B_1A_1$（图 5-7 中阴影部分），瓦

① 应该说，风险效应 $(1+r)\partial p/\partial r$ 是由政府组织优势对信息不对称的改进效果所决定的，但具体是减小后不变，则要视 r 与 p 的变化而定。

② 由公式（5-19），使 $\partial\bar{\pi}/\partial r=0$ 的 r_1^* 所决定的 $\bar{p}(r_1^*)$ 要比原来 r^* 所决定的 $\bar{p}(r^*)$ 大，故 $\bar{\pi}(r_1^*)>\bar{\pi}(r^*)$。

尔拉斯均衡利率从 r_m 移至 r_{m1} 。对比两个图形我们可以看出，政府组织优势的存在和发挥使得战略利益互换项目在金融市场中的信贷配给现象得到缓冲，同时实际的市场均衡利率与瓦尔拉斯均衡利率之间的差距也相应缩小，整个金融市场资源配置的效率得以提高。

（三）模型的演绎

1. 动态调整过程 I

通过对原有信息不对称下信贷配给模型假设的改变，我们得出了新的均衡结果分析。这里，我们不妨将风险水平被调低的项目看作战略利益互换项目，而实际经验也表明，在没有政府参与和推动的情况下，战略利益互换项目很少能在商业化合作过程中产生（信贷市场歧视）。

当某一企业 A 在向某一银行（或金融机构）B 寻求战略利益互换项目的信贷安排时，如果没有政府组织优势的存在与发展，那么从银行 B 的角度看，因为信息不对称程度较高，这一项目具有较高风险 $1-p(R)$ ，相应地，也可能有较高的收益。但是，即便银行（或金融机构）有意愿参与此类项目，但由于获取相关信息的成本较高，银行 B 仍将否决这一信贷安排。企业 A 尽管信用状况良好，提出愿意以更高的投资回报（贷款利率 r ）来获取贷款，但银行 B 为了避免出现逆向选择行为，仍维持原有利率水平 r 而拒绝提供贷款。从整个信贷市场看，这就造成了银行“惜贷”——信贷配给现象，整体的实际市场均衡利率 r^* 也受到压制。

当政府组织优势介入后，企业 A 可以在政府协调下进一步提供有关信息，政府也可能提供一部分信用增级支持，那么银行 B 将重新对企业 A 的信贷安排做出评估。由于银行 B 一方面获得了更多的外部信息，且由于两国政府合作框架下联盟的形成进一步增强了信息本身的可靠性和透明度，获得信息的成本明显下降，可能促使银行 B 向企业 A 提供信贷安排。需要指出的是，尽管这时企业 A 战略利益互换项目风险估计水平被调低，即 $p(R)$ 上升，但是项目本身的收益 R 并不会由于风险下降而下降。因为，银行 B 不会高估该项目的期初（没有政府组织优势协调下）收益水平。所以，企业 A 战略利益互换项目的特征是低风险、高收益（包括国家利益、商业利益、合作国利益）。这是相对于原来高风险、高收益的评估而言的，政府组织优势减少了逆向选择行为的发生，降低了信贷市场中由于信息不对称而产生的交易成本。

此外，从整体水平看，当更多类似企业 A 的战略利益互换项目重新获得银行的信贷安排时，信贷市场整体的信贷配给现象也将大大减少。这部分风险水平被调低的项目具有低风险、高收益的特征，因此随着整体资金需求的扩大，银行也将适当提高贷款利率 r 以获取更多的收益。这将使得整体的实际市场均衡利率 r^* 向瓦尔拉斯均衡利率 r_m 靠拢，信贷市场资源配置得以优化（$|r_{m1}-r_1^*|<|r_m-r^*|$）。

2. 动态调整过程Ⅱ

政府组织优势的存在和发挥缓解了企业战略利益互换项目的融资困难，信贷市场的配给现象减少，实际市场均衡利率上升，这是第一个动态调整过程。随着政府组织优势协调下合作框架的发展和深化，一方面，整个信贷市场中将有更多的银行或非银行金融机构参与到战略利益互换项目的融资过程中，提供越来越充足的资金供给；另一方面，由于合作成果深化所带来的信息对称性进一步增强，国家利益将引致更多的商业利益与合作国利益，降低信贷安排中的交易成本，促进合作效率提升。因此，信贷市场的实际市场均衡利率将逐渐趋于下降（瓦尔拉斯均衡利率也将同步下降）。此时的均衡利率水平下降将不再是由信贷配给造成的，而是反映了整个信贷市场对战略利益互换项目的资源配置得到优化，这是第二个动态调整过程。

总体而言，因为风险因素较高、信息不透明等问题，战略利益互换项目若无政府组织优势发挥作用，会导致商业金融不愿参与，即在国际信贷市场上也存在信贷配给现象。但是，若有政府组织优势发挥作用，则会降低信息不对称性，使得评估风险下降，且可以通过提高利率水平的方式由开发性金融满足一部分被高估风险的战略利益互换项目的资金需求，实现新的市场均衡，破解信贷配给难题，再通过政府及相关企业的合作不断加强信息对称性，使更多商业金融机构参与进来，以竞争方式降低总体利率水平。有人认为，政府参与此类项目，可能会要求金融机构提供低利率（政策性业务），但实际上正相反，由于项目长期性、复杂性和相对高风险预期下的不确定性，该类项目利率水平要高于国际上一般竞争性市场项目的商业利率。因此，从最终降低融资成本的角度出发，政府在合作框架运行过程中还需要由开发性金融机构进一步鼓励引导更多商业金融机构参与此类项目的合作。当然，作为一种投资决策，我们还是有必要做好风险防控措施，推动政府进一步发挥组织协调优势，建立比较规范的信息披露机制，避免或减少在战略利益互换项目中出现道德风险问题，加强对借款人的监督，在合作契约中尽量写入新的信息，以便对其形成激励。

第四节　案例分析：中俄能源合作

在战略利益互换方面，资源能源安全一直以来都是中国政府及企业“走出去”战略的一个重要领域。中俄能源合作谈判经历了一个相对漫长的过程，在2007年美国次贷危机之后出现了转折并日益深化，对于我们了解、认识和分析中国开发性金融在其中的特定作用具有重要价值。

一、案例概况

中国已成为仅次于美国的全球第二大石油消费国，2013年全年累计进口原油2.82亿吨，同比攀升4.03%，石油和原油表观消费量分别达到4.98亿吨和4.87亿吨，同比分别增长1.7%和2.8%，对外石油依存度达到58.1%①。据国家发改委有关研究部门估计，到2020年，中国的石油需求量可能会达到6亿吨之巨，是国内产量的三倍之多。可以说，中国对石油的需求量缺口巨大，需要稳定安全的石油来源。俄罗斯是世界上含油气面积最大的国家，属于世界油气资源蕴藏和生产大国。其中，石油蕴藏量占世界石油总储量的13%（已探明储量占世界的5.3%），年产量占世界总产量的10%；天然气蕴藏量占世界总储量的35%（已探明储量占世界的21.4%），年产量占世界总产量的30%。作为仅次于沙特阿拉伯的世界上第二大原油输出国，天然气第一大出口国，俄罗斯堪称世界油气资源的超级大国。2004年以来，中国70%以上的石油进口来自中东和非洲，对中东地区和非洲地区的石油依赖程度远远超过了国际公认的安全警戒线，来源多样化是提高中国国家安全的重要渠道。俄罗斯作为与中国毗邻

① 中国石油集团经济技术研究院．2013年国内外油气行业发展报告［R］．2014-1-15.

的油气资源大国，与其建立长久的稳定的能源进口合作，对保障中国石油来源的多样化、维护国家安全，具有重要的作用。

2009 年 2 月 17 日，时任国务院副总理王岐山在人民大会堂同原俄罗斯副总理谢钦举行中俄能源谈判代表第三次会晤，为落实两国总理 2008 年 10 月第 13 次定期会晤达成的共识，在两国能源谈判机制的领导和推动下，中俄能源合作迈出了实质性步伐。本次能源谈判双方就修建中俄原油管道、长期原油贸易、贷款等一揽子合作项目深入交换意见，达成广泛共识，两位领导人共同签署了《中华人民共和国政府与俄罗斯联邦政府能源谈判机制会谈纪要》，并出席了关于修建中俄原油管道、长期原油贸易、贷款等一揽子合作项目协议签字仪式。根据协议，中石油与俄罗斯国家石油管道运输公司签署了从俄罗斯斯科沃罗季诺到中国边境的管道设计、建设和运营协议，并与俄罗斯石油公司和俄罗斯国家石油管道运输公司分别签署了开展长期原油贸易的协议。同日，中国国家开发银行分别与俄罗斯石油公司和俄罗斯国家石油管道运输公司签署了总额为 150 亿美元和 100 亿美元的贷款协议，俄罗斯承诺在未来 20 年内每年向中国供应 1500 万吨石油。此外，作为合作协议的组成部分之一，中国进出口银行将向俄罗斯提供 3 亿美元的贷款，用于俄方采购中国油气开采设备。2009 年 4 月 21 日，时任国务院副总理王岐山与原俄罗斯副总理谢钦在北京举行中俄能源谈判代表第四次会晤，签署《中俄石油领域合作政府间协议》。这标志着中俄能源合作“实现重大突破”，双方将进一步在能源领域开展“全面、长期、稳定”的合作。

时任国务院副总理王岐山指出，能源合作是中俄战略协作伙伴关系的重要组成部分，在 2008 年世界金融危机和经济衰退的严峻形势下，进一步加强中俄能源全面长期合作，有助于应对国际金融危机冲击，促进两国经济稳定发展，符合彼此发展利益，希望通过立足战略高度和长远利益，充分发挥两国元首倡议建立的能源谈判机制的作用，本着互利共赢的原则，推动能源合作取得实质性成果。谢钦表示，中俄能源合作应坚持全面长期的原则，进一步加强在石油、核能、电力、煤炭等能源和金融领域的合作，希望双方共同努力，确保已谈成的所有项目按照商定的路线图和时间表顺利实施。由此可见，上述协议的签署标志着中俄两国在能源领域的合作提升到一个新的水平，不仅深化了中俄睦邻友好、互利合作和战略协作伙伴关系，还进一步强化了中俄两国石油企业、金融机构的紧密合作关系，双方将共同努力开创中俄两国能源领域合作的新局面。

根据本书核心理论观点，开发性金融“走出去”的利益驱动机制（可持续发展）是指在风险可控条件下，实现商业利益、国家利益与合作国利益三者均衡，实现整体利益最大化。其中，国家利益作为核心要素，在引导商业利益、合作国利益上具有重要引致作用，在具体方式上主要通过战略利益互换的方式实现国家利益的双重引导作用。那么，两国政府、企业、金融机构（主要是开发性金融机构）各自之间的博弈关系是怎样的？中国与俄罗斯作为两个整体是如何进行博弈的？中国、俄罗斯各自内部的政府、企业与金融机构之间（主要是开发性金融机构）又是否存在子博弈？这些都有待进一步深入分析。

总体上，中国与俄罗斯作为两个新兴市场经济大国，在国际能源合作大格局中构建了一个新型合作框架①，为世界石油市场提供了新增的产量供给和市场空间，不会引起美国等发达国家在能源需求上的竞争性担忧。从商业利益角度看，俄罗斯能源开发使得中石油获得产业链上游资源；从合作国利益角度看，俄罗斯政府及俄罗斯石油公司、俄罗斯国家石油管道公司等企业可以获得新的能源消费市场、外部中长期资金（中方开发性金融机构）和大型基础设施投资机会（管道建设）。那么，开发性金融机构在博弈中扮演的角色又有什么功能呢？中俄两国能源管道建设谈判10多年未果的情况下②，国家开发银行在2009年的参与为何能使得这个谈判最终达成？其内在规律是什么？是否可以为今后的开发性金融“走出去”提供参考以说明其可持续性？

---

① 新兴市场（Emerged Markets）是一个相对概念，泛指相对成熟或发达市场而言目前正处于发展中的国家、地区或某一经济体，如被称为“金砖四国”的中国、印度、俄罗斯、巴西以及后来兴起的南非、越南、土耳其等。新兴市场通常具有劳动力成本低、天然资源丰富的特征。一方面，发达国家和地区一般都会将生产线移至新兴市场，凭借低廉劳动力成本增强竞争力。另一方面，发达国家和地区也会从天然资源丰富的新兴市场国家和地区买入廉价原材料。新兴市场亦可借此获得先进生产技术，改善收入，提高消费能力，并带动经济发展。

② 中俄原油管道起自俄罗斯远东管道斯科沃罗季诺分输站，经中国黑龙江省和内蒙古自治区13个市、县、区，止于大庆末站。管道全长999.04公里，俄罗斯境内72公里，中国境内927.04公里。按照双方协定，俄罗斯将通过中俄原油管道每年向中国供应1500万吨原油，合同期20年，于2010年11月1日进入试运行阶段。2012年9月，中俄石油管道谈判历经15年，最终签约。

政府组织优势在这个博弈分析框架中又扮演何种角色？这些问题都值得深入探讨与研究。

二、总体模式

（一）总体架构

俄罗斯为世界重要的石油资源国，石油产量居世界第二位，石油储量居世界第八位，石油消费量居世界第五位，石油出口量居世界第二位。2007 年，俄罗斯石油储量、产量和消费量分别占世界总量的 4. 3%、12. 6% 和 3. 2%。在俄罗斯一次能源消费构成中，天然气占 57. 1%，石油占 18. 2%，煤炭占 13. 7%，核电占 5. 2%，水电占 5. 8%①。因此，俄罗斯对中国能源资源安全战略具有重要价值。

中俄能源合作的战略利益互换模式为“中国的能源安全战略利益 = 俄罗斯的能源市场多元化战略利益”，即用中国的能源市场开放换取俄罗斯提供的能源资源保障。从总收益角度看，中俄之间若在能源资源领域不合作或不签订契约，中国政府、企业要向中东等地区支付更多的能源消费资金，俄罗斯则无法换取更多的外汇储备。但现在，通过开发性金融，中俄初步形成石油产业上下游联盟，整体上能源交易价格要高于欧洲市场，但低于中国从其他地区进口能源的价格，总收益实现最大化（中国降低能源供给成本，俄罗斯提高能源开发收入）②。从分配格局看，中石油和国开行分别获得对长期能源价格进行锁定的成本控制和扩大境外融资市场份额的收益，中国政府获得能源安全和物价稳定的大环境，俄罗斯政府获得大额出口外汇收入和直接投资及税收，并实质上解决了能源新出口市场的

① 刘增洁 . 俄罗斯石油资源、生产及供需形势[J].国土资源情报，2010（6）.

② 在石油消费方面，俄罗斯国内石油消费量仅占其石油产量的 25. 7%，石油出口占其石油产量的 74. 3%，为世界第二大石油出口国。2007 年俄罗斯原油出口量为 440 万桶/日，主要由国家石油管道公司（Transneft）出口，其中通过友谊管线（Druzhba）出口量为 130 万桶/日，主要出口到白俄罗斯、乌克兰、德国、波兰以及中东欧国家（包括匈牙利、斯洛伐克和捷克），通过波罗的海管道运输系统输送到圣彼得堡普里莫尔斯克港（Primorsk）港口出口量为 130 万桶/日，通过黑海出口量为 90 万桶/日，此外通过铁路和其他港口的出口量为 30 万桶/日。

基础设施问题①。合作框架可持续的前提条件是长期协议的强制执行。

为了摆脱“借道出海”的不利局面，俄罗斯积极开辟新油港，建设新的石油运输管道、新的泵站和终点站储藏库以及新的石油运输港口，并积极开发以北极为主的大陆架区块，希望找到合适的产业链开发战略合作伙伴。中国政府与俄罗斯政府合作建立的“能源谈判机制”为这种产业上下游一体化的合作框架确立了可靠的外部政治保障，具体如图 5-8 所示：

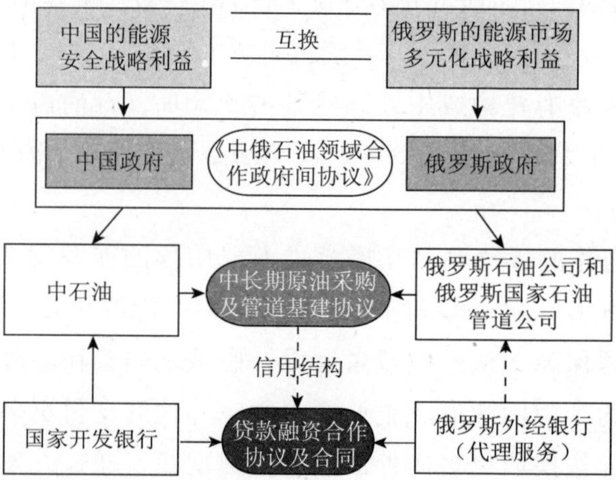

图 5-8　中俄两国石油领域战略合作模式（市场开放换能源资源安全）

对此模式可以理解如下：

俄罗斯：付出石油，得到贷款资金和投资收益，用于管道建设，战略利益是能源出口多元化的市场选择权。

中国：付出资金，得到石油（长期采购协议），保证国家能源安全，战略利益是资源供给稳定性与可靠性。

战略利益互换：资源换资金，实际上是中国能源安全利益需求交换俄罗斯能源市场开拓需求，即对中国而言，是用市场开放换能源资源保障。

---

① 俄罗斯的石油出口市场主要是欧洲，虽然通向欧洲的管线及输油港口相对来说较为完备，但也面临运力不够、设备老化等问题；而对于亚太市场，俄罗斯当时基本无输油管道。此外，俄罗斯油气出口还受到其他苏联前成员的过境束缚，如 2001 年前俄罗斯每年要为本国油气出口过境波罗的海国家和乌克兰支付 6 亿美元。为此，俄罗斯制定了石油产品出口港转向计划，将重点使用西北地区的港口，如乌斯季—卢加、普里莫尔斯克、维索茨克、加里宁格勒、摩尔曼斯克，计划在 2008—2015 年完成这些港口基础设施的改建任务。

当然，上述合作模式并不仅局限于大额长期石油贸易融资，还可进一步在能源资源开发、能源加工销售及关键技术合作等产业链上下游一体化等众多领域开展战略合作。

（二）融资模式

中俄石油战略合作融资模式（见图5-9）属于“石油贸易融资+基础设施建设”的投融资运作模式。尽管社会上对于所谓的“贷款换石油”模式有众多不同意见，但从当时的国际市场环境和战略合作机遇看，这是最有效、最安全、最能作为切入点的合作模式，为后续中俄之间多元化的能源资源合作战略机制创造了很好的参考模式和运作框架。具体情况如下：

借款人：俄罗斯石油公司、俄罗斯国家石油管道公司

融资方：国家开发银行、中国进出口银行（设备采购融资）

参与方：中石油、俄方相关金融机构

协调人：中国、俄罗斯两国政府

融资额：250亿美元（俄罗斯石油公司150亿美元，俄罗斯国家石油管道公司100亿美元）

融资期限：20年

借款利率：相对固定利率，6%左右（根据媒体报道）

还款现金流定价：实行浮动价格机制，以俄石油运到纳霍特卡港口的价格为基准，根据市场价格进行调节。该港口是俄罗斯远东支线中国段（纳霍特卡—大庆）的起点。

石油销售契约：俄罗斯在20年的期限中，向中国出口3亿吨原油，每年1500万吨，并放行俄罗斯通往中国的原油运输管道。

原油管道还款：用中俄石油贸易融资的现金流和管道运输费作为中俄原油管道建设的还款，剩余现金流支付给俄罗斯石油公司用于生产发展。

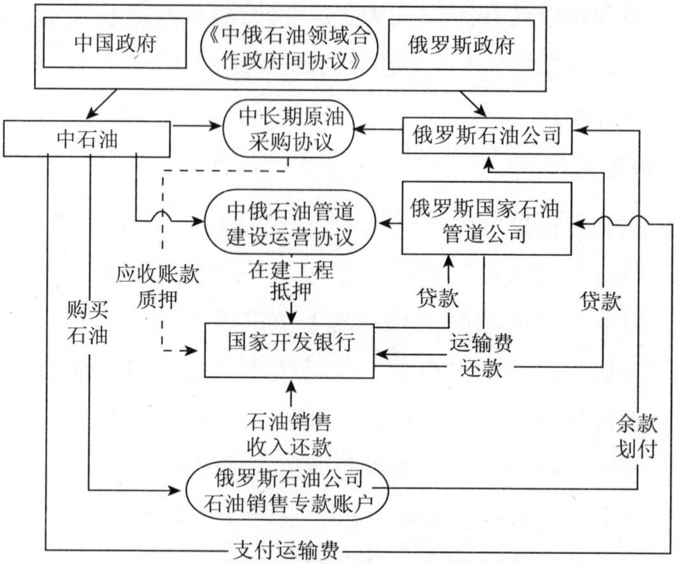

图 5-9 中俄石油战略合作融资模式

俄罗斯政府一直希望通过和中国的能源交易实现三个目标：一是振兴俄罗斯远东经济；二是实现石油出口多元化，经济利益最大化；三是主要管线全部在自己境内，确保国家能源安全。从结果看，中俄石油合作基本达到了目的，既解决了其资源定价市场化问题，也实现了基础设施的战略布局，更主要的是降低了资金成本，使得整体商业化运作的风险大为降低。

（三）还款来源

中俄能源合作的主要还款现金流是中方购买俄罗斯石油的款项。俄方两大战略性石油产业链企业先行归集石油销售收入及运输费收入，将中石油购买石油和支付运输费的款项作为中俄能源合作的还款来源。应该看到，石油价格波动性较大，作为还款来源具有不确定性，因此需要一定的风险补偿机制稳定还款现金流，如俄罗斯可以提供一定的偿债风险协调承诺。相对而言，运输费收入则根据流量计费，较为稳定。

（四）信用结构

俄罗斯石油公司与中石油之间的中长期原油采购协议作为其销售石油的应收账款专户进行质押，构成了国家开发银行中长期贷款的主要信用结构。

所有销售石油收入都将优先用于偿还贷款，而且付款方是来自中国的企业，形成了一个闭环运行圈，这为贷款风险防控提供了双重保险。俄罗斯银行在 2009 年的交易中并没有成为主力，主要是因为俄罗斯缺乏长期融资银行，并且，如果石油管道由俄罗斯银行来提供资金，但还款来源却是中国的购油款，则对俄罗斯银行来讲，这份契约的可靠性比较低，如果中国不执行合约，则俄罗斯银行将被彻底套牢。但如果由中国的银行提供资金，则至少对这份购油合约有一定约束作用。同时，两国政府间石油战略合作协议也是对中俄能源合作的重要信用支撑，确保了中长期战略利益互换交易的稳定性、可靠性与可持续性。作为补充，若一旦出现还款风险或合同交易争议，两国政府都将介入协调，确保稳定偿还机制，有效解决争议问题。

（五）资金用途

贷款资金将主要用于两个方面：一是用来进行油田开采及相关的设备采购及配套设施建设等，尤其是为俄罗斯开发北极地区油气资源提供战略性资金补充；二是用来建设中俄原油管道，这也是此次能源战略合作的重要内容，可以极大解决中石油采购俄罗斯石油的稳定性与可靠性问题，降低石油运输的成本，进而使得中国从俄罗斯采购石油的价格具有国际竞争力。此外，作为延伸配套，中国石油产业开发的相关装备技术也可作为贷款资金的主要使用方向之一，从而带动两国企业在产业链上的深度合作。

三、主要特点

（一）合作周期较长

中俄能源合作的长周期特征明显。这主要与两个因素有关：一是战略利益互换要求有一个长期稳定的内外部经济政治环境，否则合作博弈均衡结果就不持久；二是中俄原油管道建设投资巨大，尽管建设期不长，但若要偿还国开行贷款，则需要一个相对较长的还款期，而最直接的还款来源就是石油贸易收入。在当时条件下，受到全球金融危机影响，石油价格出现大幅下滑，必须尽一切可能预防石油价格的混乱变化。因此，俄罗斯要寻找新兴市场作为战略合作伙伴，扩大石油出口销售规模，与合作伙伴转为长久的关系，以稳定国内经济发展。因此，在俄罗斯政府看来，如果能够和中国签署一个 20

年期每年供应1500万吨石油的长期协议，就有可能保障油价的相对稳定，创造一个可持续的市场需求空间。中国则认为出于战略利益考虑，全球大国当中俄罗斯具有长期稳定的战略合作价值，有助于解决能源供给安全的陆地通道布局问题。

（二）合作机制紧密

在资源及销售市场的全球化竞争日益增长之际，扩大国际能源合作是确保公共能源安全的必要条件。2008年全球金融危机引致的经济危机迫使俄罗斯政府不得不将稳定放在最重要的位置：能源销售稳定、供应稳定、需求稳定、中转运输稳定。在现代化条件下，中国政府也认识到只有通过建立新的能源资源供应渠道，清晰确定在稳定市场方面共同行动的前景、定位及方向，并提高与合作国关系透明度、直接巩固与合作国信任度的情况下，才能实现能源的相互依存。此外，俄罗斯特别注重能源法律基础，将合作机制通过法律框架加以巩固。时任俄罗斯总统梅德韦杰夫2009年4月倡导在能源领域国际合作中采取理性的方法引入新的法律基础，制订确保国际能源安全的协定，为稳定发展世界能源提供基础性框架，这就是《中俄石油领域合作政府间协议》的由来。

（三）资本投入巨大

能源对俄罗斯经济社会发展的推动作用非比寻常，俄能源部2011年在给俄议会的《关于2020年前石油领域总发展体系问题的报告》中提出：2010年俄罗斯政府44%的预算收入来自石油行业，当年石油出口能力大约为3亿吨，到2015年时，俄罗斯的出口能力将接近3.5亿吨。足够强大的出口能力，让俄罗斯可以选择利润较高的方向出口石油。根据俄国家石油管道运输公司2007年的估算结果，俄罗斯东西伯利亚—太平洋原油管道（远东输油管道）全长大约4200公里，落实该管道一期工程所需资金将达110亿美元，大大高于原先的估计（总共需要资金115亿美元，其中一期工程所需投资仅为66亿美元）。2012年12月25日，俄远东输油管道二期工程正式启用，由俄罗斯国家石油管道公司历时6年建造，耗资250多亿美元①。根据中俄石油战略合作协议，中石油是中俄原油管道黑龙江穿越段和中国境内段的承建方和运营方，中国境内段工程总投资约80亿元。这样大量的资本投入需要较长的回报周期。

（四）市场机制管理

尽管战略利益互换不同于一般的商业利益交换，但仍然体现了市场化管理机制的特征。相比纯粹的政治利益谈判，战略利益互换项目采用了“国家利益为主导、合作框架作基础、金融模式有创新”的新机制，强调市场化运作，通过商业谈判和政府引导，强化对国际石油市场价格的中长期趋势分析，锁定销售要约的期限和定价公式。这一机制的特征反映在三个方面：一是决策机制的市场化，两国政府对战略利益互换项目的决策不是完全基于政治利益考虑，而是充分衡量了石油企业能力、金融机构收益及两国产出需求均衡等综合因素；二是谈判格局的市场化，政府并没有直接负责谈判，而是以分层级方式由政府与政府、企业与企业、企业与金融机构分别进行谈判；三是合作层面的市场化，两国石油企业的产业链上下游合作不仅限于原油贸易，而且深入设备采购、技术合作、基础设施及其他能源合作领域。当然，石油领域还是俄罗斯的最大投资倍增器之一，其所应用的设备和材料，超过94%是俄罗斯自己生产的，因此，石油领域的发展对俄罗斯的整体经济存在根本性影响，这也是其必须坚持市场化机制管理的内在原因，任何计划方式和政治利益的合作都无法适应国际石油市场发展趋势。

四、理论分析

（一）合作博弈要寻找可控有效均衡区间

从联盟角度看，中国、俄罗斯两国政府希望在国家利益层面建立合作框

---

① 俄罗斯远东输油管道西起伊尔库茨克州的泰舍特，东至俄罗斯太平洋沿岸的纳霍德卡区科济米诺湾。管道一期工程包括铺设从泰舍特至斯科沃罗季诺的管线，以及在科济米诺湾建设一些石油出口设施。二期工程计划建设从斯科沃罗季诺至科济米诺湾的石油管道。一期工程已经于2009年12月正式投入运营，二期工程2010年初开工建设。按路透社的说法，这是苏联解体后俄罗斯完成的最大基础设施工程。二期工程运输的大部分原油目的地是美国，美国市场将接收35%来自科济米诺湾的石油，大约30%运至日本，其余的运至中国、新加坡、马来西亚和韩国。

架，从经济安全和资源价值最大化两方面寻找合作契合点。两国石油企业作为市场主体，存在一系列的博弈，但在达成契约之前，都是不合作博弈的可能性较大，联盟效果不稳固。开发性金融介入后，使得联盟博弈在资金方面达成妥协，进而在石油价格、合约期限、投资模式方面实现一系列后续妥协，使合作博弈的总体均衡利益超过不合作情况下的单体利益。合作国金融机构也是参与方，并共同构建合作模式。开发性金融博弈的主要内容就是风险可控条件下的信用资源保障（资金封闭循环）和还款来源（最终付款方是中国可控的）的可靠性，当然，资金价格也是关键因素之一。下面，我们通过图 5-10 分析这一均衡：

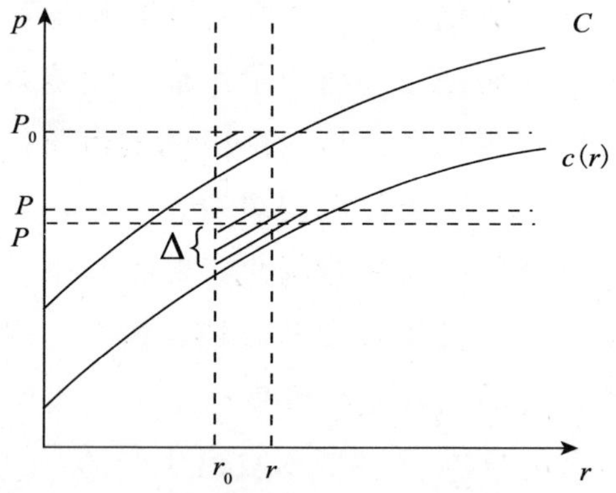

图 5-10　中俄能源合作的战略利益互换博弈

假设 1：中国基于国际市场原油价格、运输成本、原油获得的持续性、国家石油安全等方面考虑，对从俄罗斯通过管道等渠道获取石油有一个心理价位 P 。

假设 2：假设俄罗斯基于其现有的融资渠道以及技术约束的原油生产成本为 C 。

假设 3：国际市场原油价格为 P_0。

情况 1：如果 $P > P_0$，那么中国提供给俄罗斯的价格 $p \in [P_0, P]$ ，如果双方战略利益互换项目谈判成功的话，中国将从中获取的利益为 $(P - p)Q$ ，其中 Q 为交易的石油数量，相对于国际市场中的一般交易，俄罗斯将从中获取的利益差值为 $(p - P_0)Q$ 。在这种情况下，中国提供的价格 p

只要略高于 P_0，交易就可以达成。而实际上，中方与俄方在很长时间内都没有达成一致，说明 $P < P_0$。

情况 2：如果 $P < P_0$，基于自身的利益，中方给俄方的价格必定要小于等于 P_0，对于俄方而言，此交易没有吸引力，不会接受这样的价格。俄方的要价肯定要高于 P_0，而这对中方而言又没有吸引力，所以中方也不会接受，这也是中俄两方长期谈判不成功的原因。

情况 3：现在，考虑开发性金融的介入，假定国开行在中国的贷款收益率为 r_0，俄罗斯石油公司和俄罗斯国家石油管道公司的融资成本为 $r_1$①，国开行以利率 r 向俄方提供长期贷款。国开行的额外收益率为 $r - r_0$（在人民币升值背景下，这一收益率为负，即要“以内补外”，因此，开发性金融“走出去”的动力来自服务国家战略、综合经济社会效益和相比于发达国家市场利率较高的新兴市场国家美元收益率），俄方在国开行提供中长期贷款的情况下，其融资成本发生变化，相应的原油生产成本也有变化，新的原油成本记为 $c(r)$ 。

由上述分析可知，在实际情况中 $P < P_0$，那么，国开行的介入是如何促成谈判成功的呢？

首先，中方向俄方提供一个价格 p ，并且 $p < P < P_0$，只有这样中方才有动力去谈判和交易。但在国开行介入之前，俄方不会同意交易，因为俄方从交易中获得不了额外的利益。之后，国开行的介入拓宽了俄方的融资渠道，使得石油开采和运输管道建设等方面的融资成本下降，进而其原油的生产成本也相应下降，通过这种方式则可能使俄方重新获得交易的动力。

---

① 俄罗斯在 2008 年全球金融危机之前的最低贷款利率是 2007 年 7 月的 9.2%。从那时候起，商业贷款利率开始逐渐提高，特别是在经济危机时期，对实体经济放贷的平均利率最高出现在 2009 年 1 月，当时高达 17.4%。为此，俄罗斯央行自 2008 年 11 月 19 日起开始向俄各商业金融机构提供 6 个月无抵押贷款，共两笔，额度分别为 1430 亿和 1500 亿卢布，利率为年息 12.5%，还款日期为 2009 年 5 月 20 日。2009 年 11 月 19 日时任俄罗斯总理普京在对外经济银行监事会会议上称：“为了让大众能够普遍使用抵押贷款，需要努力让抵押贷款利率不超过 10% 至 11%。”但当时俄罗斯的商业抵押贷款年均利率为 14.5%，普京认为这“对国民来说非常高”。相比之下，国开行对于中俄石油交易的贷款利率则相对俄方自身水平要低。

具体来说：

第一，与中方交易之前，俄方每单位原油的获利为 $P_0 - C$，与中方交易之后，在国开行介入条件下，俄方获利为 $p - c(r)$，同意交易的条件是 $p - c(r) \geqslant P_0 - C$，即 $C - c(r) \geqslant P_0 - p$，也就是中方购买石油价格低于国际油价的幅度要小于俄方因为获得开发性金融支持而降低的石油开发运输成本。

第二，中方同意交易的条件是 $p \leqslant P$。

第三，国开行同意交易的条件是 $r \geqslant r_0$（或者高于其他国际项目贷款收益率，或者高于外汇储备现有投资收益率，如美国国债利率）。

图 5-10 中的阴影部分所对应的任意 (p, r) 组合都满足上述三个条件，任意一个组合都是一个讨价还价博弈的均衡解。另外，博弈均衡解存在或阴影部分不为空的条件是 $\Delta = p - c(r) \geqslant 0$。

总体看，中俄双方政府、石油企业、金融机构都参与了合作博弈，没有哪一方置身事外，但又各有所侧重，形成了一定的分工。当然，当事方各自的收益函数也是不同的，某些参与方的收益函数涵盖范围更大，比如政府，所以其在整体合作中具有相对主导性，但也受到石油企业的产业开发能力和金融机构的资金成本及融资期限的约束。因此，俄罗斯与中国之间存在合作博弈，在讨价还价中找到了均衡点。这个均衡点既受到宏观形势的影响，也离不开中国开发性金融的参与，降低了整体交易的成本和风险。两方博弈的关键在石油合约价格、交易总量规模、资金利率成本、合约锁定期限、组织增信措施等方面。具体讲，中俄双方政府希望石油交易价格保持相对稳定；俄罗斯石油公司希望石油出售价格比其他地区高；中石油希望石油价格比其他地区低，且可以扩大产业上游开发机遇；俄罗斯国家石油管道公司希望原油运输管道建设的财务成本能够下降，减少大额投资风险；中国开发性金融希望美元资金筹资成本和项目运营风险整体可控，且各方能够按照商业原则开展长期可持续运作。如果对各方战略利益互换项目采取不合作态度，则都存在利益损失；但若形成合作框架则存在是否可持续问题。因此，各方要将在该项目上采取不合作策略的收益与参与合作框架的收益进行比较，若前者大于后者，则合作框架可能无法形成，或者即便搭建联盟也无法持续。此外，合作中有可能会形成子博弈但不影响大博弈，而且子博弈不是在俄方或中方各自内部，而是在中俄两方政府、企业及金融机构之间，这就使得合作框架更加复杂，因为不存在所谓同业竞争的情况，而是产业链上下游的合作。为了简便，只考虑中俄之间的讨价还价博弈模型，但要分析合作剩余的分配是否实现了均衡，尤其是开发性金融在其中所扮演的角色及其收益。

总的来看，开发性金融是合作支点，起到润滑剂作用，同时参与博弈的对象主要是俄罗斯石油公司及俄罗斯国家石油管道公司。国开行要求俄方在贷款资金流向、应收账款的账户设置、石油合约价格和贷款利率定价等方面按照市场化运作原则实行。金融要有前瞻性，能够发挥自身优势，尤其是开发性金融提供大额、长期、稳定资金供给的优势，这一点在国际上其他战略利益互换项目中同样具有重要作用，也与国家战略利益吻合，能够有效降低合作国的资金成本和建设风险，从而提升双方合作的有效性和交换共识的空间，即保持和扩大整体战略利益互换的可持续性。

（二）政府组织协调优势是合作推动力

在中俄能源交易中，政府组织协调优势在整个博弈分析框架中扮演重要角色，具体有以下四个方面：

1. 协调谈判

单一联盟的形成要有主导方，否则在谈判过程中会出现不合作情况，无法实现均衡，也不可能形成长期合约的有效约束。中俄两国政府参与中俄能源合作项目谈判，加强了双方信息对称性，降低了开发性金融的交易成本，适当提高了风险可控条件下的融资利率，减少了国际信贷配给现象，促进中俄能源交易项目被纳入开发性金融及其他有关银行的经营风险可控边界内。

2. 组织企业

石油产业属于寡头垄断经济，如果中方企业没有政府组织协调，则可能在参与俄罗斯能源开发与贸易合作中互相竞价，不利于提高中国经济的整体利益。所以政府需组织一家石油公司先行介入，建立可靠稳定的合作模式与机制，避免同业过度竞争，进而不利于国家利益的整体博弈，待时机成熟后，再逐步允许其他国内石油企业加入商业合作活动中去。

3. 提供增信

中俄两国政府间协议是中俄能源交易的法律框架基础，有利于中长期石油战略合作机制的形成，为促进战略利益互换项目市场化运作提供了组织增信机制的制度性建设。当出现偿债风险时，两国政府可以发挥组织协调作用，安排利益相关方及一定的资金支持该项目，并在应对流动性风险方面给予一定的风险补偿。

4. 加强引导

政府可以积极引导战略利益互换项目的市场化合作方向、合作重点、合作模式等。中俄双方政府共同关注能源资源的多元化合作，注重产业链价值向上下游延伸，使得商业领域合作不仅局限于石油贸易领域，而是逐步向石油开采运输、石油产品深加工、拓展天然气等清洁能源合作及加强基础设施建设等方面扩展。

对于俄罗斯而言，近年来亚太地区的天然气需求量在高速增长，其中，中国、日本及韩国是其最重要的市场。从需求增长的角度来看，中国是最具吸引力的市场，俄罗斯除了要确保足够高质量的天然气供应外，还必须提供稳定可靠的配套基础设施。因此，中俄两国政府在石油领域所展现出来的组织协调优势将为天然气合作提供有益经验，更好地推动合作实现。

（三）融资信用建设是市场建设的关键

开发性金融的核心价值在于构建市场信用，推动信用机制建设。中俄能源交易的核心信用基础在于现金流管理，由中俄石油开发的合作企业双方来保障。在当时的条件下，无法将俄罗斯国土及其资产直接抵押给中国金融机构，唯一可以考虑的是以石油贸易为基础的中石油采购款，但如果这一现金流直接进入俄罗斯石油公司，再由其归还国开行贷款，则会出现风险不可控情况。为此，石油销售专款账户设置及现金流分配的先后次序设计成为构建融资信用机制的关键环节，从法律角度考虑，将这一账户质押给国开行也是必要之举。当然，作为关键博弈要素，石油销售价格公式是事关这一账户现金流量的核心参数，借款利率则由于借款期限的长期性而采取浮动利率，以有利于商业化运作。不过，基于博弈结果，双方最终确定了相对固定利率，对俄罗斯而言，这是为了锁定债务成本风险。同时，双方可能在石油价格上进行了相应协商，固化其波动区间，使其与借款利率之间形成相对稳定的对应联动。

（四）市场引导要发挥互惠互利双向作用

从总体考虑，市场引导关键在于实现跨境、跨国的产业协同，扩大整体合作博弈的大格局利益，只有这样才能确保战略利益互换项目的最高目标得以实现。

首先，中俄能源交易的产业梯度合作具有互补性优势。2009 年以前，俄罗斯国内可配平的石油加工产品只有汽油，其产量只比国内市场的需求量高 15%，而生产出的柴油及重油，大部分用于出口，尽管石油加工量比较大，但加工水平却较低，其中 30% 的产品是重油，70% 的重油又出口至欧洲，在那里经过再加工处理之后就会变成高质量的汽油和柴油，欧洲从中获取了大部分的加工附加值。因此，俄罗斯石油加工方面的关键问题就是生产工艺落后，对产品深加工的投资不足①。中国在重油开采加工方面具有技术优势，能够有效解决重油利用问题。例如，根据海外重油开发和国内集中加工需要，中石油 2009 年 2 月将“劣质重油轻质化关键技术研究”作为重大科技专项立项，共设 6 个课题 22 个专题，12 家单位 482 名研究骨干参加技术攻关，进行各项实验 97 项，取得了明显成效。

其次，中俄能源合作的市场引导机制建设要有制度框架。从合作框架的机制有效性看，除去单纯的政治因素，必须强调逐步建立符合商业化运作原则的法律框架，这是形成市场引导机制的内在要求。尽管双方现在已经就石油合作签订了政府间协议，但还不够系统化，需要通过国家立法规定、机构平台搭建、自律组织协调等来加快形成广泛的了解与互信，形成制度框架。对于外界质疑的“贷款换石油”模式，我们应该看到，这一合作框架是在特定时期的战略选择切入点，并不意味着今后要一直照搬或维持这种模式，而是要在此基础上进一步建立符合产业协同的市场化运作机制，将单纯的利益互换协议约定转化为产业链上下游一体化的深化合作分工模式，锁定双方合作的关键点，牢牢把握相应的主动权。

最后，中俄能源合作的市场力量参与有待进一步加强。目前，仅从本章

---

① 2009 年 2 月，俄罗斯政府为了激发本国企业对石油产品进行深加工的热情，提高了重油的出口税。

节案例看，整个战略利益互换项目当中还只是双方国有企业之间的合作，私营部门并没有介入。这使得中俄之间能源项目的总体投资量受到了限制，是否能够扩大延展面要取决于中俄能源交易能够在多大程度上转化为有利于双向互惠互利的民间能源合作推进平台，在上游资源开发及中下游终端加工及销售等方面孵化和带动民企参与的项目。为此，两国政府在双边能源谈判机制基础上，应鼓励通过股权交换、技术和经验交换等方式帮助各自民营企业直接进入对方市场，深度参与对方能源项目开发。为切实推动这种合作方式的开展，双方国有石油企业应联手组建合资公司，吸收社会资本，积极参与对方境内相关能源项目的开发和建设，使两国能源合作从原材料进出口提升至共同生产高附加值的能源产品，实现公私合营的新型合作尝试。

| 第六章 |

开发性金融“走出去”的双向协同激励机制

当今世界正在日益多极化，中国开发性金融“走出去”过程中不能只考虑中国自身经济发展的战略需求，还要充分考虑合作国、双边乃至多边框架下的共赢合作需求，发挥政府与市场之间的桥梁纽带作用，优先考虑合作国利益，在有些时候甚至可以适当采用“利他主义”方式推进合作，通过“点面结合”将经济学中的协同性与激励机制等原理运用到金融合作中，实现各方在产业、社会与金融等方面的协同发展。

第一节　协同激励的核心问题

作为发展中国家，中国在世界多极化发展中的地位和作用正在逐渐增强，开发性金融作为推动中国加快国际化发展进程的一个重要力量，必须对合作国发展的整体需求、合作共赢点及如何形成双向协同激励机制进行研究，找到可行的合作切入点。

一、合作国的发展诉求

从发展经济学角度看，一个国家的发展诉求无非是尽可能实现充分就业，同时创造良好的国际贸易投资环境。针对本国所处的不同社会发展阶段、经济社会转型时期的特殊要求，各个国家都会在对外投资、引入外资、跨境合作等方面产生相异的发展需求，但对本国民众发展的切身利益不能有损害，否则会导致社会动荡乃至战乱横生。因此，我们要深刻理解合作国的发展诉求，就必须了解其内在的文化传承和社会经济传统脉络，分析当前该国经济社会发展的主要矛盾，寻找能够缓解该矛盾的切入点，以切实解决该国发展的难点、热点问题为导向，加强对中国企业在该国投资合作的引导，实现合作共赢的目标。

总的来讲，合作国的发展诉求可以概括为“要发展、要可持续、要实现转型升级”三大方面，无论是发达国家、新兴市场国家，还是广大的发展中国家，这三点始终贯穿于其经济社会发展的各个方面，中国也是如此。站在这个战略高度来考虑，开发性金融“走出去”要建立与合作国之间双向协同激励机制的核心问题就是要优先考虑推动实现合作国迫切关心的发展目标，并将这种发展目标所涵盖的国际合作项目纳入与中国企业及金融机构自身发展目标相融合的合作战略之中，避免出现潜在的矛盾和冲突。

具体而言，首先，合作国“要发展”诉求主要体现为通过利用外部市场、资源、资金、人力及科技等要素实现本国优势要素禀赋的深度开发，不仅限于自然资源的开采利用，而且要在加工制造、物流生产及国际贸易投资等方面形成整体产业链条；其次，合作国“要可持续”诉求主要体现为本国资源要素开发过程中不能“竭泽而渔”，尤其是不能对自然生态环境、部落群族传统关系、社会民生发展需求等方面造成不可估量的巨大损害和潜在风险，要始终关注自然与社会生态环境的可持续发展；最后，合作国“要实现转型升级”诉求主要体现为在产业布局、发展机制、价值创造和市场开拓等方面不局限于当前现有的国际产业分工地位，还要通过与国际资本、技术、人才的合作实现本国经济社会发展的阶段性升级，改变固有的发展模式，实现国际全球化大潮流格局下的自身国家利益目标，提升本国民众的国际社会尊严与文明传承。

因此，我们有必要深入研究合作国的不同阶段发展诉求，发挥开发性金融的综合协调优势，解决好双边、多边合作过程中的难点问题。

二、如何形成多赢格局

从开发性金融实践体会看，要促使两国开展具有长期友好互信基础的战略合作，必须始终着眼于构建双边乃至多边的利益共赢格局，多点开花、以点带面、条线结合，如果只是关注于中国自身的利益，则无法得到合作国的持续支持，导致金融风险的积聚和爆发。当前，我们要重点研究的是如何建立双向协同激励的金融资源配置机制，形成合力，打造产业与金融的联合体。

首先，要真正取得合作成效，必须找准切入点。我们之所以要强调多赢格局，而不是简单的双赢格局，就是因为开发性金融作为一种战略性稀缺资源，不能仅在一个点上或一个领域内发挥主导作用，而是要根据合作国发展的迫切问题，在资源、产业、民生、环保等多个层面开展具有广度和深度的合作。这其中，最重要的就是要找准切入点，如果找得准就可以获得“事半功倍”的效果，如果找不准则往往欲速而不达，结果可能是错失合作的良好时机。因此，要找准切入点，就得充分研究分析该地区、该国所处的地缘政治经济环境，掌握足够、及时、准确的信息，加强对合作难点、矛盾焦点的深入剖析，及早形成解决方案和对策，在此基础上激发合作国与中国开展深入合作的主动性、积极性与协同性，建立有利于形成双方长期发展合作共同目标的激励机制。

其次，要解决发展难点问题，必须提高信任度。当今世界各国已经不再是一个世纪之前那种互不相干、互不尊重的状态，不能再单纯依靠几个大国解决全球发展的难点问题，而是形成了一个具有广泛包容性增长需求、互相尊重、彼此紧密联系的“地球村”，没有哪一个国家能够主宰全世界的发展潮流，也没有哪一个国家可以完全不依赖其他地区、其他国家而实现自给自足的发展。因此，在一个日益具有互联网特征的全球化现代治理体系下，中国与各合作国之间要解决合作发展的难点问题，必须建立一个具有双方互信基础的合作框架，孔子说“人而无信，不知其可也”①，只有真正以信任度为保障的双边或多边合作才能从根本上有效解决发展中的难点和瓶颈问题。开发性金融作为现代经济运行机制的一个重要信用参变量，可以有效引导和发现序参量②。

---

① 子曰：“人而无信，不知其可也。大车无輗，小车无軏，其何以行之哉？”出自《论语·为政》。

② 序参量是协同论的核心概念，是指在系统演化过程中从无到有地变化，影响着系统各要素由一种相变状态转化为另一种相变状态的集体协同行为，并能指示出新结构形成的参量。在运动中有许多控制参量，分为“快变量”和“慢变量”，而“慢变量”——序参量才是处于主导地位的。随着控制参量的不断变化，当系统靠近临界点时，子系统之间的关联逐渐增强。当控制参量达到“阈值”（指触发某种行为或者反应产生所需要的最低值）时，子系统之间的关联起主导作用，因此，在系统中出现了由关联所决定的子系统之间的协同作用，形成宏观结构或类型。序参量是系统相变前后发生质的飞跃的最突出标志。

再次，要建立产业合作框架，必须上下游合作。在第五章中，我们提到了战略利益互换项目通过讨价还价博弈形成了中国与合作国之间的合作框架，这一具有高度一致性的组织形态，为促进双方在“点面结合”框架下的多元合作建立了广泛而深入的产业价值链基础。即便是在中俄能源合作这样的长期谈判案例中，我们也不难看到，随着时间推移，中俄合作从起初仅限于能源贸易领域，逐步向产业链上游开采和中下游冶炼加工及销售等扩展，俄罗斯开始希望中国石油企业及金融机构参与其中。从合作的整体性看，单纯一个领域或单方面的产业合作框架不具有持久性，只有通过政府组织优势将中国上下游相关的企业、金融机构组成一个产业开发联合体，把能源资源开发、基础设施建设、社会民生福利等纳入一个统筹考虑框架内，将合作国政府、企业及金融机构都引入其中，按照合作国的整体目标及迫切意愿形成一套相互依存的合作机制，才能实现可持续发展。

最后，要发挥金融引导优势，必须讲双向互惠。金融要素作为现代社会发展的重要战略资源，不能仅仅停留在低层次的融资方面，而且要从“融智+融商”的高等级层面，谋划有利于形成双向互惠与协同激励机制的重大合作框架、合作模式、合作项目与合作平台，这是发挥金融综合协调功能和防范金融潜在风险的有效手段与工具。在一些长期性、跨代际、不确定性较大的中长期战略利益互换项目中，合作国由于政府更迭的潜在风险、经济发展阶段的局限性及国际政治力量博弈的干扰等因素，往往存在半途而废或历经波折的现象（如中印、中越、中泰的高铁合作计划等），必须以双向互惠互利为基础，构建符合两国民众承载能力和经济发展迫切性需求的合作计划，不能就合作谈合作，也不能就金融谈金融，而要因势利导地发挥开发性金融的引导优势，努力提升社会参与度并扩大原有计划的产业综合开发内涵，通过“时间换空间”和“以丰补歉”等方式建立良性循环，尽可能减少潜在的投资损失与金融风险。

第二节　协同激励的理论分析

国际合作要“先义后利”，促进互利共赢，必要时可以适当采取“利他主义”方式。国开行结合合作国的利益关切，以解决所在国热点、难点问题为突破口，有针对性地开展国际合作业务，探索更多、更有效的合作共赢方式，把维护中国利益与支持所在国发展相结合，注重增强合作国自主发展和可持续发展能力。①

一、理论概念

(一)协同论

协同论由德国斯图加特大学理论物理学教授赫尔曼·哈肯(Hermann Haken)在1976年出版的《协同学导论》中系统提出，主要研究远离平衡态的开放系统在与外界有物质或能量交换情况下，如何通过自己内部协同作用，自发地出现时间、空间和功能上的有序结构。这是一个描述系统从无序向有序转变的条件和规律的横断学科，主要包括协同效应、伺服原理和自组织原理。具体而言：①协同效应是指由于协同作用而产生的结果，即复杂开放系统中大量子系统相互作用而产生的整体效应或集体效应；②伺服原理指快变量服从慢变量，由序参量支配子系统行为，其实质在于规定了临界点上系统的简化原则——“快速衰减组态被迫跟随于缓慢增长的组态”；③自组织原理是指在没有外部指令的条件下，当一定的外部能量流、信息流和物质流输入系统时，其内部子系统之间能够按照某种规则自动形成一定的结构或功能，具有内在性和自生性特点②。因此，无论是自然界，还是人类社会，都是一个复杂开放的大系统，当外部能量作用下或物质聚集状态达到某种临界值时，子系统之间就会产生协同作用，从量变到发生质变，使系统从无序变为有序，同时各子系统内自主完善，减少内耗，建立某种稳定结构，产生“1+1>2”的协同效应，这是系统有序结构形成的内驱动力。

(二)激励机制③

经济机制设计理论是研究在自由选择、自愿交换、信息不完全及决策分散化的条件下，能否设计一套规则或制度来达到既定目标的理论。该理论是由2007年度诺贝尔经济学奖得主赫维茨(Leonid Hurwicz)最早提出的一

---

① 陈元．以开发性金融服务走出去战略[M].中国金融，2011(23)：10.

② 参见 MBAlib，http://wiki.mbalib.com/wiki/%E5%8D%8F%E5%90%8C%E7%90%86%E8%AE%BA。

③ 参见百度百科。

个概念,主要目的是解释何种制度或分配机制能够最大限度地减少经济损失。简单地讲,就是在市场失灵的情况下,通过发现信息的不完全或信息的不对称,能否并且怎样在既定的社会价值目标下设计出某个经济机制,使经济活动参与者的个体利益和设计者的既定目标相一致,避免信息不完全所带来的资源配置损失,实现资源最优化利用。赫维茨提出的“不可能定理”表明,不存在任何机制既能使每个人真实透露其个体信息,又能实现帕累托最优。因为,私人信息会阻碍帕累托最优的实现,市场机制本身也面临信息无效和激励不足问题,使得真实显示偏好策略不能成为占优的均衡策略,从而无法保证公共产品的有效实现。同时,赫维茨又提出了“激励相容”和参与约束①概念,即若某个机制使得真实显示偏好策略成为占优的均衡策略,那么这一机制就是激励相容的,并且该机制不能使任何参与主体福利水平降低,如果在参与约束时达到总体福利水平最大化,就达到了激励效率。

机制设计理论主要解决了两个问题:一是信息成本问题。任何机制的设计和执行都需要信息传递,而信息传递是需要花费成本的,因此,对于制度设计者来说,信息空间的维数越少越好,可以降低成本。当市场机制能够解决资源最优配置问题时,应该让市场来解决,若市场无能为力,需要设计其他一些机制来补充市场机制的失灵。二是激励相容问题。当信息不完全并且直接控制不可能或不恰当时,可以考虑采用分散化决策的方式来进行资源配置或做出社会决策,所制定的机制要能够给每个参与者一个激励,促使经济主体的自利行为自愿实现制度的目标,使得真实显示偏好策略成为占优的均衡策略。

为此,赫维茨率先定义了这样一个机制,其中信息的交流通过参与主体或通过“信息中心”进行,信息中心根据所收到不同信息组合产生不同的结果,预先设计的不同分配机制决定不同社会状态的产出。由此,市场机制和其他经济机制下的信息交流成本得到了比较,有助于说明针对自利的个体应采取何种激励机制以使其透露真实信息,形成激励相容。

---

① 参与约束是指代理人接受合同下的期望收益(效用)要大于其他市场机会下能获得的最大期望收益(该收益可称为保留效用)。

二、双向协同激励机制

(一)协同激励系统框架

协同激励是两个相互影响、彼此促进的机制。从大局上讲协同存在于大系统中,包括合作双方,也包括合作方各自内部,这种协同既有金融的,也有非金融的。在合作进度上,根据伺服原理,快变量要服从慢变量。从整体看,政府、市场、地理、产业、金融是五个序参量,其中地理和产业两个序参量属于快变量,政府、市场、金融则属于慢变量①,需要加强后三者的协调推进,否则存在短板问题,即木桶原理(短板效应),不过自组织原理将缩短双方乃至多方的协同过程。除了上述五个序参量之外,文化、社会也是两个重要且需要双方长期缓慢协同融合的变量。在协同前提下,内生激励机制是关键,尤其在中国与合作国之间。合作国存在市场失灵和制度缺损领域,因此,开发性金融介入的原则是推动解决对方难点热点问题,这样交流的廉价磋商(Cheap Talk)机制较好②,信息成本低,有利于形成博弈共识,而且在某种程度上具有一定排他性。从机制设计考虑,优先由合作国提出非正式的合作需求信息,不构成合作承诺,有利于其自身的主动性,也有利于中国对合作项目的选择自由度,且中国可以结合公开信息进行核对与判断,以便形成更为接近完全信息条件下的博弈策略,并激励对方朝有利于双方合作的方向发展,使真实显示偏好策略成为占优策略,形成激励相容。在“走出去”过程中,开发性金融的角色定位就是要发挥好协同、沟通和激励对方的作用,通过法人治理建设、现金流建设、信用建设和市场建设形成激励约束机制,加强各方资源整合,提供配套的金融安排。这四项基本建设是开发性金融核心方法论,对于促进国际合作中的融资运作与制度融合具有关键引导作用。

1. 法人治理建设

法人治理建设,即从公司治理角度出发,打造合格的借款人,如果没有也可

---

① 中国实体企业在“走出去”方面已经走在了前面,是根据全球经济地理布局来推进的,有较大实际成果,但中国金融“走出去”(包括人民币国际化进程)、政府对海外投资的政策支持系统性、双边市场自由贸易协定等都滞后于实体经济需求,因此,目前阶段尚未能形成很好协同效果,存在短板问题。

② 廉价磋商是指没有媒体中介的、非承诺约束的、与支付无关的简单对话。廉价磋商的存在是可以实现 Pareto 改进的。对于投资者而言,廉价磋商机制主要是为了更好地解决信息不对称问题,促进互信机制建设,使退出有较大成本,从而实现激励,提供更好的信息共享,彼此加分,促进合作协同。

以创造出一个合格借款人，主要从经营管理、战略决策、风险监督、市场能力等方面加以考量。

2. 现金流建设

现金流建设，即要有可预期的还款现金流，如果借款人没有，则可以通过各种方式加以建设，使其中长期融资需求能够在还款来源上进行相对准确的预期，进而对还款的风险约束、融资定价机制等进行指导。

3. 信用建设

信用建设是核心要点，即借款人要有信用能力和信用意愿，如果没有，即便有稳定的现金流预期，其融资风险还是巨大的，无法规避。为此，在融资上要搭建信用结构，如动产不动产抵质押、应收账款质押、供应链融资、担保等。现实中往往存在市场失灵的问题，导致信用建设或信用结构不足，很多不具备条件的借款人的融资需求无法被满足，如部分发展中国家等。

4. 市场建设

市场建设也是核心要点，即对于存在制度缺损和市场失灵的领域，必须通过市场建设和制度安排，对这些领域进行改造，使其获得市场出口，这也是开发性金融提出“政府入口、开发性金融孵化、市场出口”螺旋上升模式的内在原理。只有真正利用好政府组织优势，将其与市场需求进行对接，形成制度和机制设计，才能真正实现市场化、商业化运作。简单讲，在“基础设施+资源开发”联合运作机制的设计中，这就是一个将有收益的资源开发项目与无收益或低收益的基础设施项目在现金流统筹、商业运作等机制上进行市场化建设的典型。

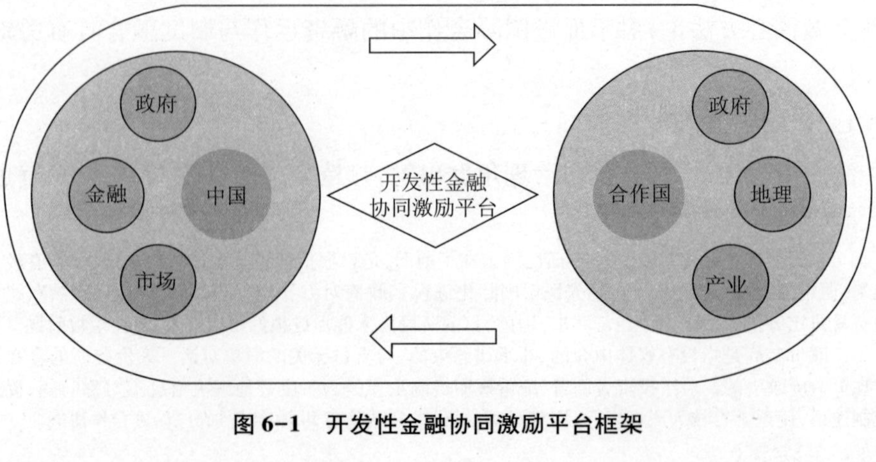

图 6-1　开发性金融协同激励平台框架

如图 6-1 所示，开发性金融作为协同激励平台，以中国与合作国之间的难点热点问题为切入点，统筹协调双方各自的序参量，形成相对统一的协同进度，在充分交流信息的基础上，建立一个具有整体合作协同效应的大合作系统，激励各有关方面拿出真正的合作意愿和资源，实现相对高效的资源匹配，引导社会参与力量的积极性与可持续性。这种协同激励作用具体反映在三个方面：

首先，开发性金融“走出去”过程中的商业利益、国家利益、合作国利益之间利益均衡最大化有约束条件，就是风险可控。这种可控机制在于有协同激励安排，参与的各相关利益方都不愿意单方面退出合作机制，使风险被控制在合理范围内，优先保障合作国利益，也约束了开发性金融“走出去”的风险边界。

其次，从产业内到跨产业、从跨产业到跨金融都需要有多方面的政策协调机制作为配套。单个项目可能从商业上看没有可行性，但如果形成综合协同发展的联合开发机制，就可以具有商业可行性，其中也包括政府和金融机构的整体统筹协调，这是明确风险控制边界的良好应对机制，能够降低风险水平。

最后，双向协同激励因素所形成的风险约束机制，使重大合作具有潜在的战略可行性，降低了产业价值链合作框架在国际市场范围内的竞争成本，在优先保障合作国利益的条件下，增加了开发性金融“走出去”的整体利益，从而在更高的均衡水平上实现各方利益最大化。

（二）双向协同的运作

在开发性金融“走出去”过程中，国际合作的双向协同并不是一个等距离同步行为，而是一个逐渐推进和供需匹配的过程，涉及双方各自与对方合作的内外部协同，并在此基础上形成一个大的整体循环协同体系。这里，国际规划合作就是具体搭建开发性金融协同激励平台的一种重要方式，有助于弥补短板领域，形成双方各自子系统内部的自组织协同合作，减少逆向选择和道德风险。为了便于理解，这里主要以中国与澳大利亚西澳州合作项目为例“以点带面”进行说明。

1. 金融协同

以开发性金融为纽带，通过国际规划合作咨询，了解分析与合作国之间开展长期战略合作的主要方向、运作模式及项目来源，吸收引导商业金融参与，在银团贷款、投贷协同、债券发行等方面引入中国金融资源，支持与合作国项目开发。同时，开发性金融自身具有“投贷债租证”综合金融服务功能，可以在资本金投入、项目贷款、债券发行、租赁融资、证券上市等方面形成协同服务，构建市场信用，为合作国企业及项目提供多样化金融工具选择。作为配套，合作国金融机构及企业可以参与购买以中国开发性金融机构为代表的金融产品，形成循环。例如，国开行与澳大利亚西澳州政府签订了规划合作协议，在矿产、能源、基础设施、农业、旅游等方面设计合作模式与可行项目。

2. 产业协同

中国企业组成产业联合体在产业链上下游形成整体协同合作（如“基础设施+资源开发+产业加工”），与合作国企业形成共同利益相关体，在法人治理结构建设方面，搭建符合中国金融要素风险控制要求的合格市场法人主体，在产业资源开发与布局上形成协同关系。同时，从产业现金流建设看，合作国从资源开发、市场合作、产业链延伸到财富积累等是一个渐进发展过程，特别是发展中国家存在项目现金流“前低后高”特点，可以建立资金专户归集和差额风险保障机制，以保障现金流不足时的金融风险管理。此外，合作国企业在产业链分工合作中也可以介入中国市场合作领域，提供技术和智力服务，并向中国采购高质量设备。例如，在澳大利亚西澳州，尽管以前中国企业在矿产领域投资不利，但不表明中澳之间无法合作，可以考虑“基础设施+矿产能源”产业联合体模式，形成产业链上下游整体合作，尤其是在重要港口、铁路联运基础上进行综合产业加工园区的建设开发，提升双方合作的产业链价值水平。

3. 市场协同

在现有 WTO 总体规则框架下，进一步加快签订双边自由贸易协定是加快中国与合作国市场协同的重要机制。这是加强开发性金融市场建设的动力源泉。两国之间只有拥有更为互联互通的市场基础，才能为实体经济合作创造良好条件，中国已经成为世界第一出口大国，但更重要的是即将成为世界第一进口大国，强劲的市场化消费内需在新型城镇化战略下将进一步扩大和提升其内涵，需要合作国更为广泛和深入地提供相应的市场合作机制，建立新型规则体系。农业、资源、基础设施等项目就是加强市场协同的重要合作领域。例如，中国与澳大利亚已签订了双边自贸协定，国家发改委与西澳州政府也签订了双边推动投资合作备忘录，可以考虑将西澳州作为自贸区试点，在进行重要港口建设的同时设立自由贸易合作特区。同时，两国央行也正在考虑在澳大利亚设立人民币清算行机制，促进双边人民币与澳元直接兑换。

4. 信用协同

开发性金融的信用建设是实现融资成功的关键，对于合作国而言，把既有的政府财政信用、资源权益、资产实物、社会信用担保等纳入开发性金融合作模式中，是实现信用协同的主要路径。同时，中国企业作为配合方，也可以先行以自身国内业务和资产的信用作为支撑，为重大战略合作项目提供信用结构，在此基础上，逐步将国内信用转化为合作国项目的自身信用。此外，为了更好地实现信用协同，双方可通过搭建联合投资信用担保基金、成立联合海外项目投资保险机构等模式实现信用资源的共享与合作。例如，中国企业在西澳州投资体量巨大，存量资产的价值因为市场风险被低估，可以考虑由双方政府出面组织搭建联合投资信用担保基金，吸收社会资本参与，促使基础设施项目尽快启动，推动签订大宗商品长期协议，盘活中国企业投资西澳州的大量沉淀资产，实现信用资源的协同挖掘。

5. 地理协同

地理协同是指合作国在加入中国市场合作体系过程中，充分依托自有的经济地理资源分布格局，与中国企业在港口、铁路、机场、公路等基础设施建设方面形成共同合作平台，搭建符合双边合作大格局的跨境、跨区域、跨洋流经济金融合作网络。在这一协同的实施过程中，首先要依靠的就是合作国自身的政策意愿和资源投入，其次是开发性金融在重大基础设施项目、资源开发项目中的长期资金投入，最后是根据产业国际分工格局新趋势，构建中国与合作国在经济地理上具有发展潜力的商业价值合作项目，必要时可考虑采用多边合作框架下的商业运营。例如，根据澳大利亚“亚洲世纪”战略，双方可以联合在西澳州中部奥卡基（Oakajee）港口及北部安克泰尔（Anketell）港口附近建设通向亚洲的海上运输通道，为跨区域大宗商品贸易与能源资源深加工确立符合新形势要求的经济地理新格局。

6. 社会协同

社会文化的相互了解与融合是促进中国与合作国建立良性、稳定、长期战略合作关系的基础。因此，在社会协同领域，开发性金融以重点支持合作国政府关心的热点难点民生问题的解决为突破口，帮助中国企业开拓在服务合作国民生领域，如住房保障、教育医疗、公共服务、社会文化、中小企业、环境保护等领域改善中的市场空间和作用。这当中,开发性金融的角色是与合作国政府共同搭建社会文化领域的协同合作开发平台,构建信用结构,完善市场机制建设,实现批量项目开发与储备,根据产业领域合作进程,循序渐进地推动双方社会协同。例如,中澳双方可以共同开发澳大利亚“西部休闲”旅游合作计划,深化澳大利亚西部土著人传统文化的发掘,结合商务旅游的巨大潜力,打造澳大利亚与亚洲文化融合社区。

(三)激励机制的设计

开发性金融“走出去”合作中有两个重要的特点:一是合作国存在关于其融资需求的私人信息;二是双方合作存在很强的策略互补关系,都有很强的协同合作要求。但是开发性金融会担心提供融资后合作国的选择动态不一致,以及被胁持(Hold-up)。因此,必须通过某种机制来解决这个问题。为此,可以设计一个廉价磋商(Cheap Talk)的博弈框架①,由合作国先发出信号,开发性金融接收之后,结合公开信息,进行判断和及时反馈,在此基础上与政府形成协同组织优势,提供更好的反馈信息,提升子系统协调性,加快形成博弈共识。在这里,开发性金融的作用就是弥补市场失灵和制度缺损,从合作国难点热点问题入手,不完全依靠正式谈判,同时附加很多条件,而是发挥廉价磋商机制促进和激发合作国意愿的重要作用,使合作国更具有主动性,采取真实显示偏好策略作为占优策略,以此获得真实信号显示,并在合作过程中逐步形成进一步的激励机制与制度设计,着眼长远来规范双方的合作行为。

1. 基本思路

构建一个在专用投资上具有私人信息的廉价磋商模型,利用该模型可以说明,在开发性金融“走出去”过程中如果双方存在信息不对称,但是双方又有进行利益互补或分享的要求,那么拥有信息优势的一方(合作国)会报告自己所拥有的信息,这一信息可以使对方的投资(这里可以理解为开发性金融的投融资合作)决策更有利于双方的合作。

为了说明这一点,我们首先来看一个最简单的情形。假定 C 准备向 B 提供资金。B 有两种资金需求,一类是长期资金需求,另一类是短期资金需求。C 可

① Joseph Farrell and Matthew Rabin . Cheap Talk [J]. Journal of Economic Perspectives, 1996, 10 (3): 103-118.

以提供两类资金，但是必须事先做好妥当的安排。我们假定如果 B 有长期需求，则 C 应该相应提供长期资金；如果 B 有短期需求，则 C 应该相应提供短期资金。C 愿意提供 B 所需要的资金，但前提是 B 告诉 C 它的真实资金需求类型。假定长短期资金供给不可以互换。我们可以将这个情形表示为表 6-1。

表 6-1　资金供求的简单博弈

B 的资金需求	C 提供的资金类型	
	长期资金	短期资金
长期需求	3，3	0，0
短期需求	0，0	2，2

在这个简单的博弈中，有四个可能的结果，是一个不完全信息的博弈。B 的资金需求有两类，而 C 的选择（提供何种资金）决定结果，且只有双方采取相同的选择才会实现博弈均衡，但这并不是一个静态博弈，而是动态的，有先后之分。在这个博弈中，一个重要的特征是，双方具有互补的利益。因此，B 会如实地将自己的资金需求告诉资金提供者 C 。

我们将在下文通过更加严格的模型来讨论这里的两个关键因素：①私人信息；②利益互补。在我们的模型中，减弱投资者（开发性金融）的讨价还价力量，可以通过促进买方（合作国）如实报告其信息，来促进效率的提升。这种减弱投资者讨价还价力量的做法，可以视作保护合作国利益的行为。因此，这个结论支持了合作成功的关键：确保互利共赢。此外，该模型还将表明，充分保护对方的利益，可以减少投资关系中非常著名的“敲竹杠”（Hold-up）问题。

在这里，我们通过一个非常抽象的模型，证明几个和我们关心的问题相关的结果。第一个结果是一个非常直观的常识，可以作为我们后面分析的出发点：知情的买方，如果担心披露其私人信息会损害其在后续讨价还价过程中的谈判地位，则会不情愿披露其信息。第二个结果是：如果沟通导致效率增加，而且知情的买方可以分享效率增加带来的价值，那么知情的买方会更愿意提供信息和参与沟通。尽管这个结果看上去非常直观，但是它实际上要微妙得多。第三个结果是：我们发现，投资者若让渡给买方更多的谈判力量，通过提高沟通和效率，可以缓解事后的“敲竹杠”问题，而这个问题恰好是开发性金融“走出去”过程中非常重要的一个问题。

我们的分析建立在简化版 Grossman-Hart 讨价还价模型基础之上①。一个投资者投资于一项只能卖给某个特定买方的资产。资产可以给买方带来价值，但对投资者（即生产者）没有价值（用这个来说明专用性），因此，双方都知道进行交易是有效率的（用这个来表述互利性）。这里，从两个方面推广了 Grossman-Hart 模型：一是有关事前有效投资的私人信息；二是事后非对称的谈判能力。私人信息的存在，会影响事后的谈判能力，从而会影响事前的效率决策，这点很少在文献中讨论，而模型分析表明如果充分给予买方利益保障，可以确保投资的整体效率和长期合作关系的发展。此外，在多数分析中通常假定事后的谈判能力是一个固定的参数，但我们试图得出一个新机理，即事后谈判能力的分享可以促进事前的有效信息沟通和整体合作利益的分享，这里主要对 Joseph Farrell 和 Robert Gibbons（1995）关于专用投资廉价磋商机制的研究成果进行分析②。

考虑到投资者事后谈判能力所占份额变化的影响，我们用 $k \in [0, 1]$ 来代表其份额，在 Grossman-Hart 模型中，$k = 1/2$。在完全信息情形下，社会福利是随 k 递增的。事实上，当且仅当投资者拥有所有谈判力量（$k = 1$）时，投资达到效率最高。严格来说，这个结论和 Grossman-Hart 模型是矛盾的，因为他们是固定 $k = 1/2$。但是我们的模型中，给予了投资者更多的谈判能力，以使其获得更多的社会剩余，会提高其投资激励。从这个意义上说，它和 Grossman-Hart 模型是一致的。但当引入信息不对称时，我们假定买方拥有关于其自身偏好 t 的私人信息。因此，不存在事后可以达到有效结果的谈判博弈（也即不可能一定会导致交易达成），同时可以使得投资者获取所有交易剩余。因为，高保留价值的买方会假装成低保留价值的买方，从而获取“信息租金”。从这个意义上说，我们无法将投资的利得全部给予投资者。但是，让投资者拥有所有事后的谈判能力，意味着他事后可以推动与买方建立激励相容机制来达成事后有效的交易，从而有积极性选择使其事后收益最大化的机制。

① Sanford J. Grossman and Oliver D. Hart. The Costs and Benefits of Ownership: A Theory of Vertical and Lateral Integration[J]. Journal of Political Economy, 1986, 94 (4): 691-719.

② Joseph Farrell and Robert Gibbons. Cheap Talk about Specific Investments[J]. Journal of Law, Economics & Organization, 1995, 11 (2): 313-334.

我们认为，给予投资者事后的谈判能力，可以最大化事前的社会福利。尽管这样投资者不会获得所有投资的社会收益，但是会得到尽可能多的事后收益。但是，当引入私人信息的时候，问题就复杂了。我们希望买方的私人信息可以在投资决策前传递给投资者，因为买方的自身偏好 t 会影响社会最优投资。对此，我们可以证明：①如果投资者拥有所有的事后谈判能力，那么买方将没有意愿传递关于其私人偏好的信息；②给买方提供合适的谈判份额，可以促进有效的信息沟通；③尽管减弱投资者的谈判能力，会使其减少投资，但提高买方谈判能力促进了信息沟通，也会提高社会福利。

2. 模型分析

（1）完全信息时的有效投资

假定投资者的投资质量是 I，对应的投资成本是 $\frac{1}{2}I^2$，投资者一旦选定投资质量，投资成本就成为沉没成本，不可回收或变形。买方（即投资需求方）从质量为 I 的资产中获得的价值为 tI（$t > 0$），投资者以及任何第三方从资产中获得的价值为零。显然，有效投资要求交易（合作）发生，且最优投资应该满足：

$$\arg\max_I tI - \frac{1}{2}I^2$$

根据一阶条件，可得最优投资为 $I = t$。假定在事后的讨价还价时，资产质量不可验证，但可以观察。并且，假定买方的收益参数 t 是共享信息。在这个假定下，最优所有权的结构将是投资者应该拥有资产所有权，否则最优投资为零。在 Grossman-Hart 模型框架中，事后讨价还价阶段是纳什讨价还价解。假定双方的可行收益为 (u, v)，则双方会选择其收益使得：

$$\max(u - u_0)(v - v_0)$$
$$\text{s.t.} \quad u \geqslant u_0,\ v \geqslant v_0$$

对于一个更一般的讨价还价框架，给定谈判力量参数 $k \in [0, 1]$，双方寻求最大化，则：

$$\max_{u,\ v} (u - u_0)^k (v - v_0)^{1-k}$$
$$s.t. \quad u \geqslant u_0,\ v \geqslant v_0$$

如果双方没有达成交易，我们假定双方替代选择的价值均为零。有效交易的价格假定为 p，从而投资者的剩余为 p（事前投资为沉没成本），而买方

的收益为 $tI - p$ 。因此，一般的讨价还价问题为：

$$\max_{p} p^{k}(tI-p)^{1-k}$$

$$\text{s.t.}\quad p \geqslant 0,\ p \leqslant tI$$

不难通过一阶条件得到 $p = ktI$ 。

这样，在事前第一阶段，预计到这个谈判结果，投资者会选择其投资水平 I 以最大化其利润，即

$$\max p - \frac{1}{2}I^2 = \max ktI - \frac{1}{2}I^2$$

利用一阶条件可以得到最优事前投资水平为：

$$I = kt$$

很显然，$I = kt < t$ 。也就是说，在事后需要谈判的情况下，事前的最优投资总是低于社会有效投资水平。因此，可得如下命题：

命题1：在完全信息下，给定双方的谈判能力参数 k ，事前的投资水平为 kt ，则社会福利水平严格随着 k 的增加而增加。当 $k = 1$ 时，达到社会最优投资水平。

（2）存在关于 t 的私人信息

假定买方拥有关于自身 t 的私人信息。显然，最优的资产所有权仍然不变，在事后谈判发生时让投资者拥有资产所有权应该是最优的。因为，如果买方拥有资产，则投资者的事前最优投资为零。因此，我们这里研究信息不对称时的事前有效资产所有权分配，也就是要讨论在投资者拥有资产（如抵质押融资）的前提下，私人信息的存在，是否会改变命题1中的发现。也就是说，社会福利是否仍然会随着 t 的增加而增加。

我们假定买方知道 $t \in T$ ，假定 T 是正实数轴上的一个紧致区间，且其下限为 $\underline{t} > 0$，假定 t 在 T 上满足严格连续分布。现在，我们假定博弈的顺序如下：在投资者决定投资前，买方可以和投资者进行有关 t 的磋商。这里，假定关于 t 的磋商是一个廉价磋商（Cheap Talk），即假定关于 t 的任何磋商都不能事后被验证，而且之后双方的交易结构不会受此磋商的影响。在听到买方有关 t 的信息后，投资者选择投资质量 I 。买方观察到 I ，然后双方就是否进行交易（合作）以及交易价格 p 进行谈判。我们分析的焦点是，如何设计最后的谈判阶段，从而使得事前的磋商阶段确实会发挥信息沟通和传递的作用。

（3）投资者拥有所有谈判能力的情形

如果投资者拥有所有的谈判能力，则其投资选择 I 是否会随着买方的类型 t 变化呢？如果投资者拥有所有的谈判能力，那么他在了解到买方信息（类型）t 之后，可以实施任何他想要的分配方案。也就是说，他可以获得所有的交易剩余。因此，在这种情形下，投资者拥有所有的谈判能力就意味着他会为买方提供一个“接受或者离开”（Take-it-or-leave-it）的报价。

可以看出，在投资质量为 I 的情况下，投资者的报价为 $p = qI$ 。这个结果表明，当投资者拥有所有谈判能力时，廉价磋商不能传递任何信息。因为，如果廉价磋商存在分离均衡，那么一定存在某个均衡，在此均衡中，类型 t 的人会发送某个信息 m ，而另外一个更低类型 $t' < t$ 的人会发送另外一个不同的信息 m' 。但在这种均衡中，投资者给 t 型买方留下的是零剩余，而 t 型买方则可以通过报告信息 m' 获得严格正的剩余。因此，不可能存在分离均衡。

这样，我们就得到如下命题：

命题 2：如果投资者拥有所有的事后谈判能力，则均衡时，他会以 1 的概率选择他只知道 t 的先验分布时的最优投资水平。

为了严格证明这一点，首先，我们看到投资者总会选择正的投资。这是因为无论其关于 t 的信念如何，他总可以选择 $I = \underline{t}$ 和 $p = \underline{t}^2$，从而获得严格正的利润。其次，虽然他在获知信息 m 后的报价可能是随机的，但投资却不会是随机的。令 $F(| m)$ 代表收到信息 m 后关于 t 的后验分布，那么当他投资 I 时，他将选择价格 $p = qI$ 来最大化其期望收入：$s = q = \arg\max s[1 - F(s | m)]$ 。在这里，收入最大化的价格 $p = qI$ 不一定是唯一的，他完全可能会选择随机价格。但是他的期望收入对于所有随机价格（如果随机）一定是一样的，也就是 $\pi(m) I$ 。这里 $\pi(m) \equiv q[1 - F(q | m)]$ 。因此，如果他投资 I ，那么投资者的期望总收益则是 $\pi(m) I$ 。

预期到这一点，则他的最优事前投资为：

$$\max_{I(m)} \pi(m) I - \frac{1}{2}I^2$$

根据一阶条件，不难得到 $I(m) = \pi(m)$ 。显然这是唯一的解。因此，我们可以根据信号 m 来决定投资水平 $I(m)$ 。

接下来，我们用 $v(t)$ 代表类型 t 买方的均衡期望收益。因为 $v(t)$ 是

$tI(m) - p(m)$ 的上包络曲线，且信号 m 会引致投资 $I(m)$ 和报价 $p(m)$ ，因此 v 是连续且递增的。因为买方总是可以拒绝报价，所以 $v(t) \geqslant 0$。我们定义 $A \equiv \{t \mid v(t) \geqslant 0\}$ 。如果 $\underline{t} \in A$ ，那么投资者可以通过将所有的报价提高 $v(t)$ 来增加他自己的利润。因此 $\underline{t} \notin A$ 。如果 A 是空集，则 $v(t)$ 不可能严格递增。那么它意味着在均衡时，除了最高类型的买方会接受报价外，其他类型的买方均不会接受，这将给投资者带来零期望利润。这和之前的第一点类似，也即投资者可以通过设定 $I = \underline{t}$ 和 $p = \underline{t}^2$ 来获得严格正的利润。因此，A 是非空集合，且不包括 $\underline{t}$ 。用 t^* 代表 A 的下确界①，因为 A 是 T 的非空子集，且 $\underline{t} \notin A$ ，我们有 $v(t^*) = 0$。现在可以看到，类型严格高于 t^* 的买方会以正的概率接受某个报价，而类型严格低于 t^* 的买方则不会。因为，如果某个类型 $t < t^*$ 以正的概率发送信号 m ，且愿意接受和信号 m 相对应的报价，那么类型 $\frac{1}{2}(t + t^*)$ 可以通过发送信号 m 获得严格正的期望收益。

现在考虑信号 m 。假定至少一个类型 t ，会以正的概率发送信号 m 且接受相应的报价，定义 $t^*(m)$ 为所有将这样做的买方的类型集合中的下确界，我们可以得到 $t^*(m) = t^*$ 。首先，$t^*(m) \geqslant t^*$ ，这是因为没有类型低于 t^* 的买方会以正的概率接受报价。其次，$t^*(m) \leqslant t^*$ ，否则 $t^*(m)$ 将愿意发送信号 m 且得到零期望收益（投资者不会给最低类型的买方留下任何剩余），而这又意味着介于 $t^*(m)$ 和 t^* 之间的买方将获得严格正的期望收益。这和前面 v 弱递增的事实矛盾。

现在假定两个信息 m_1、m_2 在均衡时均会以严格正的概率发送，会导致相应的投资 I_1、I_2，且 $I_1 < I_2$。因为所有的均衡投资都严格为正，所以对每一个 i ，都必然存在某些类型的买方，他们不仅以正的概率发送信号 m_i ，且将接受投资者的报价购买 I_i 。

因为更高类型的买方更希望获得更高的投资，所以必然存在一个阈 $\hat{t}$ 使得类型高于 $\hat{t}$ 的买方发送信号 m_2 而永远不发送 m_1；反之，类型低于 $\hat{t}$ 的买方永

① “下确界”的概念是数学分析中最基本的概念。考虑一个实数集合 M，如果有一个实数 S，使得 M 中任何数都大于或等于 S，那么就称 S 是 M 的一个下界。在所有下界中如果有一个最大的下界，就称为 M 的下确界。一个有界数集有无数个上界和下界，但是下确界却只有一个。

远不发送信号 m_2。可以得到$\hat{t}=t^*$。首先，$\hat{t}\geq t^*$，因为低于t^*的买方不会接受投资者的报价，而根据定义，高于$\hat{t}$的买方则不会发送信号m_1。其次，$\hat{t}\leq t^*$，否则，因为$t^*(m_2)>t^*$，与我们上面对所有m均有$t^*(m)=t^*$的结论矛盾。

因为没有低于t^*的买方会在均衡时接受报价，而且没有高于$\hat{t}=t^*$的买方会发送信号m_1，所以只有类型t^*的买方才会发送信号m_1，且接受相应的均衡报价。所有更高类型的买方都会选择发送信号m_2。因此，由于$t=t^*$的事前概率等于零，唯一能够使买方接受报价的投资必定为$I(m_2)=I_2$。

如果$t^*>\underline{t}$，我们必须考虑低于t^*的买家是如何行动的。首先，在均衡时，这些买家会拒绝投资者的报价。他们获得的投资水平只能是I_1或I_2，这是因为其他投资水平永远不会被购买，投资者也永远不会投资一个不被购买的资产。其次，该类型所发送的信息所引致的投资水平I_1必须是零：因为如果不为零，那么对应于投资I_1的价格t^*I_1将不可能最大化其期望收益（因为最多只有t^*会接受）。因此，事前确定的是，买方会发送一个引致投资I_2的信号。最后，因为所有（或几乎所有）类型的买方都发送信号m_2（或其他引致投资I_2的信号），不存在有用的信号传递，所以$I_2=\pi$，即事前的期望投资水平。

命题 2 告诉我们，如果投资者拥有所有的谈判能力，获取所有的交易利得，那么拥有私人信息的买方就没有积极性如实报告其信息。在这种情况下，廉价磋商也就不可能发生。因此，必须给予买方适当的激励，也就是利益分享机制。这是我们接下来要讨论的问题。

（4）利益分享和信息分享。

命题 2 意味着，通过给予投资者所有事后的谈判能力以解决“敲竹杠”问题，将使得投资水平无法随着t而变化。但有效投资却要求投资水平随着t相应变化。那么，如果投资方的事后谈判能力k发生变化，它是否可以促使买方传递其私人信息？在此，我们将讨论这一可能性。特别地，如果谈判能力分配适当，我们可以通过廉价磋商来完全传递关于买方的信息。

首先，我们需要证明，为了使得买方没有激励低报其类型，k必须足够小（特别地，$k\leq\frac{1}{2}$）。其次，为了使得买方没有激励高报其类型，k必须足够大

（特别地，$k \geqslant \frac{1}{2}$ ）。最后，我们将描述一个事后有效的谈判结果，它使得投资前的廉价磋商能够充分反映私人信息。

因为投资者的成本一旦发生，就将成为沉没成本，如果买方的类型是共享信息，那么谈判就将完全着眼于分割买方的价值 tI ，因此，交易将以某个价格 ktI 成交。这里，$k \in [0,\ 1]$ 衡量了投资者事后的谈判能力，如果投资者有充分把握使得 $t = \tau$（如在完全显示的均衡中那样），那么他就会预期交易价格为 $k\tau I$ ，从而投资水平为 $I = k\tau$ 。

假定事后谈判由投资者首先开出一个报价。如果投资者确定买方类型为 τ ，那么他的报价将是 $k\tau I$（因为这是在他的期望正确时的均衡报价）。这意味着所有类型不低于 τ 的买方都会接受此报价，因此，当 $t \geqslant \tau$ 时，交易将以价格 $k\tau I$ 立即发生。现在的问题是，买方是否有积极性低报 t 。低报类型 t 为 τ 的买方将导致投资为 $k\tau$ 和报价（他愿意接受的报价）为 $k\tau I = k^2\tau^2$，此时他的收益为：

$$u(t,\ \tau) = tI - p = k\tau(t - k\tau) \tag{1}$$

当且仅当 $k \leqslant \frac{1}{2}$ 时，上式在 $\tau \leqslant t$ 时的最优解才是 $\tau = t$ 。直观地说，为了不让买方低报其类型，投资者不能有太高的谈判能力（或分享份额）。类似地，我们可以证明，为了不让买方高报其类型，投资者也不能有太高的谈判能力（或分享份额）。

综上所述，我们可以得到下述命题：

命题3：假定完全信息时的报价为 $p = ktI$ ，则买方在 $k > \frac{1}{2}$ 时会低报其类型，在 $k < \frac{1}{2}$ 时会高报其类型。

推论：要使得买方充分披露其信息，则必须有 $k = \frac{1}{2}$ 。在均衡时，投资水平为 $I = \frac{1}{2}t$ ，廉价磋商就能完全发挥信息告知的作用。这里，我们可以看到，当投资者（开发性金融）事后的谈判能力恰巧是在 $k = \frac{1}{2}$ 时，买方（合作国）将会充分披露其信息，实现有效的博弈均衡。当然，在实际案例中，这个谈判力量参数 k 会处于其他水平，而不会是1，只有这样才能激励买方（合作国）提供准确的真实信息表示，选择真实显示偏好策略作为占优策略，从而使得投资者（开发性金融）基于廉价磋商机制的私人信息做出正确的投资判断，让渡给予买方（合作国）一定的谈判能力，实现双方整体合作利益最大化均衡分配（帕累托改进）。

当然，廉价磋商机制并不能解决所有的问题，虽然通过激励买方（合作国）给予充分的真实私人信息和投资者（开发性金融）愿意分享议价能力可以产生更多的社会剩余，但这种机制也会造成一定的投资不足。为此，在廉价磋商机制发挥作用的同时，也要考虑正式谈判及后续合作过程中的机制设计问题，即制定一定的承诺规则约束双方的合作行为。可以看到，开发性金融“走出去”过程中，具体项目合作通过“四项建设”——法人治理结构建设、现金流建设、信用建设和市场建设，与合作国之间形成了有效的激励约束机制，弥补了市场失灵和制度缺损，实现了开发性金融孵化和培育市场出口的作用。

由此得出以下结论：①在完全信息情况下，有效投资不是一个问题；②如果存在信息不对称，完全将谈判能力给予投资方，会导致投资的无效率，或者投资不足；③通过适当地将一定谈判能力给予拥有信息优势的买方，会使其有积极性通过廉价磋商传递其真实私人信息，以提升投资效率。同时，更高的投资效率也将给买方带来更高的价值。为此，通过提高买方的利益分享或谈判能力，可以提高双方协作或合作的积极性，从而达成一个对交易双方甚至整个社会都更有利的结果。

同样地，在开发性金融“走出去”过程中，与合作国的谈判也存在各种信息不对称。但是，通过让渡一定的谈判力量可以激发合作国分享有关其项目的私人信息的积极性。这种积极性源自事后谈判时的利益分享机制。正是这种事后的利益分享，为拥有私人信息的合作国提供了传递更准确信息的激励。为此，开发性金融面对“走出去”合作中所遇到的信息不对称，要善于采取廉价磋商机制，优先考虑合作国利益，并且选择事后谈判时利益分享的方式，并通过谈判形成激励相容的机制设计，以实现互利共赢。

三、市场约束的效果

双向协同激励作为一种切实有效的风险约束机制，通过市场合作的协同性与激励相容，对国际合作中的内生性风险边界形成有效防控，尽可能减少项目合作过程中的逆向选择和道德风险，降低开发性金融中长期融资的风险调整定价水平，实现对市场行为的有效约束。

（一）金融合作约束

开发性金融在全球范围内建立的广泛金融合作网络是金融风险防控的主要手段之一。通过与合作国所在区域的多边金融机构、本土金融机构及国际商业金融机构共同构筑项目筛选、风险甄别、信用构建、市场开拓的合作平台，可以对合作国项目风险进行合理约束，国际银团合作本身就是实现风险分散和形成联合监督的重要工具。

根据自身实际，国开行还提出了"投贷债租证"的综合金融服务理念，具体指国开行与旗下国开金融、国开证券、国银租赁和中非基金等全资或控股子公司构建起协同业务发展模式，充分发挥多种载体的综合优势，向客户提供"多产品、一站式"金融服务。例如，在拉美，国开行与泛美开发银行、安第斯开发银行、拉美进出口银行、巴西国家经济社会发展银行等40家区域性和政府金融机构建立合作关系，为中国企业开拓拉美市场搭建金融合作平台。截至2016年第二季度末，国开行累计向拉美超过200个项目提供了融资支持，累计承诺贷款超过1800亿美元，累计发放贷款超过1000亿美元，贷款余额600多亿美元①。

此外，2015年5月，国务院总理李克强在中巴工商峰会上宣布成立中拉产能合作基金，总规模300亿美元，由国家外汇管理局与国开行共同出资。2015年6月，该基金在北京注册成立，首期资本金100亿美元，投资领域主要为物流、电力、信息三大通道，主要集中于制造业、高新技术、农业、能源、矿产、基础设施和金融合作等方面②。

---

① 2016年10月14日，国家开发银行王用生副行长在唐山参加第十届中国—拉美企业家高峰会的发言，http：//money. 163. com/16/1017/15/C3JE7C3B002580S6. html。

② 2015年12月，中拉产能合作基金完成了首单资金投放，为巴西伊利亚和朱比亚两座水电站30年特许运营权项目出资6亿美元，占股33%。

（二）战略协同约束

战略协同是实现中长期战略合作的基础，对合作双方具有较强约束力。

首先，战略利益互换会加强双边或多边的战略协同效应，在重大战略项目合作过程中，双方各自国家利益下的战略项目互换行为使得采取不利于对方的行为的可能性大为降低，因为这样也有损本国的国家利益。例如中俄能源合作中，即便俄方有意提高供油价格，也要考虑合约的稳定性及贷款利息支付，不敢贸然行动。

其次，策略互补可以避免道德风险的产生，特别是产业链上下游的市场互补策略，如果合作国出现单方面的道德风险，则会对上游或下游的项目整体产生风险，对自身也产生不利影响。例如中信泰富在澳大利亚铁矿项目的失败，既有自己尽职调查不够的原因，也有当地政府关注了解不够的问题，结果导致中国对澳大利亚整体铁矿投资止步不前，澳方经济增长动力降低、失业率上升。

最后，战略协同的风险约束机制具有自组织特点，在两国各自体系内部都会形成一个融合政府、金融、产业和社会的整体协调安排，加强合作有效性，避免出现矛盾冲突。缺乏该机制，则会导致合作不确定性，形成风险。例如中缅密松水坝项目，由于对环境问题考虑不足，使得系统自组织机制失灵，缅甸政府难以平衡国内不满情绪。对此，应考虑合作国的国家利益，立足于优先解决其民族矛盾和环境保护问题，再考虑利益平等共享机制等。

（三）市场激励约束

市场对资源配置的决定性作用，不仅表现为市场合作的内生激励机制，也表现为对市场风险的内生约束机制，开发性金融将市场激励约束的双重作用运用到国际合作项目之中，实现合作共赢。

首先，市场有内生的合作激励需求，合作国企业有与中国市场体系建立持久合作关系的自主性意愿，通过“廉价磋商”机制等多种方式给出真实意愿表示，可使中国与合作国共同采取真实显示偏好策略，实现合作激励相容。

其次，市场对风险的约束是硬约束，中国企业在合作国开展投资合作要面临多方面不确定性因素，尤其是市场风险波动较大时容易造成损失，如果中资因素较强，则市场风险与中国国内需求波动具有较高相关性，对金融机构及投资者而言都具有相对风险可控性和前瞻性，当然也要考虑国际化的风险分散必要性。

最后，开发性金融将市场激励约束纳入风险决策机制主要通过两个途径来实现：一是强调服务国家战略，将合作国项目需求与中国的中长期战略发展需求相结合，这样可以从市场供给稳定性和市场价格波动风险两方面保障投融资决策的风险可控；二是强调中资因素主导，保障中国企业在合作国项目中的主动性和可控性，借用国内企业信用逐渐孵化合作国项目自身信用，避免单纯国外项目合作中无法规避的商业或政治风险。

第三节　合作网络的正外部性理解

开发性金融“走出去”过程中很重要的两条原则就是“先义后利”和树立大风险观，合理掌控金融要素资源的外部性，尽可能激励合作国参与到全方位的合作过程中，实现共赢发展。这意味着中国将会逐步形成一个覆盖全世界主要新兴经济体、发展中国家及部分发达国家的全球性新型经济金融合作网络。为此，我们有必要对开发性金融在这一网络中的正外部性进行深入分析和理解。

一、大风险观与正外部性的定义

（一）如何理解大风险观

所谓大风险观，是指不局限于原有金融风险管理机制与体系框架下的约束，从整体大局上考虑综合成本与收益原则的现代化风控管理模式，以机构利益服务国家战略的理念，坚持算大账、算战略利益账，将支持合作国的可持续发展作为重点（不发展是最大的风险），构筑网络安全节点，形成符合国际合作要求的风险管理新机制。

这一风险观的提出有着深刻的历史背景和时代特点。

首先，人民币国际化正在不断深入，任何海外投资都可能面临人民币升值的汇率风险，金融机构尤其明显，这意味着必须加强风险管理能力，否则将导致发展不可持续。

其次，2008年全球金融危机及当前美国QE政策的逐步退出，使得广大新兴市场经济体及发展中国家始终处在一个资金供给不足且波动性较大的时期，如果没有长期稳定的国际资金供给，则将面临经济泡沫破灭及就业机会丧失的风险，“危中有机”是一个普遍现象。

再次，由于国内过去30多年城镇化发展的积淀和基础设施体系的不断完善，中国海外投资已经进入黄金十年，如果没有一个长期可持续的外部国际产业与资源供给环境，无法支撑中国与投资国建立一个具有长期战略伙伴关系的互惠互利经贸投资合作机制，也满足不了国内经济社会转型发展的要求，“时不我待”已经成为中国金融机构的必要认识，这将是中华民族伟大复兴历程中一个千载难逢的战略机遇期。

最后，开发性金融作为一种具有中长期运作特点的战略金融资源，本身具有一定的公共品特征，如果不能推动中国企业在“走出去”战略实施过程中建立具有正外部性的合作机制，将丧失其作为金融要素稀缺资源的战略引导地位和作用，必然造成显著的潜在金融风险（如合作国不配合或政治动荡等）。强调树立大风险观就是要发挥开发性金融在中国构建全球新型经济金融合作网络中的正外部性作用。

（二）如何看待正外部性

关于外部性的研究已经比较成熟。外部性又称为溢出效应、外部影响或外差效应，是指一个人或一群人的行动和决策使另一个人或一群人受损或受益的情况，分为正外部性（Positive Externality）和负外部性（Negative Externality）。就经济领域而言，正外部性是某个经济行为个体的活动使他人或社会受益，而受益者无须花费代价；负外部性则是对他人或社会造成损失而没有为此承担成本。开发性金融在“走出去”过程中并没有获得高额收益回报，还存在“以内补外”的现象，其正外部性体现在资金成本优势、大额长期优势、风险有效管控和市场化外溢效应等方面。那么，如何看待开发性金融“走出去”的正外部性呢？

首先，开发性金融的公共品属性决定了其具有正外部性。对于合作国而言，以国开行为代表的开发性金融机构作为国际资金供给渠道，不仅是中国最大的投融资合作银行，也是引导中国企业、金融机构参与合作国重要项目的商业化合作伙伴，不以追求利润最大化为最终目标，具有显而易见的公共品属性。这一特征表现为开发性金融将中国相对高储蓄率下的社会闲散资金转化为具有债券特性的中长期债权资金，代表了广大中国居民的社会财富当期积累，在支持合作国实现可持续发展利益的同时，也为跨代的中国居民争取到良好的国际合作发展空间。

其次，开发性金融要注意引导合作伙伴发挥正外部性。我们看到，中国企业在“走出去”过程中由于缺乏国际合作经验和足够的环保意识，往往在一些资源能源、基础设施、农业开发等项目中存在粗放经营和管理不善的情况，导致合作国认为这些项目的负外部性远大于期初的收益预期。例如，中国海外最大的铜矿项目——中铝秘鲁特罗莫克（Toromocho）铜矿由于排污等环保问题而被临时叫停开采①。为此，开发性金融在国际合作中必须事先对项目社会效益进行评估，引导合作伙伴考虑合作国整体利益，共同发挥正外部性，避免出现负外部性。

最后，合作网络对开发性金融正外部性具有增强作用。在合作国看来，与中国建立经贸投资合作关系，不仅是为了创造可观的外汇收入，也寄希望于能够围绕中国市场的巨大潜力尽可能搭建一个具有广泛互补优势的合作网络，以点带面，实现整合双边利益与资源的目标。因此，随着越来越多的国家在新时期与中国开展双边、多边经贸合作，在不同国家之间和一个国家内的不同领域之间都将逐步形成一个个合作的点。这些点不仅有利于中国，更有利于合作国。在此基础上，开发性金融参与其中将有可能获得巨大的增强型网络正外部性。

二、金融合作正外部性的内生化

经济学任务之一是明晰外部性产生机理，以促进制度创新。外部性内部

① 2008年5月，中铝公司以8.6亿美元收购加拿大秘鲁矿业公司，这是其多金属国际化发展战略中的一步。秘鲁特罗莫克（Toromocho）铜矿拥有铜金属资源量约1200万吨，设计年产铜精矿含铜22万吨，设计服务年限超过30年。该项目总投资35亿美元，其中，中国进出口银行和国开行自2008年以来陆续提供融资逾20亿美元。2011年，秘鲁曾兴起反对矿业开发的民众运动，但对这一项目造成的冲击有限。秘鲁能源及矿业部于2013年3月批准了项目的采矿计划许可，为期7年。当年12月，该项目拥有的全球最大单条铜矿选矿生产线投入运行。2014年3月31日，秘鲁环境部辖下环境评估与征税局（OEFA）通知中铝矿业国际子公司MCP在排水方面违反该国环境法律，要求暂停其开采相关工作。

化的本质是新制度产生，以提高经济效率与社会总体福利水平。根据内生外部性理论框架可以看到，产权界定不清、制度缺失而引发的交易费用高昂是导致外部性产生和无法内部化的根本原因。从传统理论看，外部性内部化的途径主要有庇古税或补贴、政府直接干预、产权交易、法庭谈判等。相比而言，建立合作制度，即产权交易的效果比较好。政府主要职责在于明晰产权、引导制度创新以降低交易费用，促成市场私有合约达成，而不是急于实施庇古税等规制措施。

（一）制度建设的逻辑框架

开发性金融的优势在于提供低成本、大额长期资金，但这种正外部性没有内部化，则不可持续。开发性金融“走出去”的正外部性要内生化，就是要建立一套新制度，不是单纯向合作国或合作伙伴征收庇古税，其核心是要通过与合作国的机制建设进一步降低开发性金融的资金成本，提高资金供给的稳定性，扩大资金供给对象的合作面，将开发性金融“走出去”资金的实际使用权归属于两国共同的合作项目。

但这一机制必须是市场化运作的，不是行政摊派行为，要基于合作国的自主风控意识提供更为优质的项目源，降低合作的风险系数，从而提升开发性金融“走出去”项目的市场信用，降低风险溢价，将目前单纯依靠中国国家信用转变为依靠双方合作的市场信用，通过政府组织增信孵化市场信用，进而实质上增加双方社会总体福利水平。

境外人民币是提高资金供给增量的一个重要途径，一方面可以增加世界范围内的国际储备货币选择，扩大人民币国际资金供给池，降低境外人民币筹资成本；另一方面可以实质性降低国际经贸投资当中对美元的内生性需求，建立人民币与美元之间合理的兑换汇率，使美元资金成本不至于由于退出 QE 政策而短期内上升过快。两者结合的效果就是降低双边或多边国际合作的整体资金成本。从目前看，中国与各国建立的人民币互换计划就是一个重要工具。

（二）高能量信用的引致效果

推动中国与合作国金融合作的正外部性内生化要发挥开发性金融的高能量信用优势。相比于其他国际资金，中国开发性金融资金的附带条件少，按照市场化、商业化原则运作，能够引入更多商业金融资源，不局限于政策性项目或援外项目，可以发挥类似“锚式商铺”（Anchor Store）① 作用。为此，合作国可以通过帮助其降低资金成本的方式，建立机制鼓励开发性金融加大资金供给量，吸引更多商业金融机构的加入，带来更多的项目合作机遇，提升整体合作的金融资源整合与配置效率。

具体而言，合作国可从以下三点着手考虑：一是尽可能提供优质的合作项目源，这是确保金融风险处于较低水平的前提；二是与中国央行适时签订货币互换协议，尽可能多地使用人民币资金，形成足够的人民币外汇储备；三是主动购买以中国开发性金融机构为代表的境外人民币债券，确保国开行始终在境外拥有较低的人民币资金成本。这实际上也降低了国际上对美元的需求，使美元利率不可能上升过快，进而降低了美元国际筹资成本。合作国通过合作实践可以认识到，购买国开行境外人民币债券，不仅支持中国发展，实际上更可以支持本国发展，因为这些债券的大部分资金将用于合作国的发展项目。如果基于期初的国家信用支持，双方政府通过组织增信，进一步通过优质项目源促使开发性金融在国际上拥有 AAA 的市场化信用，则低成本的资金将首先用于合作国项目，降低资金成本；加之这些项目往往具有投资大、周期长的特征，因而具有很好的扩展带动效应，能充分发挥“锚式商铺”作用，引致更多的商业合作项目，在实现了合作国经济发展机遇的同时，也将开发性金融“走出去”的正外部性加以内生化。当然，其必须把中国市场开放作为基础，因为合作国项目的出口需要中国巨大的市场潜力来承接。这表明，开发性金融“走出去”的最大风险防控对策和举措就是要始终保障好中国市场自身可持续的国际购买力，即城镇化与国际化之间有着密不可分的内生性关系，这是开发性金融“走出去”过程中金融合作正外部性内生化的本

---

① 锚式商铺（Anchor Store）是指具有正外部性的商铺，往往具有品牌、人气和规模等特征。Gould 等（2005）研究显示，将外部性作为内生要素纳入签约行为之中，是有效实现外部性内部化的重要前提。大型购物中心的锚式商铺吸引了大量客源，为非锚式商铺销售带来了巨大的促进作用，将刻画这种外部性的销量作为内生要素纳入商铺租金签约之中，相对于非锚式商铺而言，对锚式商铺设置较高销量阈值与按销量提取较低的租金费率，可以有效实现锚式商铺外部性内部化。实证研究表明，美国大型购物中心 2500 余家商铺中，无须缴纳租金的锚式商铺数量占统计的锚式商铺总数的 73%；占大型购物中心 58%空间的锚式商铺，其租金仅占总租金的 10%。非锚式商铺通过支付较高的租金获得了锚式商铺大量客源带来的外部性利益，锚式商铺通过少缴或免缴租金内部化了自身外部性。

质条件。

三、地理因素下的网络正外部性

网络外部性是新经济中的重要概念，是指连接到一个网络的价值，取决于已经连接到该网络的其他用户的数量。通俗地说就是每个用户从使用某产品中得到的效用与用户的总数量有关，用户人数越多，每个用户得到的效用就越高，网络中每个人的价值与网络中其他的数量成正比。这也就意味着，网络用户数量的增长，将会带动用户总所得效用的平方级增长。开发性金融“走出去”也是构建一个跨洲的开放式金融要素合作网络，与不同合作国之间多元化合作，形成了良好的网络正外部性，尤其是为提升各合作国项目的金融资源配置效率，搭建了不同领域、不同行业、不同机制的合作平台，成为一个个重要的网络节点。

（一）网络外部性与产品横向差异化

根据 Hotelling 线性城市模型（1929），产品横向差异化（Horizontal Product Differentiation）可以理解为生产同种产品的厂商之间的距离。这种差异是空间上的差异（Special Differentitaion）。因为距离产生了运输成本，不同位置上的消费者要支付不同的运输成本，他们关心的是价格与运输成本之和，而不仅只是价格。当生产同种产品厂商之间距离发生变化时，其间的网络结构也会出现变动，使得网络外部性增强或减弱。所有具有网络结构特征的产业都存在着这种特性。

汪淼军和励斌（2003）在 Hotelling 线性城市模型的基础上，通过模型构建深入分析了网络外部性和产品差异化之间的关系。他们指出，在局部均衡时网络外部性对产品横向差异化的影响是难以确定的，但是，如果满足一定条件，产品横向差异化是网络外部性的递减函数，均衡价格是网络外部性的递增函数。① 这是因为当网络外部性较小时，随着网络外部性（以用户数量代

① 模型中的条件为 $8\mu + \sqrt{64\mu^2 + 48rt} \leqslant 3t$，其中 μ 为网络外部性，t 为外生偏好参数，r 为消费者保留价格。参见汪淼军，励斌. 网络外部性、竞争和产品差异化 [J]. 经济学（季刊），2003（2）：365 命题 1. 不同的地方，由于不同的文化社会规范，形成不同的制度，决定了不同的交易成本，因而制度促使区域、城市等不同层面的“地方”主体成为经济发展的关键“地域尺度”。

表）增加，厂商自由选择厂址的范围缩小，此时厂商更有积极性向线性城市中间移动以便扩大市场。网络外部性与价格之间具有单调关系是因为此时的厂商处于垄断地位，网络外部性增加不能加剧厂商的竞争，从而增加消费者消费产品的效用，因此，厂商的最优策略是提高价格。但是，随着网络外部性的继续扩大，更多厂商加入使得原有厂商的垄断地位被打破，这种价格单调递增关系将不再存在。而在一般均衡模型中，产品横向差异化是网络外部性的递增函数。①

下面，我们结合图形来作一说明。

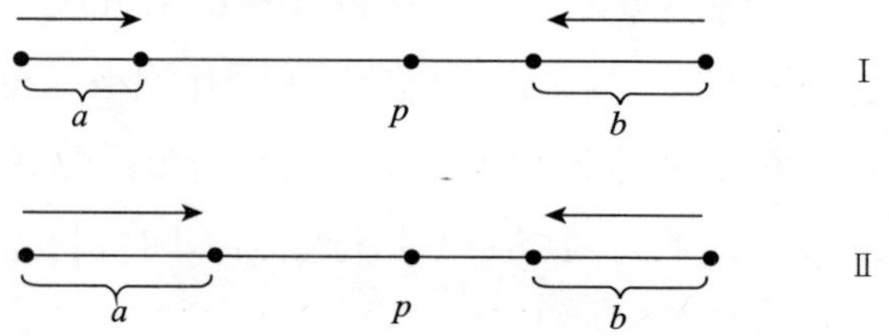

图 6-2　二阶段局部均衡的网络外部性与产品横向差异化

如图 6-2 所示，当市场处于二阶段局部均衡时，只有 a 和 b 两个厂商及消费者 p 。在消费者 p 看来，厂商 b 距离较近，因而会选择购买厂商 b 的产品。此时，厂商 a 和 b 的产品之间距离较远，产品横向差异化程度较大，因此厂商 b 存在垄断利润。但是，随着厂商 a 向线性城市中心靠拢，厂商 a 和 b 之间距离缩短，消费者 p 将可能选择购买厂商 a 的产品，网络外部性增强导致产品横向差异化程度降低，厂商 b 的垄断利润趋于下降。

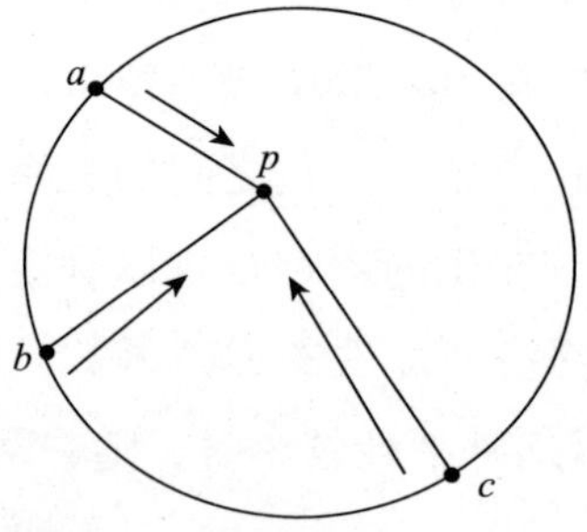

图 6-3　三阶段局部均衡的网络外部性与产品横向差异化

① 汪淼军．励斌．网络外部性、竞争和产品差异化［J］．经济学（季刊），2003，2（2）：365 推论 2.

如图 6-3 所示，当市场处于三阶段局部均衡时，市场中存在 a 、b 和 c 三个厂商及消费者 p ，构成一个圆形城市。这时，在消费者 p 看来，距离最近的可能是 a 或 b ，也可能是 c ，关键在于消费者能否准确地观察并估计出与三个厂商间的距离。此时，网络外部性与产品横向差异化之间的递减关系将呈不确定状态。因为网络外部性增强，三个厂商向圆形城市中心扩展，由于信息不对称，消费者 p 可能不能准确估计出最近的距离。但从整体上看，由于更多的厂商加入，网络外部性不断增强，消费者 p 在购买产品时选择余地增大。因此，在一定条件下，网络外部性与产品横向差异化之间仍将保持递减的关系。

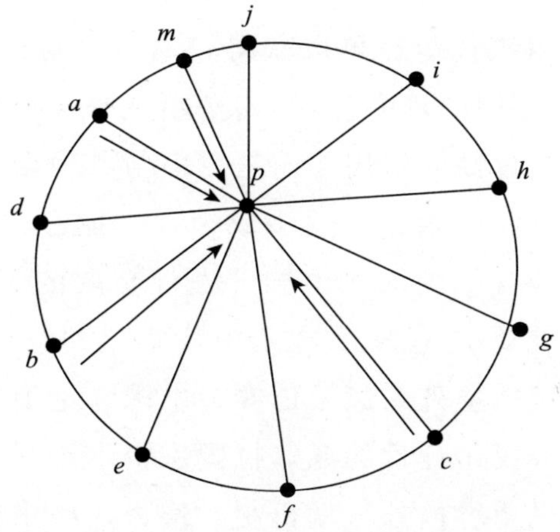

图 6-4　一般均衡的网络外部性与产品横向差异化

如图 6-4 所示，当市场处于一般均衡时，市场中存在 a ，b ，…，m ，…多个厂商和消费者 p ，并且各厂商间等距离分布（图中只是一个近似的表示，厂商 m 与其他各厂商间其实也是等距离分布）。这时，在消费者 p 看来，距离最近的只可能是厂商 m ，因为此时的网络外部性已经有了充分的提高，消费者 p 可以通过网络准确地获取信息，找到距离最近的厂商 m ，而不会选择其他厂商。因此，在网络充分发展的条件下（厂商等距离分布），当市场中存在众多消费者时，网络外部性的增强将使得每个消费者都能准确地找到距离自己最近的厂商，从而形成网络外部性与产品横向差异化之间的递增关系。如果我们将产品横向差异化（距离）理解为消费者对不同厂商的偏好程度（口味），则在一般均衡市场中，最终的情况将是每个消费者都能购买到完全符合自己需求的产品。

这表明，由于产品横向差异化的存在，厂商有可能在竞争初期保持一定的垄断地位，而网络外部性将位于厂商一方（给厂商带来利润）。但随着网络外部性的增加，竞争加剧，产品横向差异化的程度降低（国际经济与金融合作缩短了厂商间的距离），从而网络外部性所带来的效用将转到消费者一方。表现在开发性金融“走出去”过程中，一开始合作国本地金融机构会暂时取得金融服务的垄断优势，但是随着开发性金融参与合作国的项目，网络正外部性使得金融服务的供需双方及其各自内部之间的距离缩短，开发性金融提供金融产品和获取信息的运输成本在下降（由于政府组织优势，可以获得较高信息对称性），因而相比于其他国际金融机构，其拥有一定的初期垄断优势。但是，开发性金融作为新来者并不会收取过高的费用，而是更多与其他金融机构合作，增加合作国的金融厂商产品供给，并逐步成为一个地方化①的金融机构。因此，随着越来越多的合作国加入中国开发性金融的全球金融合作网络，各合作国的金融机构通过人民币这一国际货币建立一个共通的合作平台，如开发性金融机构境外人民币债券、中国（上海）自贸区国际金融资产交易平台、以人民币计价的亚非拉国家资本市场上市平台等，形成一个良性循环的人民币境内外流动机制，使得人民币的资金成本始终处于一个相对较低的水平，进而使得以美元为代表的发达国家资金成本也不至于过高。可以预见，在开发性金融“走出去”的合作推动下，这种日益增加的网络正外部性将由于全球各合作国金融厂商的竞争转向消费者一方（合作国本身项目），进而降低国际融资的交易成本。当市场最终达到一般均衡状态时，每个消费者（合作国）都将能通过开发性金融所推动搭建的跨洲开放式金融要素合作网络找到适合自己的金融产品。

---

① 不同的地方，由于不同的文化社会规范，形成不同的制度，决定了不同的交易成本，因而制度促使区域、城市等不同层面的“地方”主体成为经济发展的关键“地域尺度”。

（二）网络外部性与产品纵向差异化

根据汪森军和励斌（2003）的模型，产品纵向差异化（Vertical Product Differentiation）可以理解为生产同种产品的厂商之间的质量水平差异。他们指出，当市场被局部覆盖时，如果生产成本是对称的（$C_1 = C_2$），那么网络外部性并不会影响产品的纵向差异化，但是厂商质量水平本身都是网络外部性的递增函数；如果生产成本是不对称的（$C_1 \neq C_2$），则产品纵向差异化是网络外部性的递增函数；如果市场局部被覆盖，社会福利是网络外部性的递增函数。① 此外，当市场均衡时，如果厂商产品之间质量水平差异不大，则至少有一家厂商会尽可能地扩大产品横向差异化，以避免价格竞争；如果两个厂商技术水平相差比较大，则有质量优势的厂商（C_i 较低的企业）会适当减少产品横向差异化，以扩大市场份额。②

这表明，局部市场均衡时，产品纵向差异化与产品横向差异化之间有可能存在一定的替代关系，产品纵向差异化的增加可能减少产品横向差异化的程度。由于产品纵向差异化是网络外部性的递增函数，因此随着网络外部性的增强，将促使产品横向差异化程度进一步降低，进而循环增强网络外部性，促进交易成本的降低。这样，网络外部性所带来的效用将在拥有质量优势的厂商和其消费者之间形成互动的良性循环，进而改进社会福利。表现在开发性金融“走出去”过程中，在与合作国开展金融合作的初期，与该合作国本地金融机构之间的产品与服务质量差别不大，因而距离和运输成本（产品横向差异化）是开发性金融借助网络正外部性获取收益的来源，即比合作国本地金融机构拥有更高信用和资金供给量，以及与中国产业投资之间的密切合作优势等。但随着市场竞争的加剧，开发性金融的网络正外部性将向消费者转移，产品横向差异化的优势逐渐减小，而这时开发性金融想要继续获得网络正外部性，必须从提高自身金融产品和服务的质量优势出发，增强纵向差异化优势，吸引更多的消费者（合作国），从而形成互动的网络正外部性，增加总体的社会福利。

---

① 厂商生产函数是 $C(S_i) = C_i S_i^{\ 2}$，其中，S_i 指厂商产品的质量水平。参见：汪森军，励斌．网络外部性、竞争和产品差异化［J］.经济学（季刊）2003，2（2）：36 推论 3.

② 汪森军，励斌．网络外部性、竞争和产品差异化［J］.经济学（季刊），2003，2（2）：370 引理 6.

因此，开发性金融是一个全球性和地方化的金融产品与服务提供商，各合作国金融机构也会逐步被纳入这个跨洲的开放式金融要素合作网络之中，在经济全球化大潮下，根据地理因素的差异性形成不同地区的综合多点资金供给。

（三）地理因素对网络正外部性的影响

网络的正外部性在不同地理区域的合作节点和效用价值是不一样的，要建立共通的机制和平台，鼓励与各合作国开展创新合作模式，吸引更多当地金融机构加入开发性金融的跨洲开放式金融要素合作网络，这是促使这一网络正外部性更加有利于合作国的重要途径。

首先，要激励合作国，让其能够认识到网络的正外部性在于有更多国家愿意加入开发性金融的国际合作网络中，获取更多市场信用价值，这将引致网络的正反馈效应①。

其次，这一网络效用价值体现为多方资金供给条件下的低成本趋势和互补性资源整合下的合作国项目风险减少，尤其是跨国规划合作项目，需要建立合作平台节点管理机制，统筹不同地理区域范围内具有不均衡性特征的各种融资风险防控模式。

再次，产品横向差异化对于跨洲、跨区域运作的开发性金融是重要的初期垄断优势，由于全球金融要素配置的不均衡性，使得不同地区政府组织优势下的信息对称性显得尤为重要，这正是开发性金融跨洲开放式金融要素合作平台的特有功能，其中，地理因素影响下不同合作节点的汇总集成功能是关键。

最后，从长期看，合作国加入这一网络的积极性主要在于能够获得的融资总量规模、总体资金成本、融资模式与条件、融资渠道长期稳定性等，单纯依靠中国开发性金融机构一家是无法支撑这么多合作国的发展需求的。因此，在这个网络正外部性积累扩大的过程中，需要更多来自各合作国的金融服务机构，开发性金融通过引导合作国金融机构的方式，可以为消费

① 网络外部性将引致正反馈。简单地说，正反馈就是我们通常所说的“强者更强，弱者更弱”的“马太效应”（Matthews Effect），在一定条件下，优势或弱势一旦出现，就会不断加剧和自我强化，出现滚动的累积效果，在极端的情况下，可能导致“赢家通吃，输家出局”。正反馈的前提条件是边际收益递增，这是信息经济和网络经济中所特有的规律。

者（合作国）提供就近选择的优势，并加强自身业务模式整合与创新，逐步培育出纵向差异化优势，为合作国提供更好的金融服务。

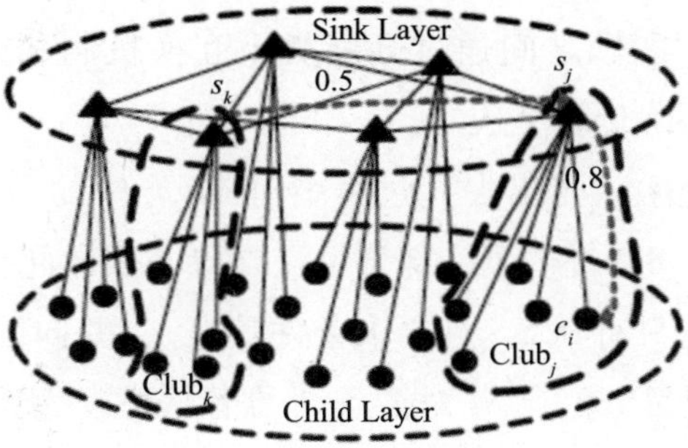

图 6-5　跨洲的开放式金融要素合作网络平台

资料来源：张煜，林莉，怀进鹏，李先贤，钟亮．网络环境中信任—激励相容的资源分配机制［J］．软件学报，2006，17（11）：2247.

在考虑引入地理因素情况下，开发性金融正外部性影响效果到底是如何在横向差异化和纵向差异化之间实现平衡的呢？关键在于合作国对开发性金融所能提供的正外部性价值如何评估，在何种条件下能够使这种正外部性最大化。如图 6-5 所示，借鉴张煜等（2006）关于在网络环境中基于信任—激励相容的资源分配机制研究①，开发性金融的跨洲开放式金融要素合作网络平台可以看成有两个资源管理层结构体系，上面是汇点层（Sink Layer）②，下面是子点层（Child Layer），每个子点选择距离最近、最可信的汇点作为自己的父节点，共享资源与信息，一个汇点及选择它的多个子点构成一个 Club，假设汇点 S_j 对子点 c_i 的直接信任度是 0.8，都属于 Club_j，汇点 S_k（属于 Club_k）认为汇点 S_j 的推荐信任度是 0.5，则汇点 S_k 对 Club_j 中子点 c_i 的信任度为 $1-(1-0.8)^{0.5}=0.55$。

进一步分析如下：

第一，在开始阶段合作国企业往往选择发达国家进行融资，因为服务距离比较近，资金成本低，相对便利，但缺点是条件要求比较高，存在不稳定

① 张煜，林莉，怀进鹏，李先贤，钟亮．网络环境中信任—激励相容的资源分配机制［J］．软件学报，2006：17（11）：2245-2254.

② 汇点为信用评价参数较高的节点，可以设定相应的阈值加以评估。

性，且资本市场要求高。

第二，开发性金融属于高信用、条件少、周期长、资本化的金融要素，具有横向差异化优势，成为网络节点合作国的优先选择对象，形成了汇点 S_j，为了加强合作效果，两国之间通过开展货币互换机制和产业链上下游合作，产生汇点效应，循环降低资金成本。

第三，开发性金融“走出去”过程中对 $Club_j$ 中的子点 c_i（合作国项目）直接信用度判断为 0.8，提供了一部分融资支持（假设此时合作国外资或本地金融机构认为信用度只有 0.5，且要求条件较高），并向国内资金提供者（属于 $Club_k$）推荐该项目，汇点 S_k 对汇点 S_j 推荐信任度为 0.5，由此对 $Club_j$ 中的子点 c_i（合作国项目）间接信用度判断为 0.55，并据此愿意提供一定的资金支持（如购买债券、存款等），则形成开发性金融的横向差异化优势，此时，处于合作网络中的其他国家（汇点）对开发性金融在汇点 S_j 的推荐信任度可能小于 0.5，不构成竞争性关系。

第四，当加入合作网络的其他国家（汇点）由于资金供给能力增加或者信息不对称性减少，开始对汇点 S_j 提高推荐信任度时，开发性金融在汇点 S_j 的横向差异化优势可能会下降，因为这些国家金融机构可能距离更近或者更具有资金成本优势，此时合作国会评估开发性金融的网络正外部性大小，扩大选择面以降低机会成本。

第五，为了继续发挥在整个合作网络内的平台管理优势，开发性金融在汇点 S_j 必须要加快建立纵向差异化优势，并拓展该网络节点对 $Club_j$ 的覆盖面，提升综合金融服务水平，继续保持和扩大这种网络正外部性优势，尽快取得合理平衡，并引入相关其他国家作为合作伙伴，力争推动形成正反馈效应，有利于合作国继续选择开发性金融作为长期合作对象。

我们可以看到，网络环境中信任—激励相容的资源分配机制，即通过分散性决策，使得每个节点都具有更高效的资源配置能力，将收益原则和信任度原则进行合理平衡之后，获得总体更大利益的统一目标，从而将外部性加以内部化。因此，中国相比美国、日本、英国、德国等老牌资本主义国家，只是这个网络平面节点中的一个新兴节点，正在参与构建一个新型国际经济金融合作秩序，要采取信任—激励相容的资源分配模式，而不是像美国一样仅依靠信任度，也不是像日本一样仅依靠竞标价格，而是在信任度基础上相机抉择，激励各相关国家参与到这一新型合作网络之中，并且贡献出更多资源和力量，促进相互信任、彼此协作，打破原有国际分工格局，搭建与发展中国家共同发展的开放式金融合作网络平台。

第四节　案例分析：中国—巴西石油合作

为了更好地理解开发性金融“走出去”过程中与合作国之间双向协同激励机制的内涵理论思想，这里选择了中国—巴西石油合作（以下简称“中巴石油合作”）这个比较有代表性的案例进行深入分析，便于从中观察其内在规律，了解合作国的发展诉求与合作切入点。

一、案例概况

2009 年 5 月 19 日，时任巴西总统卢拉访华期间，在两国元首见证下，国开行与巴西国家石油公司（Petrobras）① 签署 100 亿美元融资协议。在 10 年的贷款期限内，巴西国家石油公司第一年向中国供油 750 万吨，并在随后 9 年内每年供油 1000 万吨。这次融资促成巴西国家石油公司在两个深海石油区块与中石化开展合作，使中国企业首次进入巴西深海石油勘探开发领域。当天，时任国务院总理温家宝会见卢拉总统时指出：“即将签署的石油和融资方面的合作文件，将保证巴西对中国长期稳定的石油供给”；“两国金融合作取得积极进展，为进一步扩大和深化双边务实合作发挥重要作用”。巴西国家石油公司有关负责人则表示，与包括中国在内的国家和地区的合作，在石油开采上的中长期收益是可观的。

国开行按照“规划先行”的要求，以服务国家战略利益为己任，利用中国与巴西之间的互补优势，通过金融创新和信用建设服务中国全球化战略布

---

① 巴西国家石油公司（Petrobras）成立于 1953 年 10 月 3 日，简称巴西石油公司，是一个以石油为主体、上下游一体化跨国经营的国家石油公司，2013 年世界 500 强排名第 25 位（2009 年为第 34 位），是仅次于埃克森美孚石油、苹果公司和中石油的世界第四大公司。该公司不仅参与石油政策的制定、执行，还统管巴西石油的勘探、开发、生产、运输及企业的经营管理，是巴西政企合一的国营企业。巴西的石油工业始于 19 世纪末期，1953 年 10 月，巴西政府宣布石油工业国有化，规定石油资源为国家所有。1997 年巴西政府颁布第 9478 号法令，规定自 1997 年 8 月 6 日起，在石油管理领域实行政企分开，在巴西矿业能源部增设巴西国家石油管理局（Agencia Nacional do Petroleo，ANP），负责巴西石油政策的制定和行业监督管理。

局。在前期充分调研基础上，选择和搭建融资平台，创新融资和信用结构，不但落实了高访成果，而且助推中资企业“走出去”，实现中国能源来源多元化，助力中国经济复苏，拓展了人民币国际化空间。同时，巴西也扩大了商品出口，增加了外汇收入，加快了基础设施建设，增加了当地就业，促进了经济的发展。中巴石油合作已成为南南合作的典范。

巴西在2003—2008的五年内经济增长势头良好，年均经济增长率在3%~5%。2008年，巴西经济总量达到15761亿美元，人均GDP突破8000美元，经济增长以国内消费为主，是拉美最大的经济体。巴西铁矿和铌矿储量均居世界第一，农林业和水利资源极其丰富。标准普尔2009年4月重申巴西信用等级为投资级，即BBB-。2009年上半年，中国首次超过美国成为巴西最大贸易伙伴。相比巴西丰富的资源，其国内较少的外汇储备①、出口产品结构单一②和落后的基础设施③正好与中国对能源的巨大需求以及在基础设施建设过程中积累的丰富经验形成互补。

2009年5月，时任巴西总统卢拉访华期间还主动提出用巴西雷亚尔与中国人民币进行双边直接贸易结算，建立货币互换机制，有效应对国际金融危机冲击。当时巴西的外汇储备在2000亿美元左右，只相当于中国的1/10，但巴西经济还存在着大量的外部需求，其外汇储备在美元贬值的情况下并不充裕，因此使用人民币和巴西雷亚尔能够缓解巴西外汇储备不足的问题，以备不时之需。随着中巴双边贸易往来日益密切，中国自2009年起成为其第一大出口国，2011年巴西向中国出口了443亿美元的商品，同比增长43.9%。2012年，中国取代美国，成为巴西最大进口来源国。2013年3月26日，中国人民银行正式与巴西中央银行签署了中巴双边本币互换协议，互换规模为1900亿元人民币/600亿巴西雷亚尔，有效期三年，经双方同意可以展期。

中国对金砖国家出口增速较快，以2011年数据为例，中国对巴西出口增

---

① 2008年巴西外汇储备比2007年仅增加了7.46%，达1937亿美元，与其15761亿美元的GDP相比显得较少，而其外债余额为1983亿美元，抵御外部冲击的能力较弱。

② 2008年巴西货物贸易出口1979.4亿美元，矿产品、运输设备和农产品是巴西的主要出口商品，占总出口商品的41.6%，当年贸易顺差247.5亿美元。

③ 巴西基础设施不健全，运输服务不完善，收费高，是世界上收取公路建设费最高的国家之一，铁路建设比较落后，客运铁路几乎没有，而且没有形成全国性的铁路运输网络，港口系统发展滞后，当时吞吐量已处于饱和状态，设备陈旧，货物时有积压。

长30.2%，对印度出口增长23.5%，对俄罗斯出口增长31.4%，都快于中国整体20.3%的出口增长率，为加快人民币国际化进程提供了巨大的实际经济需求基础。截至2014年3月，人民银行已与21个国家及地区的中央银行分别签署了货币互换协议，规模共计约2.55万亿元人民币。2014年3月，中国国家主席习近平访问德国，推动人民币离岸中心制度建设，在两国首脑出席的签字仪式上，中国人民银行与德意志联邦银行签署了在法兰克福建立人民币清算安排的合作备忘录，两大银行决定共建一家清算银行，对人民币离岸交易进行清算和结算。同年4月底，德国复兴信贷银行在法兰克福首次发行规模为10亿元人民币债券，即“歌德债券”。人民币离岸清算中心的建立将极大推动人民币的国际化进程。中国人民银行与世界各国及地区央行的货币互换如表6-2所示。

表6-2　中国人民银行与世界各国及地区央行的货币互换

序号	国家、地区的央行及货币当局	签署时间	流动性支持规模	有效期	备注
1	韩国银行	2008年12月12日	1800亿元人民币/38万亿韩元	3年	已失效
		2011年10月26日	3600亿元人民币/64万亿韩元	3年	续签并扩大规模
2	香港金融管理局	2009年1月20日	2000亿元人民币/2270亿港元	3年	已失效
		2011年11月22日	4000亿元人民币/4900亿港元	3年	续签并扩大规模
3	马来西亚国民银行	2009年2月8日	800亿元人民币/400亿马来西亚林吉特	3年	已失效
		2012年2月8日	1800亿元人民币/900亿马来西亚林吉特	3年	续签并扩大规模
4	白俄罗斯共和国国家银行	2009年3月11日	200亿元人民币/8万亿白俄罗斯卢布	3年	—
5	印度尼西亚银行	2009年3月23日	1000亿元人民币/175万亿印度尼西亚卢比	3年	—
6	阿根廷中央银行	2009年4月2日	700亿元人民币/380亿阿根廷比索	3年	—

续表

序号	国家、地区的央行及货币当局	签署时间	流动性支持规模	有效期	备注
7	冰岛中央银行	2010年6月9日	35亿元人民币	3年	—
8	新加坡金融管理局	2010年7月23日	1500亿元人民币/约300亿新加坡元	3年	已失效
		2013年3月7日	3000亿元人民币/600亿新加坡元	3年	续签并扩大规模
9	新西兰储备银行	2011年4月18日	250亿元人民币	3年	—
10	乌兹别克斯坦共和国中央银行	2011年4月19日	7亿元人民币	3年	—
11	蒙古国中央银行	2011年5月6日	50亿元人民币	3年	
		2012年3月20日	100亿元人民币/2万亿图格里克	3年	续签并扩大规模
12	哈萨克斯坦共和国国家银行	2011年6月13日	70亿元人民币	3年	—
13	泰国银行	2011年12月22日	700亿元人民币/3200亿泰铢	3年	—
14	巴基斯坦国家银行	2011年12月23日	100亿元人民币/1400亿巴基斯坦卢比	3年	—
15	阿联酋中央银行	2012年1月17日	350亿元人民币/200亿阿联酋迪拉姆	3年	—
16	土耳其中央银行	2012年2月21日	100亿元人民币/30亿土耳其里拉	3年	—
17	澳大利亚储备银行	2012年3月22日	2000亿元人民币/300亿澳大利亚元	3年	—
18	乌克兰国家银行	2012年6月26日	150亿元人民币/190亿格里夫纳	3年	—
19	巴西中央银行	2013年3月26日	1900亿元人民币/600亿巴西雷亚尔	3年	—
20	英格兰央行	2013年6月22日	2000亿元人民币/200亿英镑	3年	—
21	欧洲中央银行	2013年10月9日	3500亿元人民币/450亿欧元	3年	—
规模共计			25562亿元人民币	—	—

注：与中国人民银行签署货币互换协议的国家、地区央行及货币当局中，亚太地区包括韩国、中国香港地区、马来西亚、印度尼西亚、蒙古、新加坡、新西兰、乌兹别克斯坦、哈萨克斯坦、泰国、巴基斯坦、阿联酋、澳大利亚；欧洲地区包括欧盟、英国、白俄罗斯、土耳其、冰岛、乌克兰；美洲地区包括阿根廷和巴西。

资料来源：根据中国人民银行资料和数据整理。

2010 年，中国 3%的国际贸易是通过人民币结算的，而到 2013 年底，这一比率上升到了 16.5%。2013 年，人民币已成为世界第 9 大交易货币。2014 年，国际经济往来中使用人民币的意愿和实际需求有望继续扩大，当年底人民币国际化指数（RII）攀高至 2.47①。《人民币国际化报告（2013）》显示，2030 年至 2040 年间，人民币国际化指数将上升到不低于 20%，从而推动国际化货币体系从以美元为主，欧元、英镑和日元等共同作为国际储备货币的“一元多主”现行格局，转化为美元、欧元和人民币“三元制衡”的新格局。未来 30 年左右是人民币国际化战略机遇期，第一个 10 年通过货币结算助推周边化；第二个 10 年拓展到金融交易和投资领域，助推亚洲区域化；第三个 10 年全面进入外汇储备，实现货币全球化。

二、总体模式

中巴石油合作的总体模式是以商业化运作和谈判为基本原则，基于两国实体经济需求、政府合作意愿、企业积极性及金融机构深度参与，在较短时间内形成的运作机制，具有较高的商业参考价值②。

（一）总体架构

开发性金融构建了新型国际金融治理秩序下的中巴国家信用合作模式和市场化运营机制，可归纳为“政府推动、企业决策、市场运作、互利共赢”。具体表现在：一是作为两国政府间合作项目纳入中巴高委会合作框架内；二是双方主管部门对口协调，各自内部立场和工作进度，对该项目给予大力支持；三是银行助力企业实现谈判预期目标，在中石化与巴西国家石油公司进

① 人民币国际化指数（RII）是指从国际货币职能角度出发，综合人民币各项职能的全球占比，客观、动态、科学描述人民币国际化程度的指标数据。RII 出自中国人民大学编写的《人民币国际化报告（2012）》。该指数的编制由三级指标体系构成：第一级指标衡量人民币的国际计价支持功能和国际储备功能；第二级指标包括贸易、金融、官方外汇储备等数据；第三级指标则反映货币的国际化程度。根据上述指标，截至 2012 年第四季度，全球主要货币的国际化程度分别为美元 52.34%，欧元 23.60%，日元 4.46%，英镑 3.98%；人民币自 2010 年初至 2012 年底，国际化程度从 0.02%上升到 0.87%。

② 中国—巴西高层协调与合作委员会（简称“中巴高委会”）于 2006 年 3 月 24 日在北京举行第一次会议，由时任中国国务院副总理吴仪与时任巴西副总统阿伦卡尔共同主持会议。该委员会是协调和推动两国关系全面发展、加强双边战略伙伴关系的重要平台，下设两国间政治磋商、经贸混委会、科技混委会、空间技术合作项目协调委员会、文化混委会和农业联委会等六个双边合作分委会。

行原油贸易和石油勘探开采、石化、产品及总承包的谈判过程中，国开行积极发挥融资推动作用，促进中资企业谈判取得预期成效；四是政府对贷款额度、原油贸易以及一揽子合作协议签署等重大问题进行统筹协调。

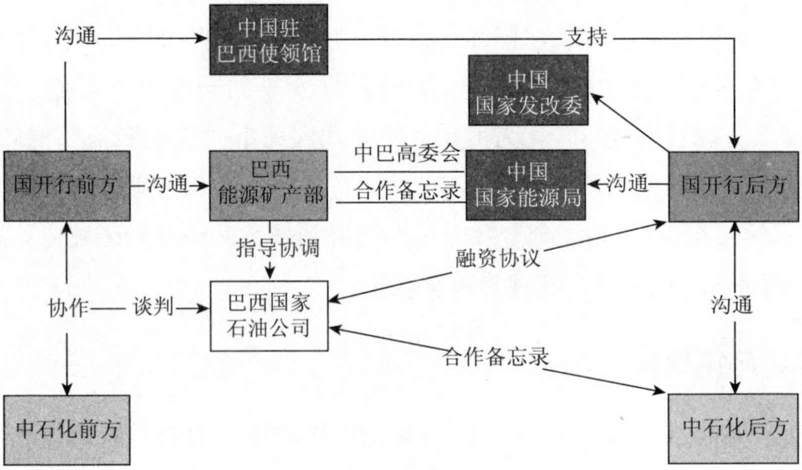

图 6-6　中巴石油合作的总体框架流程

如图 6-6 所示，中巴石油合作的总体流程是：

第一，国开行前方和中国驻巴西使领馆进行沟通，汇报项目有关情况，使领馆表示支持国开行与巴西国家石油公司的合作。

第二，国开行前方与巴西能源矿产部就时任总统卢拉访华期间与国家能源局签署能源、矿产领域合作备忘录的有关事宜进行沟通。

第三，国开行前方与中石化巴西子公司协作，形成合力，同时与巴西国家石油公司展开谈判。

第四，国开行后方向中国有关部门汇报与巴西国家石油公司的合作情况，得到政府的支持与指导。

第五，国开行后方和中石化后方沟通原油进口和签约条款等有关情况。

第六，各方合作取得丰硕成果，中国国家能源局和巴西能源矿产部签署合作备忘录；中石化和巴西国家石油公司签署合作备忘录；国开行和巴西国家石油公司签署 100 亿美元融资协议和 200 亿元人民币融资合作备忘录。

（二）融资模式

融资规划是把科学发展规划落到实处的重要保障，也是开发性金融“规划先行”理念与经济社会发展规划的显著区别。国开行从项目规划阶段开始就对资金的来源及总量、期限、结构等做好规划，构造合理的信用结构，将防范风险的环节向前延伸，使金融与经济社会发展更好地结合。在与巴西国家石油公司达成合作意愿后，国开行对谈判目标、融资结构、贷款定价等进行情景分析和深入论证，结合贷款安全和推荐中资企业全面介入巴西投资计划，提出两套融资方案。

方案一：完全基于巴西国家石油公司向中国出口原油的销售收入进行还款的融资方式。

方案二：主要基于巴西国家石油公司向中国出口原油的销售收入，并结合其自由现金流的融资方式。此方案主要考虑到当时情况下巴西国家石油公司向中国出口的原油量还比较小，一旦未来向中国出口原油的销售收入有大幅度提高，即可以转变为方案一。

在与巴西国家石油公司谈判过程中，国开行始终坚持市场化利率，最终不但获得了中国需要的原油进口和设备出口，还获得了较高的利息收益，为今后人民币融资预留了合作信用空间，成为人民币国际化的重要一步。此外，对于投资额度大、可以独立进行经营、中巴企业合资建设运营的项目，如采购设备、建设大型炼油厂、石油运输管道等项目，双方可单独进行融资谈判，与石油贸易融资进行分离。

（三）还款来源

合作初期，巴西国家石油公司就提出自身已经很多年没有做借款人，希望用其下属的子公司 PIFCO 做借款人，母公司提供担保。为最大程度保障贷款安全，最终经过谈判，巴西国家石油公司同意其自身作为项目借款人。根据方案，中巴石油合作的 100 亿美元主要有两个还款来源：一个是巴西国家石油公司将石油出口给中国的销售收入，另一个是公司自身经营过程中所产生的自由现金流。从整个还款周期看，贷款期限长达 10 年，有效覆盖了该公司石油开采量“前低后高”的长周期现金流变化波动区间。

（四）信用结构

为了保证现金流的风险可控，国开行通过对中石化付给巴西国家石油公司的购油款归集账户管理和质押协议、巴西国家石油公司的偿债准备金账户管理和质押协议等手段控制未来油款销售现金流，较好覆盖了贷款风险。

（五）资金用途

中石化基于前期在中巴合作项目中树立的良好形象，创立了中资企业合作品牌，从而在石油贸易融资项目上与巴西国家石油公司展开了全面合作，对方同意使用100亿美元中的部分贷款从中国采购设备。这笔中长期贷款的用途主要有三个方面：一是用于巴西国家石油公司与中石化之间的石油贸易合作；二是用于新增石油区块勘探开发项目；三是用于石油开采设备及工程项目设施等采购。

三、主要特点

（一）新兴市场经济体主动提出合作需求

巴西国家石油公司是世界级的大公司，凭借不断发现的新油气资源和全球领先的深海石油开采技术，成为全球资本市场的宠儿。但是，美国次贷危机引发的全球金融危机，使巴西经济遭受重创，巴西国家石油公司也因石油价格不断跳水、欧美银行已经承诺的信贷资金无法到位、股票市场难以取得新的融资支持等不利因素而面临严峻的流动性风险，特别是以深海石油开采为重点的投资计划面临中断的危险。

2009年2月，时任中国国家副主席习近平赴巴西高访期间，时任巴西总统卢拉表示希望中方提供100亿美元融资支持巴西国家石油公司的投资计划，并认为在金融危机背景下，这笔贷款对于中巴两国的战略合作非常重要。因为，巴西国家石油公司是巴西加速经济增长计划的重要投资主体（需投资

1487 亿巴西雷亚尔，约占总投资的 29.5%)①，其新发现的油田将需要庞大的投资，如果不能有效推进开采计划，将直接影响到巴西经济增长的稳定性与可持续性。早在 2008 年 6 月，国开行前方工作人员即与巴西国家石油公司就融资合作开展首次会谈，宣介了开发性金融互利共赢的国际化理念和在中长期投融资领域的优势，就对方在造船、石油天然气、运输、港口、钻井平台、石化等领域与中资企业开展合作进行探讨，双方发现在能源领域有巨大的合作空间。此次会谈拉开了中国与巴西大额石油融资合作的序幕。

（二）把握战略机遇寻找项目合作切入点

面对次贷危机的冲击，国开行冷静观察，在危机中寻找机遇，基于充分调查分析完成了《金融危机对巴西的影响分析》报告，全面分析了金融危机对巴西的影响。

总体看，尽管危机对巴西的经济实体和金融领域造成巨大冲击，但不会造成新的经济危机；内需比例较大对巴西经济构成稳定支撑；出口产品和出口目的地多元化增加了经济的弹性；随着一系列措施逐步到位，巴西金融体系应该能够经受住这一轮金融风暴的冲击。为此，中国可以择机进入巴西资源和能源等重点领域，与其建立合作关系，提升中国开发性金融及商业金融机构在拉美地区的国际影响力。

2009 年 5 月的中巴 100 亿美元石油贷款合作就是在把握战略机遇基础上的一个重要项目切入点，为双方今后在能源及产业发展多个方面的合作打开了空间，为国开行在巴西的业务发展搭建了巴西国家石油公司这一重要的战

---

① 2007 年 1 月 22 日，时任巴西总统卢拉公布了加速经济增长计划（PAC），拟通过抑制公共支出、增加基础设施投资等措施，在其第二任期内完成 2007 年增长 4.5%，2008—2010 年年均增长 5%和通货膨胀控制在 4.1%~4.5%的目标。为保证优先投资项目的资金投入，政府拟将初级盈余由历年占 GDP 的 4.25%降到 3.75%，同时还将降低基准利率以减少投资成本。根据计划，巴西接下来 4 年里将基础设施投资集中在交通、能源、基础卫生、住宅和引水等领域的 300 个重点工程项目上，总投资 5039 亿巴西雷亚尔，其中联邦政府预算投资 678 亿巴西雷亚尔，联邦州、联邦企业和私人投资 4361 亿雷亚尔，巴西国家石油公司投资 1487 亿巴西雷亚尔。2010 年 3 月 29 日，巴西联邦政府公布了第二期经济增长计划（PAC2），预计 2011—2014 年巴西经济年均增长 5.5%，初级财政盈余占 GDP 的 3.33%，投资与 GDP 比率由 2010 年的 18%增加至 2013 年的 20%和 2014 年的 21%。该计划预计在 2011—2014 年期投资 9589 亿雷亚尔（1 巴西雷亚尔=0.60 美元），建设能源、住房和交通等重点项目，促进经济增长，其中各级政府预算支出 1770 亿巴西雷亚尔，国有企业投资 3000 亿巴西雷亚尔，私有部门投资 460 亿巴西雷亚尔，其他来自各类信贷和其他来源；2014 年后将继续投入 6316 亿巴西雷亚尔。整个计划的投资总额为 1.59 万亿巴西雷亚尔。

略合作平台。

（三）通过协同激励积极发挥合作外部性

中巴石油合作充分体现了“三个协同激励”，即政府协同激励、企业协同激励、金融协同激励。

首先，在政府协同激励方面，两国政府通过建立中巴高委会机制，实现了政府间高层协商沟通机制，为中巴大额石油合作的推进搭建了便捷高效的信息合作平台，为企业战略决策提供了有效的外部政策与信息支持。

其次，巴西国家石油公司与中石化之间在打开中国市场需求空间、基于股权合作的商业项目开发、产业链上下游价值互补、提升深海石油开采技术水平、装备配套及基础设施建设等方面有着广泛的产业协同合作空间，可以激励巴西更多企业选择中国作为新兴市场和战略投资合作伙伴。

最后，中国开发性金融机构利用在全球的合作网络，为中巴石油合作提供足够的金融资源，并且与巴西国家经济社会发展银行（BNDES）① 开展合作，如2011年4月金砖国家第三次峰会期间，中国国家开发银行、巴西国家经济社会发展银行、俄罗斯开发与对外经济银行、印度进出口银行和南非南部非洲开发银行5家银行在海南三亚签订了《金砖国家银行合作机制金融合作框架协议》，稳步扩大本币结算和贷款的业务规模，服务金砖国家间贸易和投资的便利化。

通过上述三个方面的协同激励，开发性金融“走出去”合作网络的正外部性得到了充分发挥，使得中国与合作国的战略合作从资源能源领域扩展到了基础设施、制造业、农业等更多具有共同合作利益的其他领域。

四、理论分析

（一）政府因素影响下的双向协同激励效果

在中巴石油合作中，我们可以看到政府在组织协调方面的推动力和两国企业、金融机构在合作上的双向协同激励效果。

---

① 巴西国家经济社会发展银行成立于1952年，是巴西和南美大型基础设施建设的主要信贷银行，从组织结构和功能上讲与中国国家开发银行具有相似性，属于政府的政策性银行，在国内发挥同样的战略支撑作用。其资金主要来源于大型养老基金、巴西政府以及巴西财政部，在基础建设长期信贷方面发挥了重要作用，每年融资支出约1000亿美元，同时有大约1200亿美元用于日后的项目审批。该行直接对巴西工业与贸易部及巴西总统负责，并接受中央银行和财政部的监督。

首先，政府始终给予高度关注和及时指导。中国政府对国开行认真贯彻国家“走出去”战略和能源资源战略、支持国内企业“走出去”给予充分肯定。时任国务院副总理王岐山批准把中巴石油合作项目纳入中巴高委会合作框架内并予以积极推动。时任巴西总统卢拉也指出中巴石油合作在金融危机背景下对于促进巴西政府实施加速经济增长计划（PAC）具有重要意义，可谓“雪中送炭”，对加强中巴两国战略合作与增强互信也十分重要。

其次，产业链上下游实现了双向合作协同。在金融协同上，国开行与巴西国家石油公司之间有200亿元人民币的贷款计划，可以服务于两国之间的货币互换合作，并且国开行与巴西国家经济社会发展银行也建立了合作关系；在产业协同上，双方形成了长期稳定的石油贸易合作框架，并在石油勘探、精炼、石化以及产品和服务等方面寻找到了互补性合作机会，巴西国家石油公司希望中国在巴西参与生产石油器械、钻探船和石油平台等；在市场协同上，中巴两国作为金砖国家，都属于出口规模较大的国家，且在产品出口类别上，例如石油贸易、机械设备、基础设施配套等，具有互补性特征；在信用协同上，中石化作为唯一石油贸易合作采购商是中巴石油合作的还款现金流主要来源，巴西国家石油公司同意提供账户质押，为大额长期融资提供了重要的信用支撑，也是中巴两国企业共同的市场信用；在地理协同上，巴西作为拉美重要的新兴市场国家，对于促进中拉战略合作具有关键引导作用，有利于中国企业在以巴西为代表的拉美市场寻找到更多的合作机会，形成双向的市场准入开放；在社会协同上，中巴石油合作可以让中国更多了解拉美国家的文化与社会，同时使拉美国家更多了解中国企业及华夏文明，促进双边社会与文化的协同发展。

最后，廉价磋商与机制设计都发挥了作用。2008年6月，国开行前方工作组与巴西国家石油公司就融资合作举行首次会谈，对方提出，希望国开行向其提供基于向中国出口原油的大额融资。这其实是一个典型的廉价磋商机制，巴西国家石油公司向国开行传递了三个重要信息：一是巴西国家石油公司是巴西加速经济增长计划（PAC）的投资主体，将投资1487亿巴西雷亚尔，占全部计划总投资的29.5%；二是巴西国家石油公司新发现的油田将需要庞大的投资，且双方在造船、石油天然气、运输、港口、钻井平台、石化等领域有广泛合作空间；三是巴西国家石油公司清晰表达了自己的未来发展战略、融资需求以及融资模式和偏好。因此，国开行通过建立内外部联合、前后方配合、总分行联动三大机制，极大提高了效率。2009 年 4 月初，国开行和巴西国家石油公司谈判处于胶着状态时，明确了先石油贸易，再区块整体及采购合作逐步推进的思路，通过让渡给合作国一定的谈判力量，使得谈判策略和目标变得更加清晰，使谈判步入正轨。可见，这个策略本身就是讲求激励相容的，先取其最需要的，即外汇收入，再谋求合作协调，将采购放在最后，循序渐进。

（二）共生合作需求是合作国自主加入动力

如果中国与合作国之间没有共生合作需求，只是单方面的发展需求，则即便短时间可能存在双边贸易或投资合作，但却不具有持续性，因为双方的需求不具有策略互补的市场价值，无法形成足够的激励相容机制，进而可能在双方长期合约的战略合作中出现道德风险。因此，如何寻找和构建符合双方长期战略利益的共生合作需求，是促使合作国始终愿意自主加入与中国有关的全球经济贸易合作网络的动力源泉，也是加入并参与完善开发性金融跨洲开放式金融要素合作网络平台的内在动因。在巴西国家经济社会发展银行行长科蒂尼奥（Luciano Coutinho）看来，中国和巴西经济有很多互补性，但双方经济合作应该超越互补性需求。从长期来说，中巴应该彼此互助，形成共生合作需求基础，为各自经济社会系统积聚更多的价值。他认为，除了铁矿石、石油等领域外，巴西经济在工业制造、农业、社会民生领域也有大量机会，中国企业可以投资这些领域，这将有助于推动巴西在产业价值链上向上转移。他说：“我们已经有太多资金，中国金融机构可以提供的帮助是一些长期项目。但事实上，我们并不需要更多资本，而亟须技术、合作以及创业精神，同时增加本国的储蓄。”① 否则，巴西会过分依赖外资，但这是不稳定的，在投资决策发生逆转时，经济会因此变得脆弱，并失去控制。同中国一样，巴西也有一个政府与市场相配合的组合政策，政府投资引导计划顺应市场中经济私营部门的协调需求，政府和市场之间的关系是协调的，这种共生

① 2011 年 4 月 12 日，巴西国家经济社会发展银行行长科蒂尼奥随同巴西总统罗塞夫（Dilma Rousseff）访华时在北京接受了财新网记者的专访。参见：巴西开发银行．中巴经济超越互补性[J].财新网，2011-04-15.

合作需求以市场导向为基础。

从合作效果看，一方面，通过与中方的合作，巴西扩大了具有战略价值的大宗商品出口，增加了长期外汇收入，加快了国内基础设施建设步伐，增加了当地就业机会，促进了经济可持续发展，巴西国家石油公司则在产业链开发上获得了重要战略合作伙伴，在原油炼化、工程承包和城市成品油管网改造等领域主动向中石化提供了大量的合作项目；另一方面，中石化借机进入巴西国家石油公司在深海油田区块的勘探、开发，参与深海油田开采技术学习与合作，实现了中石化进入巴西原油区块开采的愿望，在产业链价值创造上得以全面进入巴西石油市场，并且可以从设备采购需求订单中获得一定份额。因此，中巴石油合作也成为新时期加强南南合作的典范。

（三）合作网络的正外部性使金融风险可控

金融合作网络的正外部性不同于一般的经济合作或技术合作网络，其最关键的要素是较高的金融资源的可流动性，使其在运输距离和成本上具有天然的优势，但也必然形成一定的负面效果，就是资本自由流动的不确定性。因此，要真正利用和发挥好金融合作网络的正外部性，必须构建一个与实体经济需求相适应、比较稳定且具有可持续性的全球性金融合作网络，货币选择是其关键因素，公平性、公开性与公正性则是这一网络的重要法则，否则只会成为某些国家实现经济操控的国际工具。但是，从理论上讲，无论是人民币，还是巴西雷亚尔，目前都没有完全国际化，支付结算功能也非常有限，双方都存在缺乏足够强大的债券市场和其他成熟金融投资渠道等问题，使得其货币的储备功能与投资功能无法有效发挥，导致持有这些货币头寸的机构存在较大的市场风险，需要重点对开放本国金融市场和加快资本项目可兑换进行改革。

中国与巴西都是外向型经济程度很高的国家，实行货币互换有利于摆脱美元的束缚，更有利于两国的经贸往来。推动构建上述网络外部性的好处主要有三点：一是在大宗商品贸易中采用本国货币进行支付，有利于规避美元QE政策逐步退出及长期贬值趋势产生的国际交易汇率波动风险，加快扩大双边贸易总量，减少外汇储备的财富流失；二是两国从贸易合作扩展到投资合作可以加强产业链上下游的贯通，提升本国产业国际竞争力，扩大贸易合作的范围和领域，对方国家货币流入与到对方国家投资的同一货币流出保持相对平衡（即贸易和投资所组成的双边国际收支保持平衡），不会存在持久的、大量的对方货币头寸盈余，有效缓解当前短时期内难以解决的货币储备和金融投资功能缺乏等问题；三是中巴两国作为金砖国家，自身都具有较为强劲的增长潜力，近期内都是资本净流入的国家，中期两国货币都具有对美元相对升值的潜在趋势，所以，即使中巴之间国际收支不平衡，只要保证本国价格体系和金融体系的稳定，替代美元的机会成本就不会过大。

开发性金融在巴西的大额石油融资得到了两国政府有关部门的支持，加强了中巴双边合作；通过市场建设，全面了解和掌握了巴西市场；通过制度建设，打通了与巴西各方的沟通桥梁；通过信用建设，有效降低了贷款风险；通过规划先行，共同谋划未来合作空间；通过企业运作，推动双方加速进入国际市场；通过融资推动，获得了宝贵的石油资源，加快了人民币国际化进程。2009 年 9 月 6 日，人民日报以《走出去》实现了多赢——国家开发银行《以贷款换资源成功运作一批大项目》为题报道了国开行“走出去”的成功经验。时任国开行董事长陈元指出，用贷款换取资源，可以用资源来锁定风险，因为能源资源是中国经济发展所需要的，一半以上需从国外进口。因此，只要对中国经济持续稳定增长有信心，这类国际合作项目的融资风险能基本锁定。其基本的内在逻辑就是，双边贸易持续增长与人民币国际化深入发展是实现这一风险防控的前提条件。通俗地讲，就是要通过双边或多边货币互换机制安排，建立起全球的人民币“网络正外部性效应”，将开发性金融作为桥梁，引导合作国政府及商业金融机构加入以实体经济为支撑的贸易与投资合作经济网络，把握住当前欧美经济都在进行深度调整的机遇，推进人民币结算的“网络建设”。货币互换作为一种手段，尽管初期效果不明显，但随着双边合作范围的不断扩大，会逐渐形成人民币跨洲“交流”氛围，通过加快开发性金融合作，主动形成对巴西及其他伙伴国的贸易逆差，使人民币得到更多的有效输出和运用，增强人民币结算网络正外部性。但是，要保证人民币真正地“走出去”，还是要强化人民币的交易支付功能、储备功能和金融投资功能，这也是当前加快推进中国（上海）自由贸易实验区建设、深化利率市场化与资本项目可兑换机制改革的战略目标所在。

第五节 案例分析：中非发展基金

中国与非洲之间有着长期持久的良好政治互信关系，在经济领域也开展了有效合作，但相比于发达国家在非洲的影响，既有的援助模式并不能帮助非洲建立自身“造血机制”，只能维持“输血机制”。为此，中非发展基金应运而生，成为市场化、国际化、开放性推动中非战略开发合作的重要工具，是一种新型的“利他主义”合作模式。

一、案例概况

2006 年 11 月 3 日至 5 日，中非友谊和团结的盛会——中非合作论坛北京峰会暨第三届部长级会议在北京胜利召开，中国领导人和 48 个非洲国家元首、政府首脑或代表相聚北京，共叙中非友谊，共商合作大计，共谋未来发展。11 月 4 日，时任国家主席胡锦涛出席会议并发表重要讲话。他在讲话中提出，为推动中非新型战略伙伴关系发展，促进中非在更大范围、更广领域、更高层次上的合作，中国政府将采取八个方面的政策措施，其中第三项是“为鼓励和支持中国企业到非洲投资，设立中非发展基金，基金总额逐步达到 50 亿美元”。至此，中非发展基金这一饱含了无数人心血和非洲人民期盼的经贸合作新举措，终于由中国领导人正式对外宣布，成为国家意志和对非洲人民的庄严承诺。

2007 年 6 月 26 日，中非发展基金在人民大会堂举行开业仪式，这是中国第一只由国家主席宣布设立、由国务院领导（时任国务委员唐家璇）揭牌开业、对非进行直接投资、由国开行直接管理的政府性市场化运作基金，也是当时国内规模最大的直接股权投资基金。2015 年 12 月，习近平主席在中非合作论坛约翰内斯堡峰会上再次宣布，为支持中非“十大合作计划”实施，为中非发展基金增资 50 亿美元。基金总规模提升为 100 亿美元。截至当年末，中非发展基金累计决定对非洲 35 个国家的 80 多个项目投资近 32 亿美元，投资涉及基础设施、产能装备、农业民生、能源资源开发等多个领域。这些项目实施以后，可带动中国企业对非投资 160 亿美元，带动非洲当地就业 100 万人、增加当地出口创汇 20 亿美元、创造税收 10 亿美元，充分体现了中非新型战略伙伴关系互利共赢的精神实质，已成为中非战略合作的重要窗口和主力平台①。

二、总体模式

（一）合作机制

中国企业到非洲开展经贸活动、在非洲独资及与当地企业合作投资的项目进行参股投资，在帮助解决企业资本金不足问题的同时，也提供咨询服务，包括投融资方案设计、企业并购重组和上市咨询、经营管理咨询、投资环境与社会责任咨询等。

（二）投资方式

根据被投资企业和项目不同特点，灵活采取多种投资或组合投资方式，也可以"基金的基金"模式投资其他以非洲为投资对象的基金，具体可采取直接股权、优先股、可转换债、混合资本工具等准股权投资，以及基金投资方式，以新建项目、扩张期及成熟期企业的参股或兼并收购，以及部分风险投资项目为主。

（三）主要领域

重点以有助于改善非洲民生、增强非洲经济自主发展能力的行业和项目为投资领域，包括能够帮助非洲国家提高经济"造血机能"的农业和制造业，能源、交通、电信、电力等基础设施和基础产业，油气及固体矿产等资源开发，以及中国企业在非洲开办的工业园区等项目。

（四）运作模式

按照自主经营、市场运作、自担风险的原则进行投资运作和管理，作为财务投资人，原则上不控股、不做第一大股东，基本不参与日常经营，通过派驻董事、监事和财务总监等方式进行管理，投资期限主要为5~8年，一般不超过10年，以追求与风险相匹配的收益，不设保底收益要求。

---

① 中非发展基金达到50亿美元设计规模［EB/OL］. 新华网，http://news.xinhuanet.com/fortune/2015-12/03/c_128496455.htm，2015-12.

三、主要特点

（一）以解决合作国难点问题为切入点，发挥政府组织协调优势

只有围绕合作国政府的热点难点问题入手，才能更好地发挥政府组织协调优势，控制合作国项目的市场与政策风险。例如，加纳作为西非大国，电力供应短缺一直严重困扰其经济发展。2006 年 8 月，经中国民间商会介绍，加纳 TogbeAfede XIV 酋长邀请深能源到加纳进行电力投资，配合西非天然气管道建成后的使用。2007 年，中非发展基金与深能源集团共同投资一期 20 万千瓦的燃气发电厂，占加纳全国装机容量的 15%，2010 年 10 月，该项目正式投入商业运营。

加纳电厂项目是中非发展基金参与投资的首批项目，也是中国在加纳最大的投资项目之一，能够直接及间接解决超过 1000 名当地人的就业问题，大幅改善加纳乃至西非电力供应格局。尽管建设过程中，该项目碰到了基础设施配套不足、气源供应不稳定等诸多问题，但本着“尽早建厂、尽早发电、占领市场先机”的原则，中非发展基金和深能源通过与加纳总统、能源部长和当地酋长的积极协调，获得了加纳沃尔特河管理局的临时气源，进入试生产阶段，并创新尝试“投资+贷款”模式，由国开行提供配套项目贷款，获得了良好的市场和社会效益，得到了加纳前后两任总统的高度评价。

（二）注重非洲经济“造血机制”建设，以市场实现产业链整合

以中国市场体系的巨大内生性需求为主要出口，通过中国企业帮助非洲国家提升本国产业链价值水平，实现“造血机制”建设。例如，马拉维是联合国宣布的最不发达国家之一，棉花是其主要经济作物，全国种植面积约达 10 万公顷，涉及众多人口就业，属于国民经济的支柱产业之一，但由于育种、种植、加工等技术落后，产品出口以籽棉等初级产品为主，制约着经济发展和民生改善。

2007 年 12 月 28 日，中国与马拉维正式建交。2008 年 3 月，马拉维政府向中非发展基金提出，希望引入中国企业在当地建设棉花加工厂。

2009年6月25日，中非棉业马拉维棉花公司成立，由中非发展基金、青岛瑞昌棉业、青岛汇富纺织、中国彩棉集团等4家公司共同投资1900万美元（加上在莫桑比克的投资，共计3472.1万美元），通过创新组织“公司+农户”模式，由棉花公司提供种子、农药等生产资料，并负责按合同收购农民种植的棉花，发展种子优化、轧花、榨油、纺纱等产业，产品销售以中国市场为主，大幅提升马拉维棉花产业链深加工水平。该项目是中马建交后第一个投资合作项目，也是当时中国在非洲投资的最大农业项目，既将中国农业技术带入马拉维，提升产业链附加值，解决农民就业问题，又间接减少马方食用油进口，节省外汇支出，并有效弥补中国每年300万吨棉花供应缺口，为形成中非农业合作生产基地建设运营新模式提供借鉴。

（三）搭建合作国的市场激励约束机制，推动中非产业园区建设

要真正形成中国在非洲投资的可持续发展，促进中非经贸投资合作的有效融合，必须基于市场激励约束的内生性机制要求，以规划先行为手段，明确产业园区合作平台的定位、功能和发展战略，通过“投资+贷款+政府组织+市场运作”，形成高效率的园区招商与产业链价值开发。例如，埃及苏伊士经贸园区于1997年被纳入中埃双边政府合作，借鉴中国经济开发区模式，但受制于中国企业赴埃及投资热情不高而进展缓慢。

2008年，中非发展基金与天津泰达共同投资合作设立中非泰达投资公司，通过规划先行编制园区中长期开发远景规划，明确产业主导方向，将产业规划、土地规划和建筑规划统一起来，以“产业链上下游系统开发模式”统筹园区开发和招商运作，由项目平台公司控股埃及当地开发主体，具体负责项目建设与运营管理，国开行为园区内企业提供贷款支持，以市场的协同激励与约束机制为手段，形成“集群式”开发优势。同时，园区建设和管理是一件政府管理职能和商业开发并举的工作，为此，中非发展基金先后与天津市政府、埃及投资与自由区总局、苏伊士湾西北经济特区等建立合作关系，营造了良好的外部政策环境。

2009年11月，在中非合作论坛第四届部长级会议期间，时任中国国务院总理温家宝与时任埃及总理纳齐夫共同为项目揭牌。截至 2011 年末，园区起步区已累计完成投资 7000 万美元，吸引入园企业 26 家，中方企业计划投资 4.1 亿美元，占埃及全国吸引中方投资的 70%，提供就业岗位 1042 个，成为中埃双方共同打造的“红海岸边的投资孵化器”。

（四）促进资源开发与民生发展的融合，维护中国市场信誉能力

在海外投资过程中，不能单纯以资源获取为目的，必须与合作国民生发展等热点问题相结合，统筹考虑资源开发过程中的正外部效应，避免对环境造成巨大破坏，维护和改善中国市场的国际信誉与运作能力。例如，利比里亚铁矿资源丰富，矿石开采是该国支柱产业，邦州铁矿项目是该国最大的外商投资项目，20 世纪 90 年代因内战被关闭废弃，战后尽快恢复矿石开采成为该国政府和人民的愿望。

2009 年，中国一家民企中标负责独立开发，但受金融危机冲击无法履行支付矿权费的基本义务，导致利比里亚公共支出锐减，政府压力陡升，影响中利两国关系及该国政权执政基础。为此，中非发展基金临危受命，本着“确保矿权有效、严格控制风险”的原则，设立离岸公司结构，规避投资失败的连带风险，加紧与利比里亚政府谈判，扫除存在的潜在瑕疵，加强信息交流，使其认识到该矿山的巨大投资价值潜力，形成接力棒式开拓模式。该项目远景资源储量 40 亿吨，是中国企业第一个完全控股的海外特大型铁矿项目，能在较短时间内实现 1000 万吨产能，对拓宽国内铁矿石供应渠道具有战略意义，作为配套建设的电站也为当地工业和居民提供用电服务，成为改善当地民生和稳定中利两国关系的重要基石。2010 年 4 月，邦州铁矿项目举行启动仪式，瑟利夫总统出席并高度赞扬中非发展基金的先导作用，点燃了邦州人民心头黯淡的希望之火。

四、理论分析

（一）协同激励是防范金融风险的有效手段

开发性金融“走出去”面临诸多不确定性风险，如何发挥好与合作国之

间的协同激励机制是防范金融风险的有效手段。根据中非发展基金案例特点我们可以看到，协同激励机制存在于非洲业务开拓的各个方面。无论是加纳电力、马拉维棉花，还是利比里亚邦州铁矿，都是从非洲国家关注的难点热点问题入手，使得合作国政府从满足自身民众发展意愿的角度出发，不愿意也不会提供虚假信息，只会给出真实意思表示，采取积极配合的态度与措施，这有助于防范逆向选择与道德风险的产生，促进具体项目与中国市场体系之间的融合，使双方都将真实显示偏好策略作为占优的均衡策略，实现激励相容的机制设计效果。

作为配套，开发性金融内部“投贷协同”机制使得在非洲尤其难以处理的合格法人治理结构问题得到有效解决，通过商业谈判和“廉价磋商”机制，投资者在中非发展基金带动下可以获得真实有效的信息，做出可靠的投资决策判断，搭建符合中国开发性金融机构信贷要求的法人市场主体，在信用建设上实现突破。

（二）搭建网络是扩大合作层级的主要途径

非洲国家众多，开发性金融要吸引更多合作国加入中国金融要素的合作网络，提升对非长期战略合作的综合性、前瞻性与可持续性，必须搭建覆盖非洲各主要地区的合作网络，利用其正外部性，有效扩大和深化中国企业在非洲发展的合作层级，实现信用建设的进一步升级。

2009 年 3 月 16 日，中非发展基金第一个驻非洲代表处（南部非洲代表处）在南非约翰内斯堡成立，非国大总司库弗萨表示，对中国政府及企业在国际金融危机期间仍愿意加大对非洲的投资表示由衷感谢。随后，基金分别于 2010 年 3 月在埃塞俄比亚设立东部非洲代表处，2011 年 1 月在赞比亚设立中部非洲代表处，2011 年 11 月在加纳设立西部非洲代表处。基金将以实现覆盖非洲 5 个片区代表处格局为方向，进一步引导中国企业与当地合作国的投资与经贸合作。此外，基金与所有非洲国家驻华使馆建立经常性沟通交流机制，与肯尼亚、安哥拉、赞比亚等多个非洲政府签订合作协议，加强与非洲新伙伴计划、南共体、东共体、东南非共同市场、西共体等区域多边组织的合作，与非洲发展银行、南非标准银行建立金融合作网络，组织中国企业对非投资研讨交流论坛，成为中国企业与非洲合作的重要桥梁。

（三）合作共赢是发挥市场优势的目标所在

非洲国家自身市场潜力大，但受制于“造血机制”缺乏，一直沦为发达国家的资源供给地，在产业综合开发、国际市场拓展、人口城镇化进程和政治地位提升等方面没有得到很好的发展，处于相对弱势地位，一旦有巨大资源储藏被发现，就有可能成为发达国家竞争性开发的牺牲品，导致国家政治动荡。只有真正依托以互利共赢为目的的市场开发、法人治理建设、市场建设、信用建设与现金流建设，才能保障非洲人民始终拥有实现自身独立发展的自主权。尽管世界银行、发达国家、中国等一直以来对非洲给予了大量的“输血机制”式援助，但关键要形成良性的市场循环。因此，开发性金融在非洲推进合作的主要战略就是充分发挥中国市场的巨大内需优势，以合作共赢为主要目标，从资本金投入这一有效的“造血机制”手段为切入点，将中非发展基金作为投资合作平台，帮助非洲企业与中国企业共同合作建设产业链上下游体系，打开中国市场的消费需求空间，提升非洲国家的基础设施、基础产业和支柱产业等综合配套能力，提高非洲资源开发水平，使其不再与民生发展无关，不再是非洲人自己无法享用的财富。

由此可见，中非发展基金是开发性金融投向非洲的“种子基金”和“市场催化剂”，充分发挥了“四两拨千斤”的战略引导作用，与中国企业、非洲当地合作国之间形成了“你中有我、我中有你”的互利共赢格局。据初步测算，从2008年到2011年四年间，中国对非洲投资合计51.2亿美元（非金融类）。下一步，中非发展基金仍要坚持以大力提升非洲经济“造血机能”为目标，立足于中非双方发展需求和政府关切，兼顾政经和社会效益、单个项目和投资组合的整体效益、眼前利益和长远利益，有效缩短非洲国家与中国市场体系之间的经济距离，帮助其融入中国标准的自由贸易合作框架，从国家战略与外交高度进行长远发展规划，把握对非投资机会和方向，强化规划引领作用，坚持市场化运作和合理控制风险原则，开发孵化一批重点项目，推动中非新型战略合作伙伴关系更上一个台阶。

第七章
开发性金融“走出去”的战略规划与政策建议

纵观全球化发展大趋势，中国为了更好地融入当今国际社会，担当起一个负责任的发展中大国角色，必须拥有一整套更为开放、民主、和谐、共融的发展机制，搭建一个符合广大发展中国家和新兴市场国家利益诉求的经贸投资合作网络，充分发挥和运用中国开发性金融的国际开拓力量，形成长期、稳定、可持续的全球性经济金融合作网络与平台。为此，我们有必要基于宏观视野提出涉及开发性金融“走出去”战略实施过程中重大问题的规划构想，根据本书对利益驱动机制的理论分析，在战略执行与操作性层面考虑给予一定的宏观治理机制安排，以保障开发性金融“走出去”利益驱动的有效性、长期性与可持续性。

第一节　加快政府层面立法与高层协调

2015 年 4 月 12 日，国务院公布《关于同意国家开发银行深化改革方案的批复》，明确国家开发银行要坚持开发性金融机构定位，适应市场化、国际化新形势，充分利用服务国家战略、依托信用支持、市场运作、保本微利的优势，进一步完善开发性金融运作模式，积极发挥在稳增长、调结构等方面的重要作用，加大对重点领域、薄弱环节和关键时期的支持力度。2016 年 11 月，《国家开发银行章程》获批，标志着国开行“三步走”战略成功实现。因此，从服务“一带一路”建设和加强金融“走出去”出发，有必要从政府立法和高层协调两方面做出制度性安排，实现开发性金融机构的长期可持续发展。

一、形成政府立法保障

政府要制定鼓励金融机构“走出去”的有关法律法规，加强法制建设对金融资源服务实体经济全球市场化配置的引导和保护。发达国家在推动本国企业海外拓展的过程中都曾在法律层面做了一系列的顶层设计，这些制度安排不是一蹴而就的，而是根据天时地利人和，配合各国自身发展战略和全球宏观经济形势大局变化而逐步制定的，有一个必然的阶段性历程，可供我们学习借鉴。例如，美国对外投资管理体制是以《对外援助法》为中心而形成的多层次、多领域管辖的法律体系，其间历经多次修改调整，最早可以追溯到推动“马歇尔计划”实施的战略机制安排①，并成立了美国进出口银行（EXIM）② 和“海外私人投资公司”（OPIC）③。日本一向以来注重加强其海外金融力量，在2008年全球金融危机之后更是加快了本国政策性金融改革，按照2011年5月制定实施的《株式会社国际协力银行法》，国际协力银行（JBIC）将于2012年4月脱离日本政策金融公库成为独立行政法人，更好地发挥其推动日本企业“走出去”的专业化战略支撑作用，在任何时候都由日本政府全资拥有，其职责必须服从和服务于日本政府的需求，组织架构仍旧保持不变，并对其发行债券给予政府信用担保。德国在海外战略方面主要通过在《德国复兴信贷银行促进法》的框架下成立德国复兴信贷银行（KfW）来实施，2004年1月，负责商业金融的KfW国际项目融资和出口信贷银行（KfW IPEX-Bank）成立，并于2008年1月成为KfW的独立子公司，实现了政策金融与商业金融的分离。其他，诸如《韩国产业银行法》《巴西国民经济

---

① 祁欢．美国对外投资政策法律研究[J].北京工商大学学报，2012，27（3）：105.

② 美国进出口银行（Exprot-Import Bank of the United States，EXIM）是一家独立的美国政府机构，创立于1934年，依照《1945年进出口银行法》运作，主要职责是通过提供一般商业渠道所不能获得的信贷支持促进美国商品及服务的出口，增加就业，在其65年历史中支持了美国4000多亿美元出口，与商业银行之间是一种相互补充而非竞争的关系。

③ 海外私人投资公司（Overseas Private Investment Corporation，OPIC）于1971年开始运营，作为美国，同时也是世界上首家海外投资保险机构，它具有公、私两方面性质。一方面，法律明文规定该公司是“在美国国务院政策指导下的一个机构”，其法定资本由国库拨款；另一方面，该公司作为法人，完全按照公司的体制和章程经营管理，即以市场化方式支持私人海外投资的联邦机构。在承保险别上，OPIC起初仅承保货币禁兑险，后来逐渐扩大到战乱险、征收险等政治风险，主要开展政治风险保险、项目融资、投资基金等业务。

开发银行法》也都对本国政策性金融机构的法律地位进行了明确。

回顾历史我们看到，1993 年底和 1994 年初中国相继发布了《国务院关于金融体制改革的决定》和《国务院关于外贸体制改革的决定》，明确提出由国务院负责制定“国家开发银行条例”“中国进出口银行条例”“中国农业发展银行条例”。但由于各部门争议较大，三个“条例”几易其稿，十多年过去了，至今仍未出台。当前，为了加快推动中国“走出去”战略实施，规范和保护中国企业的海外投资行为，国家有必要尽快出台鼓励海外投资方面的法律法规，如制定《海外投资法》《金融机构“走出去”促进法》等，为金融机构“走出去”确立合理有效的法制规范，明确其应有的法律地位，在主要职责、服务对象、公司治理、资本筹集、经营范围和运行机制等方面提供符合中国新时期对外开放改革战略要求的新型制度顶层设计安排。例如，日本国际协力银行 2011 年资金来源中，政府担保的外汇债券融资占到了 41%，资本充足率为 21.23%，高于全球绝大多数商业性银行，尽管国际清算银行对其依靠政府信用和自身信用发行的债券分别设定风险权重为 0 和 10%，但穆迪公司和标普公司都对这两种债券给予同等信用评级①。因此，如果在开发性金融机构“走出去”过程中给予一定的政府信用支持，将有效降低其在金融市场上的融资成本，有利于吸引更多合作国选择中国开发性金融机构作为合作伙伴，推进人民币国际化的全球网络建设。

二、完善高层协调机制

政府可以建立和完善中国海外投资和“走出去”战略领域的跨部门高层协调机制，重点是在战略全局上要有统一的部署和协同，加强立法、规章、政策等对包括开发性金融在内的中国金融力量“走出去”战略的协调与支持，形成各方资源整合与协同合力。这一协调机制的目标只有一个，就是在整体风险可控的前提条件下，有力推动中国与合作国之间实现商业利益、国家利益、合作国利益总体最大化的动态均衡，建立开发性金融可持续发展的滚动评估体系。

① 洪波，汤莹玮，虞红丹．日本国际协力银行的改革发展及其启示[J].金融与经济，2012（2）：93.

第一，加强全面综合协调。可以考虑成立副总理级的中国海外投资与产业发展跨部门政府协调委员会，外交部、国家发展改革委、商务部、财政部、国资委、司法部、人民银行、银保监会、证监会、外管局、国家税务总局、中投公司、国家开发银行、中国进出口银行、丝路基金等单位参加，针对海外投资立法、产业发展重大项目、跨国并购投资等事宜进行联合协商，明确各部门职责分工与协同配合机制，制定应急预案。

第二，制定清晰战略目标。根据中国融入全球化经济的总体战略布局，在外交、经济、产业、金融、法律等方面进一步研究和制定清晰的战略发展目标与策略，鼓励和推动私营部门与国有企业建立海外投资的产业联合体，参考借鉴日本、德国等海外投资的联合运作经验，强化包括开发性金融在内的各类金融机构在国情调研、国际规划、政策分析和金融工具等方面的引导作用和创新机制，如日本综合商社模式。

第三，坚持解决问题导向。针对性落实中国政府与合作国政府之间双边投资协定，推动多边区域合作机制建设，围绕重大区域、重大领域、重大项目的国际合作，制定综合协调方案，有效解决中国企业海外投资过程中面临的重大困难或问题，以上海自贸区建设等为试验田，加快中国对外投资管理体制改革步伐，搭建“以贸易带动投资、以投资促进产业、以产业服务民生、以金融支持发展”的跨国投融资合作交流平台。

第四，不断完善制度体系。从顶层设计层面加快制定《海外投资法》《金融机构“走出去”促进法》等鼓励企业和金融机构“走出去”的法律法规。将跨部门高层协调机制纳入相关法律法规，形成常态化工作机制。针对国际化发展需求，推动各方资源集聚整合，鼓励以市场化手段加强战略协同，建立多元化的信用担保或增信支撑机制。

第五，有序推进金融改革。根据中国城镇化发展需求与国际化进程，实施人民币国际化战略可考虑如下步骤：①先对机构开放，后对个人开放；②先货币互换，后储备货币；③先信贷市场和债券市场，后股票市场和综合性资本市场；④先发展中国家，后发达国家；⑤先战略金融机构，后商业金融机构。但在较长一段时间内，仍需采取相对有管理的浮动汇率体系，逐步实现资本项目可兑换。

第二节　融合国家战略金融与商业金融

从发达国家和发展中国家的现实国际化发展历程看，我们不能单纯依靠商业金融来实现中国国际化进程，还要选择和培育若干国家战略金融机构，在市场化原则运作下，使其与各方商业金融机构（包括地方金融机构）形成协同合作机制，更好地形成综合金融功能，以支持“一带一路”建设，为实体经济发展服务。

一、基本原则

为了有效推进金融“走出去”合作机制建设，我们可以根据一定标准设定若干国家战略金融机构。这一类机构的基本特征是以服务国家战略为宗旨、采取市场化运作机制、实现产业综合发展目标、引导商业金融机构合作、助推实体经济协调发展。从金融机构属性看，这一类机构具有银行、保险、证券、基金等多方面功能，不仅限于银行业一类，如国家开发银行、中国进出口银行、中国出口信用保险公司、丝路基金、中投公司、中非发展基金、中金公司等。

要真正有效推动两类金融机构的合作，必须坚持四项基本原则：一是坚持公平公开原则，鼓励两类金融机构以市场化方式进行合作，在合理范围内开展平等竞争，有序推进“走出去”领域的金融改革事宜；二是坚持市场导向原则，要始终让市场在资源配置过程中起决定性作用，不能采取“拉郎配”方式，对于一些重大战略性国际合作项目，要在市场化原则下采用“抱团方式”定价，不能竞相压价；三是坚持优势互补原则，国家战略金融机构具有较高市场信用，可以降低整体融资成本，商业金融机构服务方式比较灵活，可以提供多方面综合金融产品，两者彼此采取优势互补的合作机制；四是合理分工原则，国家战略金融机构要始终发挥引导开拓作用，为商业金融机构的全面参与提供风险可控、市场需求清晰、合作框架灵活的联合运作安排，商业金融机构则要坚持理性审慎原则，不盲目乐观或者畏缩不前，以自身擅长的金融产品和服务找到合作切入点。

二、协同机制

要真正形成国家战略金融机构与商业金融机构的融合，必须加强以下三个方面的协同机制建设，形成稳固长期的合作模式：

一是加强培育与孵化市场出口。以开发性金融为主要力量的国家战略金融机构在“走出去”过程中要始终坚持“政府入口、开发性金融孵化、市场出口”的融资合作机制，围绕两国政府的合作利益关切点选择、培育和开发重大合作项目，以弥补市场缺损和失灵为切入点构建重点项目的合作框架与信用机制，充分考虑商业金融机构作为市场化出口的风险收益判断依据，引导商业金融机构有序参与项目合作，有效实现国家利益的双重引导作用，为合作国发展创造外部条件。

二是加强战略协同与市场激励。要从商业利益、国家利益、合作国利益三方面统筹形成可持续的利益驱动机制，将各方面的金融机构集合在一起（包括国外金融机构），谋划和构建一些具有合作基础的重大项目。战略协同主要解决国家利益与商业利益的协调平衡问题，在国情调研、资金筹集、合作模式、融资定价和风险防控方面形成统一的战略配合。市场激励着重解决国家利益与合作国利益的协调问题，在合作内容、开发机制、信用建设、市场参与和风险分担等方面搭建符合市场化运作原则的平台和主体。

三是加强区域协调与错位竞争。国家战略金融机构与商业金融机构要在“走出去”业务的区域布局上进行协调，在各自具有针对性的服务对象和市场开发方面适度开展错位竞争，避免资源浪费和恶性竞争。前者负责开发引导和市场建设，后者负责综合服务和做大做强。在金融要素的地理资源布局上，要强调资源共享与信息对称性，不能各自封闭、互不信任，要着重加强在与合作国政府交流合作中的协调统一性，不能一哄而上，搞同质化竞争，这样，反而会造成恶劣的国际影响。

三、合作路径

为了加快协同机制建设，政府部门要积极协调推进在国家战略金融机构与商业金融机构之间建立多样化的合作路径，并给予相应的配套政策支持。

一是目标市场互补。要研究两类机构目标市场的互补性切入点，逐步形成合作基础。商业金融机构的市场选择往往追求收益最大化，通常不选择中长期、大额的战略利益项目，但这并不代表这些机构就不愿意参与，只是在风控手段、信息对称性和资金期限配比上存在一定障碍。同时，国家战略金融机构尽管在资金供给、风控手段和信息对称性上具有优势，但也不是完美无缺。其实，国家利益项目本身也需要市场化项目来支撑，如果没有更多的商业化利益切入进来，反而会导致这些项目存在较大风险。

二是搭建合作框架。双方可以在客户资源共享、资金联合筹集、融资模式搭配、市场风险判断和产业价值链融资等方面开展联盟合作机制，加强协调安排，尤其是在面对一些具有综合性开发功能的项目时，要充分挖掘合作框架的市场价值，推动合作国政府优先选择中国战略金融机构提出的组合融资方案，包括产业上下游的协同安排。政府在推动国家战略金融机构与商业金融机构建立合作框架过程中可以发挥重要作用，如推进搭建产业联合体模式，给予一定的政府采购服务需求，加强在财税、信息、管制、信用等方面的配套服务等。

三是共享保障体系。在国内金融合作领域，双方共享保障体系的可能性不大，但在国际金融合作领域，这种保障体系的共享需求是比较大的。例如，在信息资源方面，不同类金融机构都耗费大量人力物力资源进行各国别的国情调研是非常不经济的。同样，在海外员工派驻、信用资源整合、项目合作机会等方面也可以考虑一定条件下的共享。政府可以推动双方在人才、管理、风控和财务等方面建立相应的共享保障体系，并给予一定的财政支持，为中国金融“走出去”搭建一个合作交流的平台。

第三节　提供全球化金融外交战略服务

开发性金融要将外交战略与金融工具相结合，配合全球化时代的“一带一路”建设目标，形成中国在新时期一系列的新型金融外交战略和策略，尤其是新设多边金融合作组织，积极推动与合作国建立良好的经贸合作关系，构建形成服务全面开放的新格局。

一、服务目标

紧紧围绕服务实体经济，贯彻国家战略意图，以配合国家经济外交战略和政府协定项目、能源资源项目、中资因素项目三类重点开拓国际业务。在与合作国对接过程中，特别要聚焦国家经略周边战略，加大对周边国家互联互通基础设施重大项目的支持力度，积极研究、参与并争取主导中国与周边国家、金砖国家等多边开发性金融机构合作，成为中国参与全球经济金融治理的重要工具。具体而言，服务目标包括以下三个方面：

首先，实现国家战略性利益。开发性金融在推动商业利益、国家利益、合作国利益总体最大化均衡过程中，始终坚持的一个目标是实现国家的中长期战略利益诉求，这是与开发性金融自身的中长期大额资金供给特征相匹配的。没有这一目标，开发性金融的定位功能也就不复存在了。

其次，提升中国经济包容性。面对国际上“中国威胁论”等不利因素影响，开发性金融服务国家战略必须始终关注合作国的利益，通过优先支持有关合作国切身利益的项目，增强与合作国政府、社会、企业，乃至部落等各层面的交流互动，提升中国经济在促进世界经济发展中的合作包容性。

最后，形成金融外交新思维①。由于中国尚没有国家级权威性的海外投资管理机构来对企业“走出去”的方向、重点、规模行业结构及战略布局等进行宏观统筹协调，企业缺少全局观，行业协会力量不够，恶性竞争时有发生。因此，可考虑在国务院有关领导指导下由外交部与一家国家战略金融机构联合牵头，组建一个跨部门的半官方国际金融合作协调委员会，统一各方诉求，开拓金融外交新思维。

① 随着中国经济逐渐融入全球化，近十年来，中国通常由一位副总理专门分管包括金融外交在内的经济外交事务，以进行跨部门的协调。在部委层面，首先，财政部将之前的世界银行司更名为国际司，意味着该机构国际职权范围的扩大，从而加强了财政部处理国际金融事务的能力；同时，为了应对不断增多的各种双边金融对话，财政部专门成立了司级单位——对外财经交流办公室，成为负责双边金融外交的主要机构。其次，与财政部类似，为了应对日益扩大的对外事务，中国人民银行将原来的国际金融组织司更名为国际司，此外还成立了货币政策二司，专门负责人民币国际化和汇率事务。财政部和人民银行都有一位或者两位副部长级官员专门负责国际事务，大大加强了国际事务在这两个部门的重要地位。最后，除了财政部和中国人民银行内部的制度改革外，2012 年 10 月 9 日，外交部正式成立了国际经济司，以加强对经济外交的介入，自然也包括金融外交。中国参与的二十国集团、亚太经济合作组织和金砖国家等国际组织和机制，都是重要的国际经济治理平台。参见：李巍．金融外交在中国的兴起[J].世界经济与政治，2013（2）.

二、服务战略

（一）先义后利

商业利益最大化往往是金融机构追求的目标，但对于开发性金融而言，却不是最重要的目标，相反，在合作过程中，开发性金融更为关注中长期利益。俗话说，取信于人是加强合作的前提与基础，中国开发性金融要成为合作国的战略发展合作伙伴，协助推动其与中国政府、社会及企业之间形成长期稳固的信任关系，就必须采取“先义后利”的战略，多予少取，必要时甚至可以适当采用“利他主义”方式，以构建双方长期合作信用平台为目标，通过重大项目、关键领域和瓶颈问题的通力合作，实现共赢目标。

（二）共生合作

在外交关系中有一个重要原则，就是要建立双方和平共处的合作基础。同样道理，在开发性金融服务外交战略的指导思想中，也要推动建立双边乃至多边经济金融合作的共生基础，尤其是在粮食安全与农业保障、民生发展与住房保障、医疗健康与社会发展等具有基本公共服务特性的领域，不能因为不具有商业利益就放弃或不做，相反，要创新金融服务模式，将中国在资源能源、产业布局等领域长期发展利益与合作国的长期稳定发展相结合，不断加强这种共生合作关系。

（三）金融专营

专业化是提高服务水平的重要前提，如果没有一个长期专门的制度保障，很难保持开发性金融在“走出去”领域始终具备引领开发的优势。为此，有必要考虑在重大国际合作项目、双边政府协定项目、战略资源开发项目等方面设立金融专营机制，将政府信用支持与开发性金融机构的市场引导作用相结合，赋予开发性金融机构对特定领域和特定项目的特许经营权，并鼓励其构建市场化合作平台，加快形成公开透明、监管有效、市场参与的多方金融合作格局。

（四）统筹协调

根据前面所提的金融外交新思维，开发性金融可以发挥在金融合作方面的统筹协调作用，这既是当前中国金融“走出去”领域缺乏一定的综合协调机制所形成的需要，也是从服务国家战略大局出发所确定的自身定位。相比于一般商业金融机构，开发性金融在国情调研、市场开拓、风险判断和谈判合作等方面已经积累了一定的经验，在与国内国际两方面的政府、社会及企业沟通上也建立了相应的合作机制，在配合政府贯彻国家战略意图方面具有大局观，能够实现协调目标。

三、服务手段

（一）加强国际规划与大额合作

开发性金融在国际规划领域已经初步形成了一套相对成熟的理念、方法和流程，但在推动构建国际合作大项目上的成功案例还不多，有必要加强这方面的力量，集中各方面优势资源和人才，在重点区域跨国规划、重点国家规划、重点行业领域规划、重点客户规划等方面融合各方诉求，搭建一批具有创新特点的大额合作模式和框架，为与合作国建立持久稳定的互惠互利关系奠定基础。在这个过程中，尤其要注意发挥合作国政府、社会、企业的积极性，掌握主动权，着眼长远。

（二）构建利益一致性紧密合作区

根据开发性金融的金融地理三层次理论框架，在全球范围内寻找和锁定一批与中国经济发展具有高度利益一致性的紧密合作区域，以经济特区方式加强这些区域与中国经济的天然融合度，搭建符合两国战略利益的合作平台，在资源能源开发、经贸投资合作、农业粮食生产、基础设施一体化等方面形成具有不同特点的合作模式，将经济合作特区或双边自贸区适时上升到两国政府法律框架，使得紧密合作区域成为中国与合作国构建长期战略伙伴关系的持久合作基地，并将其作为上海自贸区的合作对象。

（三）专项贷款、专项基金、专项债券

针对合作国的发展诉求，结合中国自身国际化战略，在特定领域、特定地区、特定国家可设立开发性金融“走出去”专营机制，包括专项贷款、专项基金、专项债券等模式，服务合作国的重点项目，并考虑将合作国金融机构纳入这一金融合作专营体系，帮助其筹集外部资金，尤其是在人民币境外

债券和境外贷款等方面可以先试先行。例如，国开行已设立了中非发展基金及非洲中小企业发展专项贷款；2014 年宣布设立 200 亿美元中拉基础设施专项贷款；2015 年人民银行、外汇管理局与国开行宣布设立 300 亿美元中拉产能合作投资基金，首期规模 100 亿美元；2017 年国开行宣布设立“一带一路”三个专项贷款（1000 亿元人民币等值货币基础设施专项贷款、1000 亿元人民币等值货币国际产能合作专项贷款、500 亿元人民币金融合作专项贷款）和试点“一带一路”专项债券创新产品。

（四）推动组建多边区域性开发性金融组织

中国开发性金融机构作为新兴的国际开发性金融力量，一定要积极推动组建多边区域性开发性金融组织，充分借鉴学习世界银行、国际货币基金组织、泛美开发银行、德国复兴信贷银行等不同类型国际开发性金融机构经验教训，加快推动设立上合组织开发银行、中国—东盟开发银行，运营好金砖国家新开发银行、亚洲基础设施投资银行、亚洲金融合作协会等国际开发性金融组织，在现有上合组织银行联合体模式下创新合作机制，积极推动中国—中东欧银联体（2017 年 11 月 27 日成立）、中国—阿拉伯国家银联体（2018 年 7 月 12 日成立）增强对商业金融机构的引导。

第四节　深化国际化发展总体战略布局

基于中国在全球建立的新型经贸合作关系，要对开发性金融的国际化发展布局有分工、有重点、有策略、有步骤地制定规划，重点覆盖亚非拉国家中长期发展合作需求，加强与新兴市场国家互惠合作，适当选择部分发达国家共享合作成果。

一、市场布局

根据全球地理资源分布和经济体发展特征情况，从中国城镇化发展需求与国际化供给配比的宏观均衡视角出发，结合发达国家经济的金融资源分布情况，从以下几方面对开发性金融国际市场进行布局：

（一）总体战略

1. 注重推动发展中国家提高经济发展水平

根据金融地理三层次理论和网络正外部性分析，关键是要加快提高以中国及若干发展中国家（新兴市场国家）为代表的经济密度（即单位面积 GDP 产出），提升其对周边区域的经济辐射力，使得这些国家成为若干重要区域汇点（或节点），逐步形成一个新的经济互助合作网络空间。

2. 加快缩短发展中国家与中国的经济距离

重点通过支持跨境、跨区域的铁路、公路、港口、机场等基础设施建设，促进发展中国家尽快缩短与中国这个发展中的高经济密度国家之间的经济距离，形成优势互补、资源共享、社会融合、丰富多元的新型国际经济地理格局与产业分工体系，帮助发展中国家通过基建配套和产业升级实现自身的工业化和城镇化发展。

3. 扩大以中国发展为动力的新国际市场体系

坚持在 WTO 多边国际贸易规则框架下，主动创新，积极推动，采取互利互惠方式，继续加强配合有利于发展中国家的市场标准体系建设。同时，以加快双边自贸协定或多边自贸区建设为切入点，提升中国经济的对外开放水平，打破原有的世界经济格局中对广大发展中国家的经济分割，推动其融入以中国发展动力为新机制的市场准入体系。

（二）区域策略

1. 重点推动亚洲周边互联开发与合作

以加强亚洲区域经济一体化为目标，以服务亚洲互联互通基础设施建设为重点，在亚洲地区开展多层次、多角度、多方面的产业上下游合作，加大中国市场体系对周边国家的辐射力和吸引力，在文化、民生、教育、农业等社会基础产业领域进一步加大合作力度，使得经略亚洲周边战略实施能够达到“通人心、通文化、通思维”的效果。

2. 着力提升非洲基础设施与产业基础

在非洲开发大战略中必须始终坚持一个前提和基本原则，就是不能破坏当地的自然生态和文明环境。相比于亚洲和拉美，非洲国家缺的是长期“造血机制”建设，因此，只有适度提升基础设施和产业能级的发展水平，才能使其更好地融入全球社会和中国市场，参与更高层级的产业分工，不至于成为单纯的资源输出国，为其社会民生发展打好财力基础。

3. 深化发展拉美资源互补与社会民生

作为经历过快速发展时期的拉美国家，在创造资源开发新价值和保持本国社会民主稳定之间存在一种战略平衡，要利用中国市场巨大需求优势，着力扩大与拉美国家“点面结合”的资源开发合作，不仅限于能源资源，还要进一步在农业、制造业、社会民生等领域开拓新的合作增长点，在做大拉美地区对华市场出口总量基础上，使其成为中国新型产业合作基地。

4. 有效促进欧美科技及中小企业合作

以中国产业核心竞争力培育为总目标，加强中国企业在欧美市场中与高科技及中小企业领域的产业融合，通过并购、基金、信贷融资等多元化手段，消化吸收欧美发达国家在技术、装备、人才等领域的资源优势，以“一带一路”建设为契机，开创中国与欧洲、北美、中亚、大洋洲、拉丁美洲等发达地区之间的产业分工新格局。

二、机构布局

开发性金融机构在全球的机构布局要坚持四个基本原则：以服务国家战略为目标，以业务需求为导向，以服务客户为宗旨，以促进合作国发展为落脚点。具体而言，可以从以下三个方面考虑：

首先，循序渐进，以业务为优先参考因素，平衡管制因素与融资的便利性。尽管在国外当地设立分支机构有利于管理的专业化和本土化，但还要结合市场需求和成本约束来考虑机构设置问题。以业务发展潜力及当期积累总量为优先参考因素，基于充分市场调研推动机构设立工作。要着重考虑合作国的行政与金融法律制度因素，平衡好当期融资便利性与设立机构后管制约束的关系，尤其是要研究清楚在发达国家设立分支机构的目标定位和功能作用，以免事倍功半。

其次，优先考虑在新兴市场经济体、发展中国家建立跨区域辐射机构。作为与中国经济发展联系最紧密的两个合作对象，要针对性制定机构布局发展规划，明确先后顺序和功能重点。相比而言，新兴市场经济体作为快速发展的地区，具有区域增长极特征，辐射带动效应好，尽管与中国存在竞争，但互补性潜力巨大，可以优先考虑设立分支机构，加强持续合作与交流也可同步考虑。对此，可在一些具有跨区域辐射功能的发展中国家设立机构，成立区域性业务总部，推动周边合作。

最后，海外分支机构要考虑金融地理因素，加强与国内分支机构联系。中国企业“走出去”不仅限于央企，地方企业也占到了1/3，且未来比重还将进一步上升。为此，在机构布局设立方面，要充分依托国内分支机构的现有工作基础，进一步强化海外分支机构、工作组与国内分支机构之间横向交流合作，以符合中国发展战略的全球金融地理因素为考量基础，形成相对稳定的国内外对接关系，尤其是在“一带一路”建设总体格局下加快支持沿边开发开放和亚洲互联互通，发挥上海服务“一带一路”建设的桥头堡功能，加强国内外分支机构合作网络和交流平台的建设，形成真正有效的全球化即时信息沟通交流机制。

此外，从地区布局看，可考虑优先在亚洲周边、非洲、拉美、大洋洲等地区设立分支机构，在欧洲、北美等地区则可酌情采用收购兼并等模式扩大市场影响。

三、功能布局

根据开发性金融的国际发展目标，需要在全球加强功能布局，通过机构建设、市场建设和制度建设加强培育服务实体经济海外发展的筹资功能、融资功能、投资功能、交易功能等，形成一批具有跨境区域辐射性的功能平台，利用上海自贸区改革战略加快构建符合中国发展战略的“中心—外围”模式。

（一）筹资功能平台

除了现有的中国香港国际筹资功能平台之外，还可以考虑在中国上海自贸区、英国伦敦、俄罗斯莫斯科、南非约翰内斯堡、巴西圣保罗、澳大利亚悉尼、德国法兰克福、卢森堡、日本东京等地筹建境外筹资功能平台，以境外人民币筹资为基础，并逐步开展境外美元、英镑、俄罗斯卢布、南非兰特、巴西雷亚尔、澳元、欧元、日元筹资。从筹资工具看，应优先选择国际债券发行和资产证券化等方式，并提供配套货币互换（或称为货币掉期）工具，为人民币资本兑换创造条件。

（二）融资功能平台

为了更好地服务于中国企业在新兴市场经济体和发展中国家的发展，可以重点考虑在中国上海自贸区、南非约翰内斯堡、巴西圣保罗、俄罗斯莫斯科等地区搭建国际融资项目推介信息平台，依托区域经济地理中心，打造专门服务于这些国家的中国融资功能合作中心，促进合作国与中国企业在规划项目、筛选评估、融资方案、融资模式、融资信用平台搭建等方面的交流，鼓励创新投融资机制，与其他商业金融机构合作，开发多元化融资服务产品，提升中国开发性金融服务的核心竞争力。

（三）投资功能平台

开发性金融的国际投资功能培育目前仍处于起步阶段，尽管中非发展基金已经积累了较为丰富的实践经验，但在战略股权投资、市场化投资决策、基金化组合管理方面仍然存在较大不足，可以选择在中国上海自贸区、中国香港、开曼群岛等具有投资优势的地区，建立符合国际运作规则的投资功能平台，在国际投资基金发起与管理、跨境夹层融资工具、资本性融资工具创新等方面尝试以新兴市场经济体、发展中国家为主要拓展对象，逐步建立中国开发性金融的国际投资标准。

（四）交易功能平台

开发性金融以债券融资为主要特征，具有丰富的投资交易经验，可以在中国上海自贸区、中国香港地区、英国伦敦、南非约翰内斯堡、巴西圣保罗等地区尝试搭建国际金融资产交易平台，加快在国际债券投资、大宗商品期货、衍生金融品、信贷资产转让等领域的战略布局，掌握定价权，引导市场资源配置，储备专业化人才，加强投资管理能力培育，提供综合性金融交易服务工具，为中国与合作国之间在贸易与投资合作上的风险管理提供更为有效的、多样化的手段。

第五节　构建新型开放式金融合作网络

商业金融在“走出去”过程中的趋利行为需要有一个可持续性的发动引擎、一个良好的风险管理环境和一套具有前瞻性的国际化公司治理架构，以适应国际发展合作的需求。开发性金融机构可以提供一个较好的发展基础，形成初期的商业利益，引导后续商业金融机构的参与，与合作国共同构建一个跨洲的新型开放式金融合作网络，形成正向规划思想下的中国金融“走出去”新格局。

一、总体框架

开发性金融“走出去”过程中要始终立足于构建一个符合新时代要求的新型开放式金融合作网络，定位服务于中国与合作国之间的长期经贸投资合作，加强与国内其他政策性金融机构、商业金融、外汇储备管理机构、合作国金融机构之间的协同合作，实现整体风险可控。

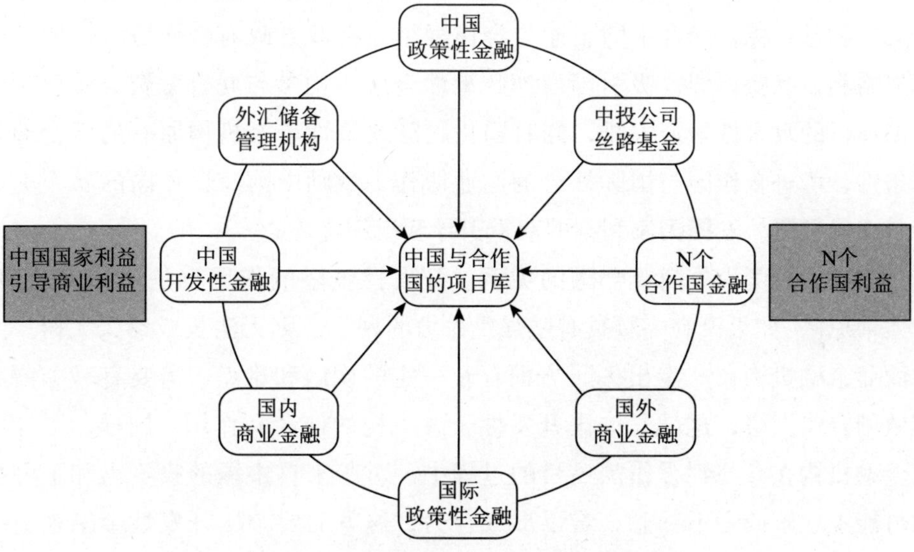

图 7-1　中国新型开放式金融合作网络

从图 7-1 可以看出，中国开发性金融在推动“走出去”金融合作过程中应始终保持开放心态，依托中国国家利益与合作国利益，引导商业利益参与，逐步建立中国与不同合作国之间的项目库，形成研究、规划、储备、开发、成熟和退出的项目库管理机制，吸引、整合和激发合作国金融、国内外政策性金融、国内外商业金融、中投公司、丝路基金、外汇储备管理机构等不同类型金融要素加入这一合作网络的积极性，搭建综合金融服务功能平台，将合作国的项目融资需求、闲置资金来源、信用结构保障及政府组织优势都纳入合作网络中，形成促进商业利益、国家利益、合作国利益最大化均衡的网络正外部性效果。

首先，与合作国金融的关系。一方面，合作国金融机构与中国开发性金融机构之间建立稳固的合作伙伴关系，在联合融资、风险评估和市场机会共享等方面开展合作；另一方面，合作国金融机构从服务本国经济利益出发，可以引导本国投资者购买中国开发性金融机构的国际债券，中国开发性金融机构则鼓励和协助合作国金融机构在中国发行国际债券，将双方资金共同用于合作国项目。在此基础上，加强双方合作协同激励，推动合作国加入中国新型开放式金融合作网络。

其次，与国内外政策性金融的关系。中国开发性金融机构立足于服务国家战略利益目标，配合中国企业与合作国企业在双方政府合作协定框架下进行战略利益互换博弈，吸引国内外政策性金融机构参与联合融资，实现对合作国项目的政策性融资安排，同时弱化国际政策性金融机构原有的不合理附带条件，增进合作国与国际社会的沟通协作，激励中国及合作国的私人资本参与项目投资，发挥国家利益的双重引导和组织优势。

再次，与国内外商业金融的关系。开发性金融的作用就是“前人栽树、后人乘凉”，如果没有一颗具有坚强生命力的种子，则无法长成参天大树。国内商业金融机构在“走出去”方面存在一定的误区和难点，需要有一个便利高效的合作网络，这就是中国开发性金融机构的使命和作用。同样，国外商业金融机构在参与到合作国项目的过程中，对于来自中国的投资人和金融机构可能不理解或者不熟悉，难以形成合力，这就需要中国开发性金融来组织协调。相比于传统的商业金融国际运作，中国开发性金融根据金融地理三层次理论布局，对于中长期商业金融风险的防控已做了预判和准备。同时，如果没有国内外商业金融的后续参与，仅依靠中国开发性金融的力量也难以持久合作并扩大合作面。

最后，与中投公司、丝路基金及外汇储备管理机构的关系。中国开发性金融机构与中投公司、丝路基金等合作过程中要寻找共同的价值投资理念和战略，尽快搭建一个具有股权投资合作基础的共享平台，在重大战略项目上要注重配合中投公司、丝路基金等搭建与合作国之间的项目合作网络，形成多种专项投资策略下的重大项目合作机制，确保获得中长期战略资本来源。同时，中国开发性金融机构在利用外汇储备管理的委托贷款资金方面已经积累了丰富经验，但要认识到外汇储备主要仍是用于平衡双边贸易与投资的国际收支，并不能成为外币筹资主要渠道，而且随着中国成为全球第一进口大国，外汇储备规模将保持平稳状态，增量空间有限。因此，要与外汇储备管理机构之间建立长期稳定合作机制，积极开拓新的合作模式，如将外汇储备资金用于开发性金融援外合作机制建设，在政府指导下在非洲、亚洲、拉美等地区尝试“援助+开发+造血”新型联合援外项目，引导中资企业与合作国私人资本参与，发挥服务国家利益的双重引导和组织优势。

这一合作网络的建设仍处于起步阶段，有待于各合作国的积极参与、创新和共享，以实现符合国际新经济秩序要求的多元金融合作服务框架。

二、合作机制

（一）信息共享机制

在国情调研信息、规划项目库信息、政策法规信息、市场动态信息和战略研究信息等方面建立共享合作机制，对中国与合作国双方共同感兴趣的领域形成长期跟踪交流机制，尤其是在规划项目库信息、市场动态信息等方面要形成定期更新的规范化管理模式，在适当时机组织小范围座谈、中小型对接会、大型交流论坛等多种形式的信息交流与合作洽谈，并在互联网上搭建持续互动平台。

（二）资金配置机制

在资金筹集方面，可以借鉴国内债券承销团组建与管理模式，以加入合作网络的各类金融机构为对象，在国际范围内组建以中国开发性金融为主要发起者的国际债券承销团。在融资方面，可考虑以自愿方式组织俱乐部银团、联合银团、间接银团等，为中国参与的合作国项目提供信贷融资，形成专项贷款计划。在投资方面，可借鉴中非发展基金模式，发起更多的国际合作投资基金。

（三）风险管理机制

为了避免出现项目合作风险及可能的系统性风险，开发性金融机构还应加强与包括合作国金融机构在内的多方联合风险监督与管控制度建设，在国际信用评估、贷款资金使用、抵质押品登记与处置、政府合规风险管理等方面开展国际交流合作，尤其是对于一些涉及中长期战略项目的合作，还要将企业间协议及期限锁定上升到国家层面的合作协定，按照符合国际商业规则与法律的条款来约束，通过建立双边高层会谈机制等方式协调解决潜在的国际融资风险争议。

（四）信用合作机制

开发性金融的核心理念和方法在于信用建设，这是在国内、国际项目融资过程中积累的宝贵经验。在这一开放式金融合作网络中，多种类型机构的信用合作建设是一个重要基础，可以通过建立互助式信用保障机制、运用国际信用保险、建立第三方金融担保机构、采取政府信用增级措施、提供以资源或资产为抵押的差额信用保证等方式为一些在海外缺乏信用保障的中资企业项目提供多样化信用增级工具。此外，国际政策性、开发性金融机构也可提供一定信用增级措施。

三、运行模式

（一）创新合作模式

本书介绍了各种创新合作模式，如大宗商品贸易融资合作、基础设施联合开发模式等。接下来，还要加快尝试在发达国家、新兴市场国家的“基础设施+资源开发”联合开发模式、在发展中国家的“能源资源合作+民生发展”联合运作模式，通过战略利益互换，以商业利益为基础，保障双方共同的国家核心利益，保持合作国经济良性发展的内生动力。在基础设施合作项目中，要着重考虑能够拉近各合作国与中国之间经济距离的战略项目，提升这些基础设施的使用效率和经济价值。在产业项目合作领域，要充分发挥国际产业并购融资的金融协同合作效应，并逐步形成区域金融要素的集聚。

（二）开发金融工具

要发挥金融合作网络的正外部性，不断进行金融产品创新与金融工具开发，提升网络环境下的市场资源配置效率。例如，在投资基金运作领域，可以进一步鼓励和发起更多具有国际合作和区域特征的战略发展基金，提升合作国的项目资本金供给总量；在国际银团转让领域，可以搭建以合作国项目为对象的国际金融资产交易平台，加强中国、各合作国金融机构及国际政策性金融机构的资产组合管理，提高资金配置效率；在国际融资租赁领域，可以加大对重大基建项目、产业装备项目、中小企业批发式融资项目的租赁工具创新与合作，提高合作国项目的表外融资能力；在债券发行和股权融资领域，可以在中国及亚非拉等区域国际金融中心，鼓励和推动以合作国项目作为发行主体，扩大资本市场融资渠道。

（三）建立评估机制

在国家政府层面、开发性金融机构层面推动建立国际合作项目的评估机制，基于本书所提出的要实现“在风险可控条件下商业利益、国家利益与合作国利益三方均衡条件下的价值最大化”这一总体思想，建立动态项目评估模型，广泛收集内外部数据，进行战略分析，搭建合作信用结构，制定风险应对预案。我们在国家战略利益互换项目中往往存在所谓的“贷款换能源”“项目换民生”“货币换稳定”等合作模式，其中的商业利益如何保障、国家利益互换是否等价、合作国利益是否有可持续性，这些都涉及中国与合作国之间项目合作的整体效益、成功与否及风险性判断，需要事先进行预评估，以进行战略决策。

（四）搭建试验平台

中国金融在当前阶段要注重“布局亚洲周边、加强中非合作、关注拉美互补”，可以考虑在加快中国（上海）自由贸易试验区建设的过程中，搭建一批具有国际示范效应的改革试验平台，形成包括开发性金融在内的中国金融要素与全球各合作国金融要素之间的金融地理布局。具体来讲，可以考虑在自贸区内建立中国新型开放式金融合作网络的国际规划项目与信息发布平台，加强与国家沿边开发开放战略的协同配合，与沿边金融综合改革试验区建立互动机制，在打造“一带一路”建设桥头堡功能方面主动担当跨区域金融合作的主力军，推动上合组织银联体、中国—东盟银联体等区域金融合作组织在上海设立相关功能性总部，加快建设以资本项目可兑换及利率市场化进程为基础的人民币境外投融资渠道，针对已签订或正在推动的中国与各有关国家双边自贸协定，搭建具有综合性和专业化特点的跨区域金融合作平台。

第八章
总　结

中国开发性金融“走出去”的时间并不长，只有短短的十多年时间，但取得了丰硕成果，这既有其内在必然性，也有一定的方法论基础，对于中国金融“走出去”服务实体经济具有一定的借鉴意义，可以有效引导社会资源的集聚。本书从利益驱动机制入手，分析如何保持中国开发性金融“走出去”可持续性，得到一些初步的结论。这方面的国内研究并不多，还有待更多人来关注和挖掘。

第一节　基本结论

本书总体观点是：中国开发性金融“走出去”的利益驱动机制的关键是在风险可控条件下实现商业利益、国家利益与合作国利益三者均衡的最大化。在宏观前提研究中，可以将城镇化与国际化作为一个互为联系的统一框架来分析彼此之间的内在关系。主要有以下四个结论：

一是开发性金融“走出去”需要建立利益驱动评估机制。可以通过风险可控下的商业利益与国家利益捆绑、与经济地理相关的合作国利益、考虑中国因素与经济距离下的产业协同、海外金融业务协同、合作国协同利益这五个新组合自变量对某国际项目进行分析并判断其价值。由此得到并验证了以下五个命题：国家利益引致商业利益和合作国利益；商业利益必然与国家利益相捆绑；国家利益与合作国利益存在博弈；合作国利益与经济地理（暗含商业利益）有密切关系；协同因素从中国产业部门、金融机构到合作国都存在且有效。

二是要依托金融地理三层次框架进行国际地理布局。比较优势理论并不能解释开发性金融“走出去”的跨越性发展，可以从密度、距离、市场分割三因素对开发性金融“走出去”过程中在全球地理布局的影响进行分析，这是中国企业进行海外投资、追求商业利益的基础。通过正向规划，利用中国经济相对高密度的优势，缩短与发展中国家的经济距离，推动中国市场开放以减少发达国家对发展中国家市场分割，构建符合中国发展合作网络利益的“中心—外围”合作格局，这是开发性金融在全球性国际地理布局和资源配置的关键。

三是要通过合作博弈和政府组织优势实现战略利益互换。国家利益作为开发性金融“走出去”的核心服务目标，可以引致商业利益与合作国利益。中国开发性金融通过在国际金融市场中寻找发达国家资金供给难以到达的中长期战略利益项目，经过2阶段讨价还价博弈，增加了中国与合作国之间的总体合作剩余，扩大了谈判成功的共同区间，使得双方形成合作框架成为可能，实现以中国国家利益为基础的等价互换，并作为一个影响双方的因子参与利益分配。同时，政府组织优势在战略利益互换中具有促进信息对称性和减少国际信贷配给的特殊作用。

四是要发挥协同激励效应和网络外部性支持合作国发展。只有使合作国主动配合，变“我要做”为“要我做”，才能实现互利共赢。建立双向协同激励机制的核心是要优先考虑合作国迫切关心的发展目标，必要时甚至可以适当采用“利他主义”方式加强合作，将此类项目纳入与中国企业及金融机构自身发展目标相融合的合作战略之中。双方有必要加强在金融、产业、市场、信用、地理、社会等方面的协同运作，利用开发性金融，通过廉价磋商（Cheap Talk）机制降低信息交流成本，向合作国让渡一部分谈判能力，激励对方朝有利于双方合作的方向发展，提供真正的私人信息，使真实显示偏好策略成为其占优策略，形成激励相容的博弈共识。通过纵向与横向产品差异化，开发性金融全球合作网络具有正外部性，可以通过“锚式商铺”方式对其加以内部化。

第二节　创新与不足

通过对开发性金融“走出去”的理论和案例分析，本书形成了以下创新点：一是搭建了开发性金融“走出去”利益驱动机制理论模型，为中国开发性金融机构对国际项目进行分析预判与后评价提供了一个可行的实践评估框架；二是将经济地理理论框架引入金融地理分析，从密度、距离、市场分割三因素对开发性金融“走出去”全球地理布局的影响及如何构建符合中国发展合作网络利益的“中心—外围”合作格局进行了考察；三是将博弈论讨价还价模型用于分析战略利益互换，说明了开发性金融在增加两国总体合作剩余和推动建立合作框架中的重要作用，并对政府组织优势进行了系统分析；四是将协同激励和网络外部性引入对合作国利益的分析，指出廉价磋商机制在谈判之前对激励合作国给出真实意思表示具有积极作用，基于纵向与横向差异化分析了开发性金融全球合作网络所能带来的正外部性价值。

当然，由于能力有限和数据的可得性及可公开性限制，本书仍然存在问题和不足。主要表现在三个方面：一是没有为开发性金融“走出去”理论框架体系构建完整的数理模型，边界约束条件和求解情况尚不清晰，缺乏足够的实证数据分析；二是对于金融地理价值量的理论模型分析仍然停留于定性分析，没有进行进一步的数理推导，金融地理三层次理论的逻辑严密性还需通过实证研究进行验证；三是尚未进行国家利益引致商业利益与合作国利益的定量分析，仍缺乏合作国协同激励效果的衡量工具，需要进一步积累数据和构建模型。

下一步，笔者将继续结合实证数据搜集和理论模型方法研究，进行相关问题的定量分析和模型推导，重点考虑开发性金融“走出去”过程中在法人治理结构建设、现金流建设、信用建设和市场建设这“四项建设”方面的激励约束机制研究，力争取得一定的进展。

参考文献

［1］谢平，倪经纬. 开发性金融国际合作机理分析［J］. 开发性金融研究，2015（6）.

［2］倪经纬，王曙吉. 开发性金融“走出去”的国际地理布局［J］. 南方金融，2015（10）.

［3］郭濂，倪经纬. 战略利益互换机制作用下的开发性金融资源有效配置［J］. 中国银行业，2016（10）.

［4］倪经纬. 开发性金融“走出去”的网络外部性分析［J］. 上海金融，2017（1）.

［5］郭濂，倪经纬. 开发性金融“走出去”的协同［J］. 中国金融，2017（1）.

［6］（美）巴里·艾肯格林. 资本全球化——国际货币体系史［M］. 上海：上海人民出版社，2009.

［7］白益民. 三井帝国在行动：揭开日本财团的中国布局［M］. 北京：中国经济出版社，2008.

［8］（美）保罗·克鲁格曼. 地理和贸易［M］. 北京：北京大学出版社，2000.

［9］曹源芳. 中国区域金融中心体系研究——以金融地理学为理论视角［M］. 北京：中国金融出版社，2010.

［10］陈继勇，刘跃斌. 德国对外投资的发展阶段［J］. 国际经济合作，1997（12）：41.

［11］陈玉荣. 构建“丝绸之路经济带”机遇与挑战［J］. 瞭望新闻周刊，2014（5-6 合刊）.

［12］陈元. 开发性金融合作：发展中国家共同发展之道［J］. 中国经济，2010，1（1）.

［13］陈元. 以开发性金融服务走出去战略［J］. 中国金融，2011（23）：10.

［14］陈元. 政府与市场之间——开发性金融的中国探索［M］. 北京：中信出版社，2012.

［15］陈元. 实施更加积极主动的对外开放战略［J］. 求是，2013（8）：1.

［16］（英）戴维·W. 皮尔斯. 现代经济学词典［M］. 上海：上海译文出版社，1988.

［17］冯金华. 经济全球化和国家竞争优势——贸易、效率和适度自由化［M］. 上海：上海财经大学出版社，2008.

［18］郭濂. 中国经济面临的矿产资源能源约束及对策——基于工业化中期的思考［M］. 北京：清华大学出版社，2011.

［19］郭濂，等. 中国国际开拓的理论与实务［M］. 北京：中国人民大学出版社，2013.

［20］（美）哈罗德·文·B. 克里夫兰德、（美）托马斯·F. 候尔塔斯，等. 花旗银行 1812—1970［M］. 北京：中国金融出版社，2005.

［21］韩瑶. 中俄能源合作的现状、存在的障碍及对策研究［J］. 黑龙江对外经贸，2011（2）：52.

［22］洪波，汤莹玮，虞红丹. 日本国际协力银行的改革发展及其启示［J］. 金融与经济，2012（2）：93.

［23］李巍. 金融外交在中国的兴起［J］. 世界经济与政治，2013（2）.

［24］刘增洁. 俄罗斯石油资源、生产及供需形势［J］. 国土资源情报，2010（6）.

［25］蓝建学. 中国与南亚互联互通的现状与未来［J］. 南亚研究，2013（3）.

［26］李杰，满新程. 商业银行“走出去”研究［M］. 北京：经济科学出版社，2009.

［27］李群峰. 知识型企业合作剩余分配讨价还价模型博弈分析［D］. 首都经济贸易大学，2011：53-59.

［28］马骏，徐剑刚，等. 人民币走出国门之路：离岸市场发展和资本项目开放［M］. 北京：中国经济出版社，2012.

［29］马坤. 中国对外直接投资潜力研究［M］. 北京：经济科学出版社，2010.

［30］毛泽盛. 跨国银行的进入、绩效及其管制：以发展中国家为研究视角［M］. 北京：人民出版社，2005.

［31］木每. 中日对外直接投资比较分析［J］. 日本学刊，2006（2）：97-105.

［32］祁欢. 美国对外投资政策法律研究［J］. 北京工商大学学报，2012，27（3）：105.

［33］世界银行. 2009年世界发展报告：重塑世界经济地理［M］. 北京：清华大学出版社，2009.

［34］孙洪波. 委内瑞拉政治变局对石油合作环境的影响［J］. 国际石油经济，2013（1-2）：15.

［35］（美）藤田昌久，（美）保罗·克鲁格曼，（美）安东尼·J. 维纳布尔斯. 空间经济学——城市、区域与国际贸易［M］. 北京：中国人民大学出版社，2011.

［36］汪建，吴英蕴. 当代银行国际化经营的理论动机［J］. 上海经济研究，2000（7）：70-75.

［37］王金龙. 金融国际化效应研究［M］. 北京：中共中央党校出版社，2003.

［38］汪淼军，励斌. 网络外部性、竞争和产品差异化［J］. 经济学（季刊），2003，2（2）：365-370.

［39］王鹏. 查韦斯执政时期的中委关系［A］//中国社科院拉美所政治室. 中拉关系60年：回顾与思考（下）［M］. 北京：当代世界出版社，2010.

［40］王修华，黄明. 金融资源空间分布规律：一个金融地理学的分析框架［J］. 经济地理，2009（11）：1808.

［41］吴士君．外资进入中国基金业的六大悬念［N］．证券日报，2002-10-18.

［42］夏斌，陈道富．中国金融战略：2020［M］．北京：人民出版社，2011.

［43］徐铮．德国复兴信贷银行：组织架构与职能演变［J］．银行家，2014（2）：79.

［44］张煜，林莉，怀进鹏，李先贤，钟亮．网络环境中信任—激励相容的资源分配机制［J］．软件学报，2006，11（17）：2245-2254.

［45］张运生．内生外部性理论研究新进展［J］．经济学动态，2012（12）：120.

［46］郑之杰．新型城镇化是经济转型的重要战略［J］．中国金融，2013（10）：11-12.

［47］主父海英．金融负外部性研究［D］．辽宁大学，2010：29-64.

［48］朱正罡．国有商业银行国际化经营战略［M］．北京：中国金融出版社，2004.

［49］庄乾志．银行发展：市场化与国际化［M］．北京：北京大学出版社，2001.

［50］卓勇良．日本对外投资格局的变化［J］．世界经济，1997（9）：50.

［51］（美）兹比格纽·布热津斯基．大棋局——美国的首要地位及其地缘战略［M］．上海：上海人民出版社，2007.

［52］Berger，Allen N.，J. David Cummins，Mary A. Weiss，and Hongmin Zi. Conglomeration Versus Strategic Focus：Evidence from the Insurance Industry［Z］. Board of Governors of the Federal Reserve System，1999.

［53］Brealey，R. A. and E. C. Kaplanis. The Determination of Foreign Banking Location［J］. Journal of International Money and Finance，1996（15）：577-97.

［54］Di Antonio，P.，Mariotti，S.，Piscitello，L. Multinational Banks in the Global Economy：Evidence from Italian Case［Z］. 28th Conference of the European International Business Academy，December 8-10，2002.

[55] Gould, E. D. et al. Contracts, Externalities, and Incentives in Shopping Malls [J]. Review of Economics & Statistics, 2005, 87 (3): 41 1-422.

[56] Grinold, R., Rudd, A., Stefek, D. Global Factors: Fact or Fiction? [J]. The Journal of Portfolio Management, 1989 (Fall): 79-88.

[57] Grosse R., and Goldberg L. G. Foreign Bank Activity in the United States: An Analysis by Country of Origin [J]. Journal of Banking & Finance, 1991, 12, 15 (6): 1093-1112.

[58] Joseph Farrell and Matthew Rabin. Cheap Talk [J]. Journal of Economic Perspectives, 1996, 3 (10): 103-118.

[59] Joseph Farrell and Robert Gibbons. Cheap Talk about Specific Investments [J]. Journal of Law, Economics & Organization, 1995, 10 (11-2): 313-334.

[60] Leyshon A. Geographies of Money and Finance [J]. Progress in Human Geography, 1998 (3): 433 - 446.

[61] Mathieson, D. J., and J. Roldós. Foreign Banks in Emerging Markets [A] //Open Doors: Foreign Participation in Financial Systems in Developing Countries [M]. edited by Robert E. Litan, Paul Masson, and Michael Pomerleano. World Bank/IMF/Brookings Emerging Market Series. Washington, D. C.: Brookings Institution Press.

[62] Meric, Ilhan & Meric, Gulser. Potential Gains from International Portfolio Diversification and Inter-temporal Stability and Seasonality in International Stock Market Relationships [J]. Journal of Banking & Finance, Elsevier, 1989, 9, 13 (4-5): 627-640.

[63] Miller, S. R., and Parkhe, A. Patterns in the Expansion of U. S. Banks' Foreign Operations [J]. Journal of International Business Studies, 1998, 29 (2): 359-389.

[64] Pred, A. The Spatial Dynamics of U. S. Urban Industrial Growth [M]. Cambridge: MIT Press, 1966.

[65] Samuelson, P. A. The Transfer Problem and Transport Costs: The Terms

of Trade When Impediments are Absent [J]. Economic Journal, 195262: 278-304.

[66] Sanford J. Grossman and Oliver D. Hart. The Costs and Benefits of Ownership: A Theory of Vertical and Lateral Integration [J]. Journal of Political Economy, 1986, 8 (94-4): 691-719.

[67] Stigliz, Joseph E. and Weiss, Andrew. Credit Rationing in Market with Imperfect Information [J]. American Economic Review, 1981, 71 (3): 393-410.

[68] Ursacki, T., and Vertinsky, I. Choice of Entry Timing and Scale by Foreign Banks in Japan and Korea [J]. Journal of Banking and Finance, 1992 (16): 405-421.

[69] Von Thünen, J. H. (1826),. Der IsolierteStaat in Beziehung auf landschaft und Nationalōkonomie [M]. Hamburg (English translation by C. M. Wartenberg, von Thü-nen' s Isolated State, Oxford: Pergamon Press, 1966).

[70] Waheed A. and Mathur I. Wealth Effects of Foreign Expansion by U. S. Banks [J]. Journal of Banking and Finance, 1995, 8 (19-5): 823-842 (20).

附表　中国开发性金融“走出去”整体利益的总体样本情况

单位：亿美元，亿元人民币

变量名称	中俄能源合作	中巴石油合作	中委联合融资基金	中非棉业非洲棉花项目	中缅油气管道项目	鞍钢澳洲卡拉拉铁矿项目	中非发展基金	包含指标名称	计算方法	备注
X_1	7	2.5	8.5	0.02	0.31	0.3	0	年净利息收入	贷款额×利差	根据公开数据，各项目贷款额按顺序分别为250亿美元、100亿美元、200亿美元+700亿元人民币、0.85亿美元、75亿元人民币、12亿美元、50亿美元；中俄能源合作为固定利率贷款6%，其他利率不掌握具体情况，故按顺序大致估算利差为2.8%、2.5%、2.8%（人民币2.9%）、2.8%、2.8%、2.5%、无贷款；中缅油气管道项目2010年6月30日人民币汇率6.7909元/美元
X_2	-29.31	-11.72	-23.10	-0.10	0	-1.31	0	汇兑损益	外汇贷款额×汇率变动	按项目产生的时间区间计算汇率，截至2013年10月2日，人民币汇率6.1213元/美元。中俄能源合作和中巴石油合作2009年3月2日人民币汇率6.8389元/美元；中委联合融资基金和中非棉业非洲棉花项目2009年12月30日人民币汇率6.8283元/美元；鞍钢澳洲卡拉拉铁矿项目2010年6月30日人民币汇率6.7909元/美元

续表

变量名称	中俄能源合作	中巴石油合作	中委联合融资基金	中非棉业非洲棉花项目	中缅油气管道项目	鞍钢澳洲卡拉拉铁矿项目	中非发展基金	包含指标名称	计算方法	备注
X_3	5.86	2.34	4.69	0.02	0.00	0.28	0.00	交易损益	套期保值交易×汇率变动	假定外汇贷款的20%要进行套期保值交易
X_4	12%	13%	12%	15%	15%	15%	12%	投资收益	海外投资项目的ROE	具体指产业项目投资股权回报率，因未能掌握具体情况，故为估算值
X_5	8%	9%	8%	10%	10%	9%	8%	经营收益	海外投资项目的ROA	具体指产业项目投资资产回报率，因未能掌握具体情况，故为估算值
X_6	2	2	1	1	1	3	1	经济密度	虚拟变量：发达国家、新兴市场国家、发展中国家依次取值为3、2、1（与中国相比，数值高则经济密度高）	
X_7	6	3	3	4	6	2	4	经济距离	虚拟变量：亚洲、欧洲、非洲、拉丁美洲、大洋洲、北美洲依次取值为6、5、4、3、2、1（数值高则与中国之间的经济距离近，即经济互补性强）	

续表

变量名称	中俄能源合作	中巴石油合作	中委联合融资基金	中非棉业非洲棉花项目	中缅油气管道项目	鞍钢澳洲卡拉拉铁矿项目	中非发展基金	包含指标名称	计算方法	备注
X_8	6	4	4	5	6	3	5	市场分割与准入	虚拟变量：亚洲、非洲、拉丁美洲、大洋洲、欧洲、北美洲依次取值为6、5、4、3、2、1（数值高则与中国之间的市场分割状况较小，进入中国市场的准入难度较低，当然，这种市场共通性是互惠互利的，即相互市场开放度）	—
X_9	1	2	3	1	1	1	3	产业协同系数	虚拟变量：涉及3个产业及以上取值为3；涉及2个产业取值为2；涉及1个产业取值为1	—
X_{10}	2	2	2	2	1	3	3	金融协同系数	虚拟变量：涉及3个金融机构及以上取值为3；涉及2个金融机构取值为2；涉及1个金融机构取值为1	2010年6月22日鞍钢表示该项目总投资为19.75亿澳元，除与金必达公司合资（双方资本金各占50%）外，还有由国开行牵头，中行、工行和农行等提供的12亿美元银团贷款

续表

变量名称	中俄能源合作	中巴石油合作	中委联合融资基金	中非棉业非洲棉花项目	中缅油气管道项目	鞍钢澳洲卡拉拉铁矿项目	中非发展基金	包含指标名称	计算方法	备注
X_{11}	3	2	3	1	2	2	3	部门交叉协同系数	虚拟变量：涉及3个以上政府部门取值为3；涉及2个政府部门取值为2；涉及1个政府部门取值为1	中俄能源合作、中委联合融资基金、中非发展基金涉及国家发改委、商务部、人民银行等多个政府部门
X_{12}	3	2	3	1	1	3	2	资源保障覆盖水平	虚拟变量：一次性交易锁定的总体资源规模及时间长度按高、中、低三个标准依次取值为3、2、1	中俄能源合作锁定20年，石油1500万吨/年，价格浮动；中巴石油合作锁定10年，1000万吨/年，价格浮动；中委联合融资基金锁定25年，重油2000万吨/年；鞍钢澳洲卡拉拉铁矿项目中方投资占比50%，已探明铁矿石可开采储量20亿吨以上，年产铁精矿800万吨以上
X_{13}	2	3	1	1	1	2	1	技术保障覆盖水平	虚拟变量：重大技术获取的重要程度按高、中、低三个标准依次取值为3、2、1	中巴石油合作由中石化与巴西国家石油公司共同推进，双方将在资源国建立合资公司，共同从事深海勘探开采，同时在中国建立合资冶炼厂，从事炼化和销售
X_{14}	3	1	2	1	3	1	3	基础设施保障水平	虚拟变量：控制、参与或建立的重大基础设施项目，根据重要程度按高、中、低三个标准依次取值为3、2、1	中俄能源合作包括100亿美元融资的中俄油气管道项目建设；中缅油气管道项目建设是中国与东盟国家的重要跨境基础设施

续表

变量名称	中俄能源合作	中巴石油合作	中委联合融资基金	中非棉业非洲棉花项目	中缅油气管道项目	鞍钢澳洲卡拉拉铁矿项目	中非发展基金	包含指标名称	计算方法	备注
X_{15}	1	1	2	3	3	2	3	行业定价权比率	虚拟变量：根据行业协会公开数据，对特定行业中国企业的定价权优势进行评估，按高、中、低三个标准依次取值为3、2、1	—
X_{16}	2	2	2	3	3	3	3	融资定价权比率	虚拟变量：对中国开发性金融机构的融资定价权优势进行评估，按高、中、低三个标准依次取值为3、2、1	—
X_{17}	3	3	4	4	2	4	3	中国因素比率	虚拟变量：根据中国企业主导、购买、参与或对中国企业有需求，分别设定四个标准，依次取值为4、3、2、1	—

续表

变量名称	中俄能源合作	中巴石油合作	中委联合融资基金	中非棉业非洲棉花项目	中缅油气管道项目	鞍钢澳洲卡拉拉铁矿项目	中非发展基金	包含指标名称	计算方法	备注
X_{18}	0	195.3	683.55	0	73.24	0	0	人民币境外流通量铸币税	人民币贷款（或债券、股票等）总额×铸币税税率。其中，铸币税率 = 1×(1−人民币发行成本率) +1×境外5年期人民币贷款利率−1×中国1年期国债票面利率）	中巴石油合作包括200亿元人民币融资额度；中委联合融资基金包括700亿元人民币贷款；中缅油气管道项目包括75亿元人民币贷款
X_{19}	3	2	3	3	3	2	3	合作国贸易盈余	开发性金融“走出去”支持项目产生的合作国外汇收入。若就单一项目而言，数据不可得情况下，可采用虚拟变量方法，按高、中、低三个标准依次取值为3、2、1	投资总额为2500万美元的中非棉业棉花种植基地建设已经在马拉维巴拉卡地区上马，通过棉花回购、棉种培育和棉籽榨油，这个棉花种植基地预计每年可为马拉维创造4000多万美元的外汇收入，5万多名当地农户将因此受益
X_{20}	3	2	3	3	3	2	3	合作国引资规模	包括中国金融机构、产业部门在内的多方资金总量。若就单一项目而言，数据不可得情况下，可采用虚拟变量方法，按高、中、低三个标准依次取值为3、2、1	—

续表

变量名称	中俄能源合作	中巴石油合作	中委联合融资基金	中非棉业非洲棉花项目	中缅油气管道项目	鞍钢澳洲卡拉拉铁矿项目	中非发展基金	包含指标名称	计算方法	备注
X_{21}	1	1	3	3	3	1	3	合作国社会发展融资便利	虚拟变量：在中国开发性金融“走出去”模式下，合作国社会发展领域所获得的融资项目、融资规模、融资成本优惠等，按高、中、低三个标准依次取值为3、2、1	缅甸每年可通过中缅油气管道项目收取过境费1360万美元，该石油管道每输送1吨原油，缅甸就有1美元的收益，2200万吨原油将给缅甸国家带来每年2000多万美元的收入，总计约3500万美元。据缅甸能源部称，中缅管道建成后将每年向中国输出120亿立方米的天然气，缅甸将因此获得15亿美元的外汇收入，管道输送的20亿立方米天然气可供缅甸国内使用
X_{22}	2	2	2	1	2	1	2	合作国协同利益	虚拟变量：中国开发性金融“走出去”所引致的合作国自身投资增长与金融供给增加，按高、中、低三个标准依次取值为3、2、1	—

后 记

我于2008年9月来到北京求学，本书基于我此间经历短暂北漂生活与工作之后所作博士学位论文，并根据最新情况进行了一定更新与修订。选题时，还记得那是一个阳光明媚的下午，导师谢平先生结合我的工作情况提出了三个选题方向建议，分别是土地与宏观经济调控、地方政府融资行为、中国金融“走出去”。结合自身工作和个人兴趣，我选择了第三个题目。在开题答辩时，吴念鲁老师建议我将论文改为以开发性金融为主题，着眼于战略研究。在征询谢老师的意见后，论文题目最终确定为《中国开发性金融“走出去”战略研究》，希望能对开发性金融在2008—2012年的“走出去”实践成果进行一个理论分析与总结。因此，本书是在2014年完成的博士论文基础上，对有关内容进行部分更新后形成的成果。

由于亲身经历了国开行国际规划工作，让我认识到开发性金融“走出去”的高难度、复杂度和长期性。总体上，中国金融“走出去”不是一个短期行为，而是一项需要几代人去拼搏发展的事业，光靠开发性金融肯定不够，还需要更多的金融机构加入进来，形成共识，加强合作，才能不辜负我们这代人所肩负的使命。当前，从十九大以来新时代全面开放新格局要求与“一带一路”建设的现实需要看，中国金融体系国际化布局与实体经济全球化发展之间仍然存在不平衡性与不充分性的情况，使得“走出去”领域的长期资本市场建设远不能满足实体经济的需求。唯有处理好政府与市场之间的关系，发挥开发性金融的重要引导作用，注重“一带一路”金融创新设计，充分用好中国国际进口博览会这一开放合作平台，才能在沿线国家发展与中国自身发展之间建立长期稳定的合作关系，形成具有多方共赢合作基础的合作机制。这需要进一步研究“利他主义”在开发性金融“走出去”过程中的特殊作用。

论文的完成过程充满艰辛，在此对帮助过我的人们致以真诚的谢意。首先，谢平老师一直以来敢于说真话、讲问题、做实事的作风，激励我坚持养成如何为人治学的习惯，多年来每次与老师见面都能让我受益良多，老师的谆谆教诲我常记于心。其次，对于道口每一位老师和同窗对我的关心、帮助和爱护表示感谢，没有大家的教导和勉励，我无法获得进步，相信道口精神和同学情谊将长存于世。再次，对于在论文写作期间给予我帮助的领导、同事、朋友表示感谢，他们使我能始终集中精力进行论文写作。另外，对河北金融学院、河北省科技金融协同创新中心、河北省科技金融重点实验室、中国经济出版社对本书出版给予的支持帮助表示衷心感谢。最后，也是最重要的，我要真诚感谢我的家人，父母和岳父母始终关心我的身体和学业，鼓励我坚持学习，爱人和女儿的陪伴让我在紧张的写作期间能够有欢快放松的心情。

“路漫漫其修远兮，吾将上下而求索”。中国开发性金融“走出去”实践仍处于发展初级阶段，需要不断探索总结形成新的经验与模式，支持中国加快构建现代化经济体系，成为一个具有世界影响力的发展中大国。陈云同志说过：“不唯上、不唯书、只唯实，交换、比较、反复。”这既是做人的风格，也是治学的精神。学术生涯无尽头，唯有始终保持鲜活的心态，才能持续进步。以此自勉，是为记。

倪经纬
2018 年 10 月于上海